TOUCHATOUT

HISTOIRE TINTAMARRESQUE

DE

NAPOLÉON III

ILLUSTRÉE

DE

Nombreux Dessins noirs et coloriés

LES ANNÉES DE CHANCE

PARIS

DÉPOT DE VENTE AU BUREAU DU JOURNAL *L'ECLIPSE*

16, RUE DU CROISSANT, 16

1874

HISTOIRE TINTAMARRESQUE

DE

NAPOLÉON III

LES ANNÉES DE CHANCE

HISTOIRE TINTAMARRESQUE

DE

NAPOLÉON III

Par **TOUCHATOUT**

AVANT-PROPOS

Nous ne connaissons pas de personnalité mieux faite pour tenter la plume d'un historien, que celle de Napoléon III.

Nous avons hésité un instant entre lui et Robert Macaire.

Mais nous n'avons pas tardé à accorder la préférence au héros de Sedan, qui nous a paru beaucoup plus complet dans le genre.

Ce qui nous a surtout décidé, c'est que le public, en général, ne connaît qu'incomplétement l'histoire de l'homme qui a reculé de cinquante années l'aiguille de notre horloge nationale.

Jusqu'en 1848, époque à laquelle ce sinistre saltimbanque a réussi le tour de gobelet qu'il avait déjà raté deux fois, la vie de Napoléon III est peu connue.

Nous allons tenter de l'esquisser.

Cette période nous amènera tout naturellement à la Révolution de Février, et c'est là que nous reprendrons en même temps que l'histoire du pitre de Boulogne, *l'Histoire de France tintamarresque,* arrêtée à la fin de sa seconde partie, au moment où Louis-Philippe montait en fiacre pour aller méditer en exil sur les dangers de n'accorder que le dimanche matin, au peuple, ce qu'il demande le samedi soir.

L'histoire de Napoléon III sera naturellement aussi celle de tous les hommes qui ont bourdonné au-dessus de son règne, s'abattant sur leur pâture, se relevant gavés, pour bourdonner encore, se rabattre de nouveau et se gaver toujours.

Au fur et à mesure que se dérouleront les événements, les portraits se placeront d'eux-mêmes ; et simultanément nous photographierons cet.... astre à fleur de terre et ses satellites.

Dans cette œuvre, nous ferons une large part à l'illustration, ce moyen puissant d'éclairer les masses par le manque de respect aux idoles.

Le moment, d'ailleurs, est bien choisi pour mener à bien cette partie de notre travail. Chacun sait en effet que le crayon jouit en France d'une liberté qu'il est impossible de ne pas admirer, pour peu que l'on pense aux massacres de la Pologne.

Nous aurions été impardonnable de ne pas profiter de cet instant, et d'attendre que la censure, devenant peut-être moins clémente, assujettît à son veto tous les dessins, — sans en excepter ceux de la Providence.

TOUCHATOUT.

Dans cette honorable famille, cela se passait de la sorte. L'empereur disposait de ses parents comme d'une boîte de cigares.

Il disait à un des frères :

— Je te marie !...

Comme il lui eût dit :

— Je t'emmène ce soir au Vaudeville.

Et il lui arrivait fréquemment d'aborder un de ses parents par ces mots :

— Je viens de prendre la Hollande ; tu vas partir régner dessus.

Louis Bonaparte, roi de Hollande, frère de Napoléon Ier;
Et pour mère :
Hortense-Eugénie de Beauharnais, fille de l'impératrice Joséphine.

Elle fut donc à la fois la belle-fille et la belle-sœur de l'empereur, ce qui créa plus tard à la cour des difficultés d'étiquette inouïes.

Dans les cortéges, elle était obligée de défiler en première ligne comme belle-sœur, et de retourner bien vite prendre le n° 74 pour redéfiler comme belle-fille, après avoir changé de toilette.

o ° o

Du père : Louis Bonaparte, nous n'avons pas grand'-chose à dire.

C'était un homme réputé pour son caractère honnête et sérieux.

Un jour l'empereur, son frère, lui avait dit :

— Connais-tu Hortense ?

— Non.

— Ça se trouve bien... Tu l'épouseras demain matin, à huit heures trente-cinq.

Et Louis Bonaparte, sans répliquer, avait épousé Hortense le lendemain matin à huit heures trente-cinq.

LIVRE PREMIER
De 1808 à 1848

CHAPITRE I

ORIGINE DE NAPOLÉON III

Ainsi qu'aurait pu le dire saint Chrysostome, — ou un autre, — si l'occasion s'en fût présentée :

« *On sort toujours de quelque chose ; mais on ne sort pas* « *toujours de l'ordinaire.* »

Ce fut le cas de Napoléon III.

* * *

Louis-Napoléon, que nous n'appellerons plus maintenant Napoléon III, tant que nous pourrons faire autrement, eut pour père :

vembre 1810 « *par le cardinal Fesch, ce digne ecclésiastique dont on ne peut jamais prononcer le nom en société sans avoir l'air de s'arrêter tout à coup à cause des dames.* »
(TROMBINOSCOPE, n°s 11 et 12.)

L'empereur et l'impératrice Joséphine le mirent sur les fonts baptismaux et les frais de la cérémonie furent mis sur ceux du budget.

o °o o

Pendant ce temps, le ménage de Louis de Hollande et de sa femme Hortense continuait à aller de plus mal en plus mal.

Le roi Louis vint même à Paris pour demander à son frère à divorcer.

L'empereur, qui venait lui-même de répudier Joséphine, insista pour que les deux époux tentassent un dernier effort.

Et la reine Hortense dut repartir en Hollande avec son mari afin d'essayer encore si décidément ils ne pourraient pas demeurer dans le même appartement sans casser pour plus de soixante francs de vaisselle par jour.

o °o o

L'épreuve fut infructueuse, et trois semaines ne s'étaient

pas écoulées que la reine Hortense revenait à Paris avec un œil en écharpe et des bleus plein les bras.

L'empereur la reçut avec bonté et lui demanda quels étaient ses griefs contre son mari.

Bien entendu, Hortense arrangea le tout pour le mieux et sut convaincre Napoléon que c'était le lapin qui avait commencé.

⁂

Elle mit sur le dos de Louis de Hollande les mille et

Du ton qu'il eût employé pour dire à sa bonne :
— Allez me chercher deux sous de tabac !

o °o° o

Pendant les premiers temps du mariage de Louis Bonaparte et d'Hortense de Beauharnais, leurs relations furent exécrables : c'étaient des querelles horribles à tout propos.

Ils en étaient arrivés à ne pouvoir demeurer que dans des maisons dont ils avaient loué trois étages.

Ils habitaient celui du milieu et faisaient bourrer les deux autres avec des balles de coton pour amortir le bruit de leurs..... explications.

Ils n'avaient pas d'autre moyen de se faire tolérer par les voisins.

o °o° o

Enfin, les deux époux s'étaient décidés à se séparer. La reine Hortense avait quitté Amsterdam, et, pour bien établir que les rapports avec son mari étaient devenus impossibles, elle était arrivée enceinte à Paris, où elle fit ses couches.

Quand les deux époux furent éloignés l'un de l'autre, ils se disputèrent moins.

Cependant, comme par le passé, ils ne pouvaient pas se voir.

Mais c'était à cause de la distance.

o°o

Quoique le roi Louis et sa femme fussent au plus mal ensemble, on raconte pourtant qu'un jour ils s'écrièrent d'un commun accord qu'ils ne voulaient pas qu'on les séparât.

C'était dans un moment où ils étaient en train de se battre.

CHAPITRE II

TROMBINOSCOPE DE LA REINE HORTENSE

La reine Hortense était née à Paris le 10 avril 1783. C'était une jeune fille distinguée, pleine de grâces et de talents de toutes sortes.

Seulement, on ne s'aperçut de toutes ces qualités que le jour où, par le second mariage de sa mère, elle devint la belle-fille de Napoléon.

Ainsi que cela arrive souvent dans la vie : tant qu'elle n'eut aucune influence auprès des puissants, elle passa pour complétement insignifiante, même aux yeux de ceux qui, plus tard, lui accordèrent toutes les qualités... dont ils avaient besoin pour se faire donner des sous-préfectures.

○ ○ ○

Musicienne, elle composa des romances qui eussent pu remplacer avantageusement le chloroforme dans les hôpitaux, pour endormir les malheureux à qui l'on posait des épines dorsales en baleine.

Ces romances, dont le célèbre : *Partant pour la Syrie* est le type, avaient une vogue énorme.

On les chantait à la cour ; et ces jours-là, les places les plus recherchées étaient les embrasures de fenêtres, où l'on pouvait bâiller sans être vu et sans risquer d'être disgracié.

Les compositions musicales de la reine Hortense n'en étaient pas moins si remarquables, que l'éditeur Brandus nous a confié un soir, sous le sceau du secret, que si un musicien lui apportait aujourd'hui des productions de cette force, il les payerait bien quinze francs la pièce pour peu que l'auteur consentît à joindre à son manuscrit pour trente francs de timbres-poste.

○ ○ ○

La reine Hortense chantait elle-même ses compositions.

On s'accorde à dire qu'elle avait un organe très-convenable. Ce n'était pas encore le *Pays*.

o°o

Napoléon Ier aimait beaucoup sa belle-fille, parce que,

douée d'une élégance naturelle, elle était devenue l'ornement de sa cour et s'efforçait de façonner aux bonnes manières les nobles de fraîche date qui, à la table de l'empereur, se servaient du manche de leur petite cuillère comme de cure-oreilles, et renversaient leur assiette sens dessus dessous pour manger le fromage.

o ⁰ o

On raconte à ce propos qu'elle eut des scènes terribles pendant certains dîners et certaines soirées, où l'empereur avait invité quelques-uns de ses aides de camp dont l'éducation n'était pas encore assez avancée pour leur permettre de se moucher autrement qu'avec leurs doigts.

La reine Hortense veillait à tout, parcourait les salons, et remettait dans le devoir les invités qui crachaient par terre.

o ⁰ o

C'était une besogne infernale.

Tantôt elle s'approchait d'un général qui sortait à peine d'être palefrenier, et était obligée de lui dire :

— Vous avez tort, général, de poser vos bottes crottées sur la cheminée.

Tantôt elle courait vers un autre :
— Monsieur le duc!.. boutonnez donc votre braguette!..

o°o

Le plus souvent, ces braves gens lui répondaient d'un air aimable :

— Sacré N.. d. D...! vous avez raison, la bourgeoise.
Ça la mettait dans des états épouvantables.

o°o

On raconte qu'un jour, étant entrée à l'improviste dans un petit salon de jeu, attenant à la grande salle où la cour dansait, elle surprit deux maréchaux, un comte, trois marquis et un baron, — le tout de récente promotion, — en train de faire un bésigue énorme en fumant chacun un affreux brûle-gueule.

Seul, un des marquis ne fumait pas.

Il chiquait.

⁎
⁎ ⁎

Ces messieurs, ayant trouvé trop fades les sirops et les rafraîchissements que leur avaient offerts les domestiques, étaient attablés devant trente-cinq canettes de bière qu'ils avaient fait monter d'une petite brasserie d'en bas.

Tous, ils avaient déboutonné leur gilet ; trois d'entre eux s'étaient mis en bras de chemise.

⁎
⁎ ⁎

Il est inutile d'essayer de peindre la physionomie de la reine Hortense pénétrant dans ce lieu embaumé.

Elle s'arrêta net sur le seuil de la porte ; et, sa présence n'ayant pas été remarquée, elle put entendre la conversation de ces nobles hôtes, qui se croyaient seuls.

— Quarante de larbins !... je les marque... A-t-on jamais vu la belle-sœur du patron qui voulait à toutes forces me

faire danser avec un vieux bahut du faubourg Saint-Germain !...

— Cent de boutons de guêtres !... Nom d'un bidon !... qu'il fait chaud dans cette cassine !...

— Qui est-ce qui me passe le tabac?

— Deux cent cinquante d'atouts!...

— Hé! Baron... as-tu vu la binette que m'a faite la bourgeoise au dessert quand j'ai demandé à chanter *la Puce en vacances*?

— Quelle maison, bon Dieu!... si ça continue, on n'osera bientôt plus siffler dans le salon!...

○ ＊ ○

Ce n'était pas seulement contre la mauvaise tenue des invités que la reine Hortense avait à lutter.

L'empereur lui-même lui donnait beaucoup d'ouvrage; car il n'était pas très-soigné dans sa mise, ni très-distingué dans ses manières.

Souvent, sa belle-sœur était obligée de lui donner des leçons de bon goût et de réparer jusqu'aux négligences de sa toilette.

On la vit souvent, en plein bal, courir après lui, un flacon de benzine à la main, pour lui décrasser le collet de son habit et enlever les taches de graisse qu'il s'était faites en dînant, sur les revers de son gilet.

CHAPITRE III

NAISSANCE DE LOUIS-NAPOLÉON — PREMIÈRE ENFANCE.

Le 20 avril 1808, la reine Hortense accouchait d'un fils qui reçut les noms de Charles-Louis-Napoléon.

On télégraphia immédiatement cette bonne nouvelle à son père :

« Fils à vous, né ce matin, bien portant, très-laid, jambes trop courtes ; pourra jamais tenir à cheval sur lois honneur. »

Louis de Hollande répondit aussitôt :

« Si vous saviez comme m'est égal. »

* *

Louis-Napoléon fut baptisé à Fontainebleau le 10 no-

mille travers de caractère qui forment le catalogue ordinaire en pareille circonstance.

Son mari avait tous les défauts possibles :

Il l'endormait le jour en lui lisant les articles de B. Jouvin.

Il la réveillait la nuit pour lui faire chercher des charades.

Il ronflait.

A table, il avait la détestable manie d'éternuer dans la soupière.

Il jouait de l'accordéon.

Chaque fois qu'il voulait tisonner le feu, il l'éteignait.

Enfin, il s'entêtait à coucher avec des éperons.

L'empereur, malgré tout le désir qu'il avait d'excuser son frère, fut forcé de convenir qu'il n'était guère sociable, et il autorisa Hortense à se séparer.

D'ailleurs, Louis de Hollande, de son côté, ne manifestait pas le désir de retenir sa femme auprès de lui.

Il écrivit même à son frère à ce sujet avec une certaine amertume.

Entre autres imperfections qu'il attribuait à Hortense

pour faire ressortir l'incompatibilité d'humeur, il lui reprochait de l'entretenir dans un état de bâillement perpétuel en composant toute la journée des romances sentimentales qui endormaient en même temps tous les domestiques de la

maison et les mettaient dans l'impossibilité de faire leur service.

Napoléon, reconnaissant que, si les deux époux ne pouvaient pas s'entendre, ils étaient au moins d'accord pour en convenir, ne mit plus aucun obstacle à leur divorce.

Une fois la reine Hortense libre, elle résolut de se consacrer tout entière à l'éducation de son fils, pour lequel elle rêvait de hautes destinées.

Après la chute de l'empereur, Hortense ne perdit pas la carte et n'hésita pas un seul instant à faire sa plus belle révérence au manche du balai qui venait de pousser dehors ses plus chères espérances.

Le 18 avril 1814, quinze jours après l'abdication de son beau-frère, on la voit donner dans son château de Saint-Leu un grand dîner au champagne frappé à l'empereur de Russie, ainsi qu'aux autres souverains étrangers qui n'étaient pas venus en France pour y apporter de l'argenterie.

Ajoutons à cela, en passant, que la déconfiture impériale n'avait pas réduit la reine Hortense à la mendicité, puisque, par le traité de Fontainebleau, l'empereur, en abdiquant, avait eu le soin de lui faire réserver quatre cent mille francs de rente.

Aussi endurci que l'on soit, on ne peut résister à l'atten-

drissement qui envahit toute âme honnête et pure en voyant un homme qui a mis son pays sur la paille, lui imposer, en s'en allant, le soin d'assurer l'avenir de sa famille.

Peu de jours après, Hortense recevait de Louis XVIII le brevet de duchesse de Saint-Leu et allait elle-même remercier son entripaillé bienfaiteur, qui fut même, dit-on, sur le point de faire un doigt de cour à l'ex-reine.

Mais on l'en détourna en lui donnant les preuves que les coquetteries de la duchesse de Saint-Leu étaient légèrement biseautées, et que, non contente de se moquer de la grosse bedaine de Sa Majesté, quand elle se trouvait avec ses amis, elle conspirait encore pour le retour de Napoléon.

En apprenant cette nouvelle, Louis XVIII se figea d'étonnement.

On fut obligé, pour le ramener à son état mou, de le faire chauffer pendant trois jours au bain-marie.

o °o o

Comme on peut le voir, le petit Louis-Napoléon, à peine âgé de six ans, était déjà bien placé pour apprendre son futur métier.

On apprend à conspirer et à intriguer comme on apprend à fabriquer des queues de boutons. Rien qu'en voyant faire.

Avec tant soit peu de dispositions et une mère comme la reine Hortense, un enfant devait, à quinze ans, être capable de brouiller à mort l'Arc de triomphe et la porte Saint-Denis.

La police de Louis XVIII n'avait pas été mal informée. Hortense, aidée de plusieurs amis, travaillait l'opinion publique et préparait le retour de l'île d'Elbe.

On faisait distribuer clandestinement dans les casernes de petits imprimés où le retour de l'empereur était annoncé, — comme plus tard!...

On soudoyait des journaux bonapartistes, — encore comme plus tard!...

Et on avait même créé le *Nain jaune*. pour baver sur tout ce qui faisait obstacle à la restauration impériale, — toujours comme plus tard !...

Sur ces entrefaites, le mari de la reine Hortense s'était ravisé, et il plaidait contre sa femme pour que son fils, le jeune Napoléon-Louis, lui fût rendu.

Les tribunaux lui donnèrent gain de cause ; mais l'exécution du jugement qui ordonnait qu'on lui rendît son fils fut suspendue par le débarquement de Napoléon qui revenait en France comme un gourmand qui a oublié des miettes sur une table.

Après les cent jours, l'ex-roi de Hollande envoya réclamer à sa femme Hortense l'aîné de ses enfants, Napoléon-

Louis. Il lui laissait le second : celui dont nous écrivons l'histoire.

Louis-Napoléon resta donc confié aux soins de sa mère qui devait l'élever elle-même et lui apprendre tout ce qui

concerne le métier des hommes qui, n'étant bons à aucun, n'ont plus qu'à travailler les moyens de vivre de ceux des autres.

L'enfant était en bonnes mains.

CHAPITRE IV

ÉDUCATION DE LOUIS-NAPOLÉON

Après la restauration de Louis XVIII, la reine Hortense resta quelque temps à Paris, où elle se remit à intriguer de nouveau.

Mais le gouvernement français ne tarda pas à l'envoyer voir en Suisse si le marronnier du 20 mars avait des feuilles.

Elle se fixa à Constance, s'y fit construire un château avec l'argent qu'elle réclama à Louis XVIII pour sa part de collaboration dans la ruine de la France, et s'y installa avec son fils, dont elle fit commencer l'éducation par le général Bertrand, « *précepteur dont on dut se contenter n'en ayant pas trouvé un qui s'appelât Robert Macaire* ». (TROMBINOSCOPE, nᵒˢ 11 et 12.)

Le général Bertrand ne contribua pas peu à développer

chez son jeune élève l'idée qu'il devait un jour reprendre la suite des affaires de son oncle.

Le jeune prince eut ensuite pour précepteur M. Narcisse Vieillard, qui lui donna les premières notions d'artillerie qui ont fait une si puissante notoriété à Napoléon III.

On sait en effet que l'ex-empereur jouissait d'une réputation énorme comme artilleur, et qu'il l'a parfaitement justifiée plus tard en inventant, dans le plus grand mystère, à Meudon, des mitrailleuses qui fonctionnaient publiquement en Prusse depuis cinq ans.

∗ ∗ ∗

Outre les leçons de ces maîtres, le jeune prince suivait les cours d'un collége avec plus d'exactitude que de succès.

Quand il n'était que le 23° de sa classe, c'était fête le soir à la maison.

○ ○ ○

Simultanément, il se livrait à tous les exercices du corps, qui donnent ordinairement à l'homme la souplesse, la force et l'élégance, mais ne réussirent à faire de lui qu'un petit rabougri, trapu, empâté, mastoc et ayant tout juste la noblesse d'allures d'un tailleur qui a eu les jambes croisées pendant vingt-cinq ans.

○ ○ ○

Il apprit aussi plusieurs langues étrangères, entre autres l'allemand, ce qui lui permit plus tard de rendre son épée à Guillaume dans ce gracieux idiome, et de ne pas déshonorer la langue dont s'était servi Cambronne pour refuser de rendre la sienne.

○ ○ ○

La reine Hortense n'était pourtant pas entièrement satisfaite de son fils.

LA REINE HORTENSE

Elle le jugeait bien tel qu'il était, c'est-à-dire lymphatique, mou, indolent et légèrement bouché ; mais elle avait remarqué en lui un entêtement invincible et une absence complète du sentiment de l'honneur ; et c'était sur ces deux précieuses qualités qu'elle fondait ses espérances.

— Louis, répétait-elle souvent, n'a rien de ce qu'il faut

pour faire de belles choses ; mais il n'a rien de ce qui gêne pour faire de vilaines actions ; il arrivera !

* *

En femme supérieure, Hortense avait composé à l'usage de son fils, un catéchisme spécial, facile à suivre, même en voyage, et dont, avec un rare talent, elle avait adapté tous les préceptes aux infirmités de son cher élève.

Nous avons pu nous procurer le manuscrit de ce guide-âne qu'elle lui récitait tous les soirs, et dans lequel Louis-Napoléon a puisé, tout le long de son existence, ces principes de confection que des sénateurs bien payés sont parvenus pendant dix-huit ans à faire passer pour du génie.

Nous nous faisons un devoir d'offrir à nos lecteurs quelques extraits de ce travail d'une mère dévouée.

∘ ∘ ∘

« Tu es bête, mon fils. Eh bien ! parle peu ; on prendra cela pour de la profondeur.

« Tes yeux sont ternes et morts !... Abaisse encore les paupières ; éteins ton regard louche et plombé ; que personne n'y puisse rien lire, pas même ta nullité !... Tes flatteurs verront peut-être que tu es idiot ; mais ils feront courir le bruit que tu es... impénétrable.

« Tu n'as ni l'initiative, ni l'adresse qu'il faut pour faire naître les occasions !... Embusque-toi et attends-les au passage. »

« Tu n'as ni génie ni courage !... Sois entêté et patient.

« Avec ces préceptes et les quelques qualités que tu possèdes déjà : le manque de cœur, l'âme fourbe, le corps libre et les mœurs relâchées, tu ne peux manquer d'arriver à de hautes destinées ; car Dieu, dans sa miséricorde infinie, a voulu, puisque tu n'étais bon à rien, que, au moins, tu fusses capable de tout. »

Jusqu'à l'âge de vingt-deux ans, Louis-Napoléon récita en guise de prière, le matin en se levant et le soir en se couchant, les formules qui précèdent.

Il s'en imprégna tout à fait ; aussi sa mère eut-elle la joie de le voir, arrivé à l'âge d'homme, complétement pétri selon ses désirs.

On prétend même qu'elle s'écria un matin en tournant les yeux vers la France :

— Maintenant... la première fois que l'on va remuer là-bas, nous sommes prêts!... .

CHAPITRE V

RÉVOLUTION DE 1830

Cependant, la reine Hortense avait permis à son fils, pour occuper ses loisirs, de se lier légèrement avec les *carbonari*.

Les *carbonari*, comme on le sait, étaient une secte qui s'était donné pour tâche de délivrer l'Italie du joug autrichien et de reconstituer leur pays en République.

Hortense avait dit à son fils :

— Faufile-toi avec ces gens-là ; je crois que ce sont des pas grand'chose ; mais, dans ta position, tous les moyens sont bons !... Inutile de te recommander de ne pas te compromettre. Embrasse-les comme du pain pour les besoins de la cause ; mais ne me les amène jamais à dîner ; ils doivent être très-sales !

o °° o

Louis-Napoléon avait répondu : « Oui, m'man! » et il était parti s'affilier avec les *carbonari*, en compagnie de son frère Napoléon-Louis.

Il est presque inutile de dire que les *carbonari* nous

semblent bêtes comme des oies d'avoir accepté des Napoléon dans leurs rangs.

Le simple bon sens devait leur indiquer que ces deux princes n'entendaient se servir de leur société que comme d'un omnibus qui allait de leur côté, et qu'ils en descendraient sans même dire bonsoir à leurs compagnons de route, aussitôt qu'ils seraient arrivés où ils voulaient aller.

Tout à coup la reine Hortense reçoit la nouvelle que la révolution de 1830 vient d'éclater à Paris.

Cette femme adroite, que rien ne prenait sans vert, avait été surprise cette fois.

Le nez qu'elle fit en recevant cette dépêche, on ne peut guère s'en rendre compte.

Figurez-vous que vous attendez du ministre un bon bureau de tabac et que vous recevez l'avis suivant :

« Madame,

« J'ai le plaisir de vous informer que le titulaire du bureau de tabac que vous aviez demandé, étant mort hier, ce bureau est devenu vacant.

« Mais, comme vous n'étiez pas là, je l'ai donné à une autre personne. »

Nous trouvons, dans les Mémoires posthumes de la reine Hortense, la phrase suivante qui exprime tous les regrets qu'elle ressentit de ce contre-temps :

« Hélas!... combien il m'a été pénible d'apprendre cette bonne nouvelle... si tard!... Et combien je déplore que mon

Louis n'ait pas été prévenu à temps de ces glorieuses journées de Juillet!... eût-il même dû n'arriver que trop tard pour y prendre part et assez tôt pour en profiter!... »

o°o

Cependant, la reine Hortense ne désespéra pas. Louis-

Philippe lui avait précédemment promis qu'aussitôt arrivé

au pouvoir, son premier soin serait de rappeler les Bonapartes en France.

Et elle se berçait de l'espoir qu'elle pourrait sous peu revenir à Paris avec son fils et prouver sa reconnaissance au nouveau roi en lui évitant la peine d'émarger le second trimestre de sa liste civile.

o *o* o

Mais Louis-Philippe avait réfléchi, et il ne lui paraissait plus aussi urgent d'introduire une chatte et ses deux petits dans le garde-manger où il mettait son beurre.

Aussi, quelle ne fut pas la stupeur de la reine Hortense et de Louis-Napoléon en lisant dans l'*Officiel* du 2 septembre que la Chambre des députés avait décidé la veille que le nouveau gouvernement, dans sa sollicitude pour les Bonapartes, entendait respecter même leurs droits... à l'exil.

La fureur de la reine Hortense fut grande contre Louis-Philippe, et l'on dit même qu'elle laissa échapper, en froissant l'*Officiel* avec colère, cette expression régence :

— B.... de gros plein de soupe!

Quant à Louis-Napoléon, il était, dès lors, assez grand pour comprendre que si Louis-Philippe ne l'invitait pas à dîner chez lui, c'était parce qu'il le croyait capable de mettre l'argenterie dans sa poche.

Et comme le jeune prince avait déjà des principes très-arrêtés, il n'en voulut pas à Louis-Philippe de sa défiance, mais il fut excessivement vexé de sa perspicacité.

o °o o

Une autre surprise non moins agréable était réservée à la reine Hortense et à son fils.

En octobre 1830, le général Lamarque et le colonel Jacqueminot, qui siégeaient à la Chambre des députés, proposèrent de réclamer à l'Angleterre les cendres de l'empereur et de les ramener en France.

Ces deux brrr...aves militairrr...es furent reçus par l'Assemblée, comme un actionnaire des *Galions de Vigo* qui se présente à la caisse de la Société pour demander s'il a un dividende à toucher.

La Chambre refusa net, ce qui donna à la mère et au fils Hortense la mesure du désir dont le gouvernement grillait de revoir les Napoléon, même à l'état des mânes.

○ ○ ○

Sur ces entrefaites, des amis dévoués dont les porte-monnaie, à sec depuis l'abdication, commençaient à avoir de légitimes aspirations, proposèrent à Hortense fils et à sa mère de risquer un coup de main bonapartiste en France.

Louis-Napoléon n'eût pas mieux demandé ; il commençait à en avoir assez des quinze francs par semaine que sa mère lui donnait pour ses menus plaisirs du dimanche.

Mais la reine Hortense était prudente ; et le moment ne lui semblait pas venu.

La mère et le fils répondirent donc à leurs amis avec une noble indignation :

— Pour qui nous prenez-vous ?... Porter la guerre civile dans notre pays !... Verser le sang français !... Jamais !... Jamais !... tant que le résultat sera aussi incertain.

○ ○ ○

Cependant, Louis-Philippe avait eu des remords et avait fait dire à la reine Hortense que si elle désirait venir à Paris *seule*, elle y serait parfaitement reçue.

Mais Hortense refusa d'un air pincé, prétendant qu'elle ne pouvait laisser Louis tout seul à la maison, parce qu'il

n'était pas encore assez propre. (Louis avait à cette époque vingt-deux ans.)

Ce n'était pas la vraie raison.

Comme on va le voir, Hortense avait un plan. L'insurrection italienne qui s'annonçait comme très-prochaine, semblait lui promettre une occasion de caser son fils ; et n'ayant pu profiter de la révolution française de 1830, elle ne voulait pas manquer encore celle-là.

Elle répétait sans cesse, à ce propos, à son bien-aimé :

— Vois-tu, Louis... pour ta gouverne, il faut toujours guetter les endroits où il y a du désordre. Souvent, dans le cours de ton existence, tu auras l'occasion de reconnaître que les révolutions sont pour les prétendants ce que sont les incendies pour les voleurs à la tire.

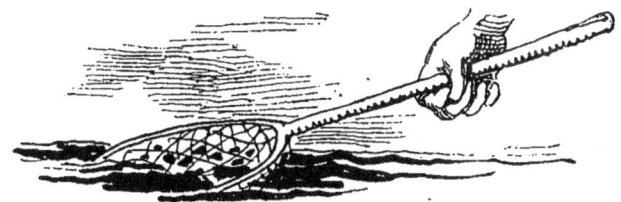

CHAPITRE VI

INSURRECTION ITALIENNE. — L'INSURRECTION ÉCLATE. — LOUIS-NAPOLÉON S'Y MÊLE AVEC PRUDENCE. — ELLE ÉCHOUE. — IL S'EN RETIRE AVEC VOLUPTÉ.

On n'a pas oublié que sur les recommandations de sa mère, Louis-Napoléon s'était lié avec les carbonari.

La fièvre du carbonarisme n'allait cependant pas chez lui jusqu'à l'empêcher de se coucher à neuf heures.

C'était un carbonaro en chambre, un carbonaro amateur.

Quand il rencontrait un de ses co-carbonari, il lui offrait un cigare, ou échangeait quelques mots mystérieux :

— Veux-tu prendra grogo vino?

— Avec beaucoupolo de plaisirini...

Mais ça n'allait pas plus loin.

Et si le *frère*, — qui croyait que c'était arrivé, — lui disait :

— Cette nuit, il y a réunion dans les gorges de la Bonna-

Montardini pour tirer au sort les vingt d'entre nous qui doivent lever demain l'étendard de la révolte, tu y seras, n'est-ce pas ?

Louis-Napoléon répondait invariablement :

— Ah !... non... je ne peux pas... maman a ce soir du monde à dîner.

○ °○

Louis-Napoléon était des carbonari comme on est du cercle des commissaires-priseurs.

Mais, à part sa cotisation de cinq francs par mois, il ne fallait rien lui demander.

○ °○

Afin d'être placée au centre de ses opérations, la reine Hortense vint se fixer à Rome avec ses deux fils, qu'elle insinua dans le mouvement libéral.

Louis-Napoléon surtout se faisait remarquer par ses allures démocratiques.

Il montait sur les impériales d'omnibus, fumait la pipe dans les rues et offrait des mêlé-cassis à tous les lazzaroni.

Quand il rencontrait dans une rue de Rome, une blanchisseuse qui reportait son linge, il voulait absolument la débarrasser de son paquet et l'accompagnait jusqu'à sa porte.

Il vociférait contre la municipalité qui entretenait mal les trottoirs, il prenait fait et cause pour les marchandes

de poissons ambulantes que les sergents de ville voulaient faire circuler, il ramassait les ivrognes dans les ruisseaux et les faisait crier : Vive la République !...

Enfin, il se faisait une très-grande popularité.

Le soir, quand il rentrait chez sa mère, celle-ci lui disait :

— Ne te compromets pas surtout... Ne fais d'opposition que ce qu'il faut pour te faire admirer des imbéciles d'en bas ; mais pas assez pour te faire craindre des puissants d'en haut.

⁂

Pendant que Louis-Napoléon faisait le fendant à Rome, où il n'y avait pas de danger, Parme et Plaisance se soulevaient et chassaient leur souveraine.

Avec le meilleur des microscopes, on n'eût pu apercevoir aucun des Bonapartes derrière les barricades.

Mais Louis-Napoléon ne ménageait pas son appui moral à l'insurrection, en y applaudissant de loin, tout en se promenant à cheval dans les rues de Rome attifé d'un uniforme si fantaisiste que les passants l'arrêtaient souvent pour lui demander :

— A quelle heure, ce soir, à votre cirque les chevaux savants ?

⁂

En venant à Rome, la reine Hortense avait rencontré son mari Louis de Hollande, qui, dans un court entretien, avait essayé de lui faire quelques observations sur la façon dont elle élevait *leur* fils.

— Je crains, lui dit-il, que vous ne fassiez de Louis un saltimbanque!...

Mais Hortense lui répondit avec respect :
— Pauvre empaillé!... tu n'es pas du tout dans le mouvement.

*

Sur ces entrefaites, Pie VIII mourut.

Le premier soin des prélats qui lui succédèrent fut de prier Louis-Napoléon d'aller cavalcader un peu plus loin.

Ses allures d'écuyer de Franconi commençaient à déplaire souverainement.

Cela tombait à merveille.

Un carbonaro, négociant de Modène, venait justement de lui être envoyé pour lui rappeler que le serment qui le liait à cette société secrète lui imposait d'autres obligations que celle de se promener en habit jaune dans les rues de Rome, pendant que les autres se faisaient casser toutes sortes de choses pour le triomphe de la bonne cause.

Cet émissaire était chargé de remettre au prince Louis un billet ainsi conçu et qui causa au conjuré platonique une de ces joies qui n'ont d'égale que celle que l'on éprouve à se voir présenter par la Banque un billet à ordre de mille francs auquel on ne pensait plus :

ORDRE DU COMITÉ CENTRAL

« Le carbonaro à la vanille, Louis-Napoléon, est prié de se souvenir que l'association à laquelle il a juré de se dévouer n'a pas été inventée pour que les trois quarts de ses membres se fassent tuer au seul profit de l'autre quart.

« Le carbonaro Louis-Napoléon est chargé, par le Comité, de partir sur-le-champ et d'aller organiser la défense depuis Foligno jusqu'à Castellane.

« Si le carbonaro Louis-Napoléon ne se rend pas immédiatement au poste de combat qui lui est assigné, il ne devra pas être surpris, un de ces matins en se réveillant, de voir quatre carbonari en train de jouer à enfiler des anneaux dans les manches des couteaux qu'ils lui auront plantés dans l'estomac.

« Pour le Comité :
« Fouillentripinelli,
« Mangelènezello. »

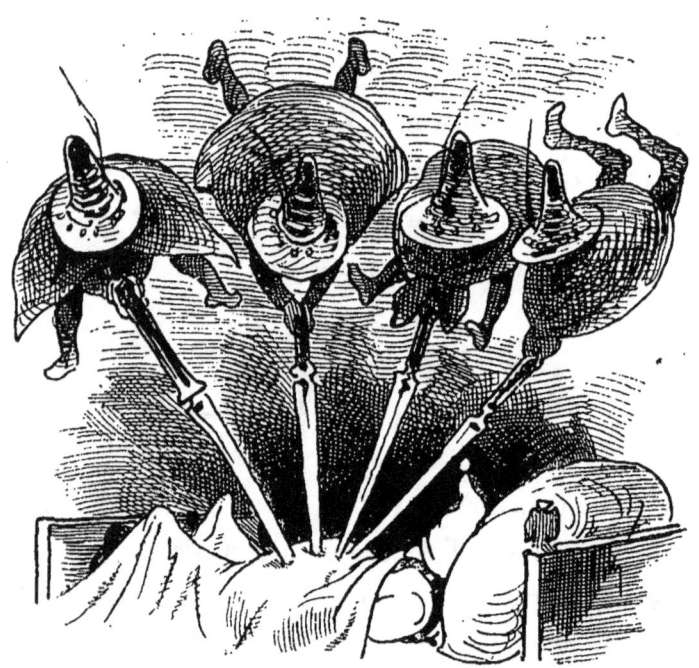

∘°∘

Quand le prince Louis-Napoléon vit qu'il n'y avait pas à plaisanter avec les carbonari et qu'il ne lui restait plus qu'à choisir entre la chance d'être tué et la certitude de mourir, il accepta la mission qu'on lui donnait, pensant que, lorsqu'il s'agit du trépas, il vaut mieux, en dépit du proverbe, renoncer au certain pour l'incertain.

∘°∘

Il partit donc pour Foligno, bien décidé d'ailleurs à ne prendre des dangers de la lutte que la part qui revient aux princes, dont le rôle est de se conserver intacts pour les arcs de triomphe de la fin.

∘°∘

Malheureusement, cette lutte des Italiens contre leurs maîtres manqua d'arcs de triomphe.

L'insurrection fut vaincue.

Quand la reine Hortense vit que les choses se gâtaient, son premier soin fut de rappeler son fils.

Un hasard heureux a placé sous nos yeux la lettre pressante par laquelle cette femme de beaucoup de cœur, — mais de plus de prudence encore, — écrivait à son bien-aimé Louis, à cette occasion.

La voici :

o °_° o

« Mon cher fils !...

« Ai-je donc besoin de te répéter ce que je t'ai déjà dit cinquante fois : Un prince qui conspire n'a le droit d'exposer que les jours de ses complices ?

« Dieu, qui fait bien les choses, a eu cette attention déli-

cate de donner la lâcheté aux ambitieux afin qu'ils pussent jouir de leurs succès, comme il a donné l'imbécillité aux lecteurs de la *Patrie*, pour que cette feuille pût vivre.

« Un ambitieux qui s'exposerait à se faire tuer, ô mon fils !... ce serait absurde !... Comprends donc !... ce serait la gourmandise avec une gastrite !... ce serait une passion pour Cora Pearl avec neuf cents francs d'appointements !... ce serait l'amour du jeu avec un anévrisme !... Dieu ne pouvait permettre cela.

« Reviens donc vite, mon fils, puisque tu n'as plus rien à gagner avec les carbonari. Lâche-les carrément. Tu n'aurais plus d'excuse pour les fréquenter, puisqu'ils ne peuvent plus t'être utiles.

« Ta mère, qui t'a toujours guidé, sinon dans le sentier de l'honneur, du moins dans le chemin creux du profit.

« HORTENSE. »

En recevant cette page éloquente, qui semble détachée de la morale en action (*édition spéciale pour les têtes couronnées, l'ayant été ou désirant l'être*), le prince Louis-Napoléon n'hésita point à prendre congé des carbonari, et vint retrouver sa mère.

A cette époque, son frère Napoléon-Louis mourut ; et, lui-même, atteint de la rougeole, fut obligé de se cacher quelque temps à Ancône.

Pendant ce temps, la reine Hortense obtenait un laissez-passer en blanc du général autrichien, pour se rendre en Angleterre.

On est forcé d'admirer l'adresse de cette femme qui

trouvait toujours le moyen d'échapper à tous ses ennemis, en se faisant combler par eux des prévenances les plus tendres.

Elle avait conspiré contre Louis XVIII, et Louis XVIII lui avait fait la cour et donné de l'argent.

Belle-fille de l'empereur Napoléon, elle avait traité

chez elle l'empereur de Russie et s'était fait assurer une pension de quatre cent mille francs.

La reine Hortense sortait des pas les plus difficiles avec les honneurs de la guerre.

Elle était de force à dévaliser le coffre-fort de Rothschild et à se faire offrir le bras par lui pour la reconduire jusqu'à sa voiture.

o o o

Munie de ce laissez-passer, elle traversa les lignes autrichiennes avec son fils Louis-Napoléon déguisé en domestique.

Le déguisement était parfaitement choisi.

On trouva bien que, pour une ex-reine, elle avait un larbin qui marquait mal; mais ce fut tout.

o o o

Louis-Napoléon était dans un état complet d'affaissement. Il se laissait faire par sa mère comme un enfant de cinq mois.

Où elle le posait, il restait.

Dans les endroits que la reine traversait, les gens dont le chien venait de crever accouraient de toutes parts lui demander l'adresse de son empailleur.

o o o

Quand ils furent hors de portée des lignes ennemies, la reine Hortense se tint ce raisonnement :

— A quoi peut servir un laissez-passer pour l'Angleterre?... Pour une femme comme moi, ce n'est pas douteux, il doit servir à aller... autre part.

Et la reine Hortense, ouvrant la portière de sa berline, cria au cocher :

— A Paris!...

* * *

Le cocher fit timidement observer à Hortense que le territoire français leur était interdit.

Elle lui répondit qu'elle arrangerait cela avec Louis-Philippe, et, quelques jours après, Hortense et Louis-

Napoléon s'installaient à l'hôtel de Hollande, près la place Vendôme, munis de peu de bagages, mais des plus mauvaises intentions.

o °o o

On était en avril 1831.

Les Parisiens ressentirent bien une sorte de malaise; mais ils attribuèrent cela à l'influence du printemps, et se purgèrent.

CHAPITRE VII

SÉJOUR A PARIS. — MANIFESTATIONS BONAPARTISTES. — LA REINE HORTENSE AGITE AVANT DE S'EN SERVIR.

Une fois installée à Paris, le premier soin de la reine Hortense fut de dicter à Louis-Napoléon la lettre suivante destinée à Louis-Philippe :

« Sire !...

« J'ai servi les carbonari ; mais je n'ai pas tardé à m'apercevoir qu'avec ces gens-là, il n'y a pas d'avenir.

« Permettez-moi de prendre du service dans l'armée française... Mon seul désir est d'être utile à mon pays. Pour cela, il faut que je sois sur les lieux, afin de profiter de toutes les occasions qui pourraient s'offrir et de pouvoir les faire naître au besoin.

« Je suis de Votre Majesté, etc., etc. »

Quand cette lettre fut écrite, la reine Hortense la mit dans le tiroir de sa commode, en se disant :

— Il sera toujours temps de l'envoyer, si nous ne parvenons pas à décaler le vieux par un coup de main.

o °o

Sur ces entrefaites, Louis-Philippe avait été prévenu de l'arrivée de Louis-Napoléon à Paris.

Et son conseil des ministres était fortement d'avis que le gouvernement fît à ce prince l'accueil chaleureux que l'on réserve d'habitude aux gens qui sont surpris en train d'appliquer de la cire molle sur la serrure d'un coffre-fort.

Louis-Philippe ne voulut pas brusquer les choses ; il résolut de voir la reine Hortense et son fils et de leur demander de s'expliquer sur la pureté de leurs intentions.

Cette entrevue eut lieu.

Louis-Philippe fit comprendre poliment à Hortense que sa place n'était pas plus en France que celle d'une souris dans un garde-manger où il y a du lard.

Hortense promit de s'en aller en Angleterre.

o °o

Elle ne laissa pas échapper cette occasion de réclamer

de l'argent qui lui restait dû, — disait-elle, — par la France.

Elle présenta sa petite facture, et Louis-Philippe promit de la faire vérifier.

❊

Quelques jours se passèrent, et la reine Hortense ne partait toujours pas.

Elle employait ce répit à préparer un petit deux décembre d'été dont elle avait caressé le plan, et donnait pour raison de sa prolongation de séjour que son fils était tombé malade et ne pouvait supporter le voyage.

C'était une frime.

Louis-Napoléon n'était pas plus malade que le Trocadéro.

Ces retards finirent par paraître louches à Louis-Philippe qui envoya son ministre, Casimir Périer, chez la reine Hortense voir si vraiment le prince était souffrant.

Ce fut un coup de théâtre digne du *Palais-Royal*.

Au moment où Casimir Périer se faisait annoncer chez l'ex-reine, le prince Louis était en train de fumer un cigare énorme pour aider à la digestion d'un vrai déjeuner de convalescent :

Fort bifteck, pâté de foie, choucroute garnie, salade de homard, plum-pudding, dessert assorti, café, pousse-café, etc...

Comment faire ?... M. Casimir Périer allait s'apercevoir que le prince Louis avait monté au gouvernement de Louis-Philippe un coup énorme.

Impossible de penser à lui faire prendre les deux bouteilles de champagne, qui étaient sur la table, pour des flacons d'huile de foie de morue !...

Mais, comme nos lecteurs ont souvent eu l'occasion de le voir déjà, la reine Hortense était une femme de ressources.

LE ROI LOUIS DE HOLLANDE

D'un coup d'œil, elle vit la situation; et, sautant sur sa houppette à poudre de riz, elle blanchit le visage de Louis-Napoléon, lui tortilla sa serviette autour de la tête en guise de foulard de nuit en lui disant vivement :

— Couche-toi et geins!... voilà Casimir!...

o °o

Le prince se coucha sans comprendre. (Il ne comprenait jamais.) Il était temps, Casimir Périer entrait.

— Sapristi!... dit-il, comme ça sent la pipe, ici!...

La reine Hortense saisit le cigare qu'avait laissé son fils sur la table et se mit à en tirer de larges bouffées en disant :

— Excusez-moi, Excellence!... c'est moi qui fume parce que j'ai mal à une dent.

o °o

La conversation s'engagea.

Tout en protestant de leur amour pour Louis-Philippe, Hortense allait tâter la tête de Louis et lui disait :

— Tu souffres beaucoup, mon chéri?....

L'air abruti dont le prince jouissait déjà à cette époque,

donna quelque vraisemblance à ce tableau ; et Casimir Périer s'y laissa prendre.

Il faut ajouter que la reine soignait la mise en scène en conscience.

De temps en temps, tout en causant avec le ministre, elle allait faire boire à Louis une cuillerée d'une soi-disant potion calmante.

Elle avait pris la première fiole qui lui était tombée sous la main.

Le hasard voulut que cela se trouvât justement être le flacon d'huile antique pour la barbe.

On voit d'ici la figure du prince avalant ça toutes les cinq minutes.

Enfin, pour compléter l'illusion, la reine Hortense força son fils à prendre, devant M. Casimir Périer, un de ces breuvages qui ne restent jamais sur l'estomac, et qui, aussi chauds qu'ils soient, n'ont aucun effet sur les dents cariées de celui qui..... l'avale.

o *o* o

Le ministre de Louis-Philippe, entièrement convaincu par cette dernière épreuve, prit congé et se retira.

La reine Hortense, en le reconduisant, l'assura de nouveau de son amitié pour le gouvernement et lui remit la lettre par laquelle le prince Louis demandait à servir dans l'armée française comme simple soldat.

M. Casimir Périer lui répondit qu'il n'y aurait peut-être pas d'inconvénient à cela; mais qu'il faudrait alors que le prince changeât de nom à son régiment, celui de Napoléon pouvant devenir dangereux à un moment donné.

o *o* o

Cette observation arracha à la reine Hortense une grimace significative.

Elle connaissait son fils, et se disait :

— Oter à Louis le prestige de son nom, c'est me retirer

mon chignon!... C'est ôter à un suisse d'église ses faux mollets!... C'est enlever à la *Belle-Jardinière* son ancienne enseigne. Que lui restera-t-il?... Rien que son mérite personnel, et ce n'est jamais cela qui lui fera refuser l'entrée dans un omnibus!... Si on le force à servir dans l'armée

sous le nom de Durand, il n'est pas fichu de passer caporal en huit ans!...

Elle sut pourtant dissimuler son mécontentement et congédia M. Casimir Périer.

Quand il fut parti, elle alla retrouver Louis-Napoléon, et, en réjouissance du bon tour qu'ils venaient de jouer à ce ministre, ils esquissèrent tous deux un petit pas de cancan dont l'ironie n'eût pas trouvé grâce devant un municipal de service à la Reine-Blanche.

○ ○ ○

Mais le temps pressait, il fallait prendre un parti et brusquer le mouvement préparé.

L'occasion ne tarda pas à se présenter.

M. Casimir Périer venait de faire rétablir la statue de Napoléon sur la colonne, et les bonapartistes voulurent en profiter pour faire une manifestation politique, le 5 mai, en allant porter leurs couronnes au pied de la colonne Vendôme.

Les manifestants à trois francs par jour firent durer leur travail du 5 au 10 mai, piaillant comme des enragés et empoisonnant la rue de la Paix de leurs haleines alcoolisées, jusqu'à ce qu'enfin le général Lobau, impatienté des vociférations de ces blouses blanches du temps, fit vider sur les bidons à absinthe de la reine Hortense l'eau de trois ou quatre pompes à incendie pour éteindre leur enthousiasme de commande.

○ ○ ○

Quand ces troubles furent apaisés, le roi Louis-Philippe comprit qu'il fallait absolument mettre Louis-Napoléon et sa mère dans l'impossibilité d'en organiser une seconde représentation.

Et il fit signifier à la reine Hortense d'avoir à quitter la France.

Hortense essaya bien encore de gagner un peu de temps en prétextant que son fils avait fait une rechute et qu'il lui était venu des clous dans le dos.

Mais le gouvernement tint bon, pensant avec quelque raison que Louis-Napoléon devait encore avoir plus de vices que de clous.

La reine Hortense partit donc pour l'Angleterre avec son fils.

Leur traversée fut pénible. Ils eurent le mal de mer, et en arrivant à Londres, le prince Louis était en possession d'une jaunisse, d'une telle richesse de ton, que lorsqu'il débarqua sur le quai, les habitants avaient beau le regarder en face, ils le voyaient toujours en coing.

CHAPITRE VIII

SÉJOUR EN ANGLETERRE.

Voyant que leur campagne de France n'avait pas réussi, Hortense et Louis essayèrent de se retourner d'un autre côté.

Justement le trône de Belgique était vacant. Cela ne valait pas celui de France ; mais, enfin... plutôt que de ne rien faire !...

Quelques intrigues sourdes furent machinées pour faire obtenir à Louis-Napoléon ce petit emploi en attendant.

Il fut même question, pendant un moment, que Louis-Philippe lui donnerait une de ses filles en mariage.

L'on semblait compter beaucoup en Europe sur cette combinaison pour se débarrasser de ce maraudeur de trônes en lui en donnant un pour qu'il laissât les autres tranquilles.

○ ○
 ○

Mais les Belges se montrèrent peu empressés de confier leurs destinées à un homme qui n'avait d'autres recommandations que de s'être fait mettre à la porte de partout.

Ils donnèrent la préférence au prince Léopold de Saxe-Cobourg, et la reine Hortense resta encore une fois avec son fils sur les bras.

Il y a des métiers où l'on a bien du mal à établir ses enfants.

○ ○
 ○

Quand Louis-Napoléon vit que le coup belge était raté, il voulut au moins en profiter pour se faire un petit bout de réclame.

Quelques journaux l'ayant un peu plaisanté sur sa déconvenue, il leur écrivit une lettre dans laquelle il protestait contre les accusations d'ambition élevées à son égard.

Dans cette lettre il continuait son éternelle scie du « *pauvre prince exilé à qui l'on refuse même la consolation de servir dans l'armée de son pays* ».

○ ○
 ○

Il trempa cette lettre dans sa cuvette pour simuler les larmes amères qu'il disait avoir versées dessus en y collant le timbre-poste.

C'était navrant de douleur. L'Europe en pleura pendant six semaines comme un vrai veau.

Peu de gens songèrent à répondre à ce prince sanglo-

tant qu'il ne tenait qu'à lui de servir dans l'armée française, puisque Louis-Philippe lui en avait fait offrir l'autorisation à la condition qu'il laissât son titre de prince au vestiaire.

La reine Hortense et le prince Louis ne tardèrent pas à recevoir à Londres, la visite des bonapartistes enragés qui venaient les presser de venir tenter un nouveau coup de main à Paris.

Mais ils ne crurent pas le moment bien choisi et, pour se débarrasser des importunités de ces émissaires dont l'impatience croissait en raison directe du vide qui s'opérait dans leurs porte-monnaie, ils résolurent de quitter l'Angleterre.

Munis d'un passe-port pour la Suisse, ils s'embarquèrent.

CHAPITRE IX

LA REINE HORTENSE ET LOUIS-NAPOLÉON TRAVERSENT LA FRANCE
A MINE ABATTUE.

La reine Hortense et son fils débarquèrent à Calais ; et de là se rendirent à Boulogne.

Hortense ne voulut pas que son passage en France fût infructueux pour Louis-Napoléon.

Elle le mena, tout doucement, de ville en ville saluer les endroits et les monuments qui rappelaient la gloire de Napoléon Ier.

Elle lui montrait la lanterne magique de l'Empire en lui en récitant tous les boniments, afin d'exciter dans son cœur la noble ambition de se faire un jour soixante millions de revenu en faisant tuer des imbéciles.

o o o

— Ceci te représente, disait-elle, l'endroit où furent

massacrés trente mille Français qui n'ont jamais su pourquoi.

Ici, ton saint oncle faisait de brillantes chasses. On y abattait 1800 pièces en trois heures, ça coûtait très-cher ; mais c'était le peuple qui payait !

Là, nous avons donné des fêtes splendides... tiens... là... sous cet arbre... un dimanche, nous avons bu du marasquin excellent, le jour de la bataille de Waterloo... Écrivons notre nom sur le tronc... ô mon Louis !...

Et Hortense avec son épingle à cheveux, Louis-Napoléon avec la pointe de son canif, gravaient religieusement sur l'écorce, pendant que leurs yeux se baignaient de larmes patriotiques, ces simples mots où chacun mettait toute son âme :

« La France était bien malheureuse, mais nous ne le sentions pas.

« HORTENSE. »

« Il faut espérer que ça reviendra un de ces jours, ô ma mère !...

« LOUIS. »

* *
*

On conçoit sans peine tout ce qu'un semblable pèlerinage réveilla de joie et d'espoir dans le cœur des deux touristes.

Mais la reine Hortense avait l'esprit trop pratique pour nager longtemps et laisser nager son fils dans le bleu des souvenirs.

Chemin faisant, ils se livraient à une douce propagande dans les campagnes qu'ils traversaient.

Ils entraient dans les chaumières et collaient sur les murs des portraits coloriés à un sou du *petit Caporal*.

Ils se mettaient à table avec les paysans; et au dessert, Louis chantait le *Beau Dunois*.

* * *

Quand le prince rencontrait des petits enfants revenant de l'école, il les arrêtait, leur donnait des liards en leur disant que si l'empereur revenait, il y aurait deux jeudis dans chaque semaine.

o °o o

S'il trouvait un invalide sur son chemin, il lui offrait une chique, lui parlait d'Austerlitz et voulait absolument lui porter sa jambe de bois jusque chez lui.

o °o o

Enfin, après avoir parcouru cent endroits de la France où ils n'avaient pas plus besoin de passer pour se rendre en Suisse que l'omnibus des boulevards n'aurait de raison pour aller doubler la presqu'île de Gennevilliers, le prince Louis et sa mère arrivèrent à Arenenberg (Suisse), convaincus que le crétinisme n'était pas encore assez éteint en France pour que l'on renonçât à l'espoir d'y acclimater à l'occasion des plébiscites bonapartistes.

CHAPITRE X

ARENENBERG. — LOUIS-NAPOLÉON ÉCRIT LES RÊVERIES POLITIQUES ET EN EXTRAIT LE SCENARIO D'UN VAUDEVILLE EN CINQ ACTES INTITULÉ : PRENEZ MON OURS !... QUI EST REFUSÉ PAR LE PALAIS-ROYAL, AVEC CETTE ANNOTATION DU SECRÉTAIRE : « CANAILLE MAIS PAS DRÔLE ».

A Arenenberg, Louis-Napoléon apprit la mort de son cousin, le duc de Reichstadt, fils de Napoléon Ier.

Sa douleur fut immense.

Nous avons longtemps cherché à quoi nous pourrions bien la comparer pour en imprégner nos lecteurs.

Ce que nous avons trouvé qui approchât le plus de ce chagrin, c'est la désolation dans laquelle est plongé un jockey qui se voit sur le point de n'arriver que second au grand prix de la ville de Paris, en apercevant celui qui le dépasse rouler par terre à trente mètres du poteau d'arrivée.

o ° o

Le premier mouvement de Louis-Napoléon, en apprenant cette fatale nouvelle, fut de s'écrier en sanglotant :

— Je vais donc pouvoir poser ma candidature.

Ce fut à cette époque que parut le premier volume du prince : *Les Rêveries politiques.*

Elles eurent un certain succès ; mais il faut dire que les *Rêveries d'un étameur de Furpille* n'avaient pas encore paru dans le *Tintamarre.*

o °o o

Les *Rêveries politiques* étaient un amalgame de théories sociales, de systèmes gouvernementaux, de plans de constitutions, etc., etc., dans lequel il y avait à boire et à manger.

Quelque chose qui rappelait par la forme le prospectus d'un marchand de vulnéraire, bon pour les coupures, les entorses, les cors au pied et les fluxions de poitrine ; et qui, par le fond, ressemblait à ces professions de foi électorales qui permettent de manger le vendredi sans faire gras et les autres jours sans faire maigre.

o °o o

Dans ses *Rêveries politiques*, Louis-Napoléon n'hésitait pas à se donner comme républicain en théorie.

Mais, en pratique, il demandait le rétablissement de l'empire.

— Un prince prétendant, disait-il, peut convenir que la

République est ce qui nous divise le moins ; mais il lui est difficile d'oublier que la monarchie est ce qui lui rapporte le plus.

o o o

Et partant de là, il ébauchait un projet de constitution, qui devait tout concilier, et dont les bases étaient celles-ci :

« Les trois pouvoirs de l'État sont : le peuple, le Corps législatif et l'empereur.

« Le peuple nomme les députés.

« Les députés font les lois.
« L'empereur s'assoit dessus.
« De cette façon, tout le monde est content. »

o_oo

Pendant que le prince Louis-Napoléon éditait son premier prospectus, la Cour d'assises de Paris, le 26 avril 1832, jugeait deux réfugiés compromis dans un complot.

Le nom de la reine Hortense et celui de son fils furent tant soit peu mêlés à ces débats; mais, soit que le gouvernement français ne jugeât point à propos d'insister sur ce fait, soit que la reine Hortense eût, selon sa coutume, pris toutes ses précautions, l'affaire fut éteinte en ce qui les concernait.

CHAPITRE XI

SÉJOUR EN SUISSE. — NOUVELLES BROCHURES DU PRINCE. — IL EST REÇU CITOYEN DE THURGOVIE. — IL COMMENCE A SE FAIRE DES RELATIONS EN VUE D'UN COUP DE MAIN. — SES NOUVEAUX AMIS L'APPELLENT : MONSEIGNEUR ET EN ONT CHACUN UN A LEUR DISPOSITION.

La mort du duc de Reichstadt avait puissamment contribué à exciter les désirs de Louis-Napoléon ; et il était résolu à donner, aussitôt que l'occasion s'en présenterait, un coup de pouce généreux à la pendule des événements politiques.

Il se mit donc au travail.

Ses *Rêveries politiques* n'avaient pas eu tout le succès qu'il en avait attendu. On en trouvait des masses d'exemplaires sur les quais, dans la boîte des volumes à deux sous.

Il voulut prendre sa revanche, et publia une nouvelle brochure : *Considérations politiques et militaires sur la Suisse.*

Nos lecteurs ne sont pas assez abonnés à la *Patrie* pour que nous leur fassions l'injure de leur expliquer ce nouveau truc du prince Louis.

Ils ont compris, depuis plus de cinq minutes déjà, que Louis-Napoléon n'écrivait son livre que pour la Suisse du boulevard Montmartre.

Il ressemblait, en cela, à ces personnages de comédie qui se racontent, sous forme d'exposition, ce qui est censé s'être passé avant le lever du rideau, uniquement pour que le public le sache.

La Suisse était sur le point de voter un pacte fédéral; ce fut ce pacte que le prince fit semblant d'examiner dans sa brochure.

Cela lui fournit de nouveau l'occasion d'exhiber son attirail de théories sur le gouvernement de son rêve : la République impériale ou l'Empire républicain.

C'était drôle pour l'époque.

Mais depuis, Gagne a fait beaucoup mieux avec son archi-unitéide et sa République-empire-royauté !...

Les Suisses, très-probablement, ne lurent pas les brochures que le prince Louis leur dédiait. Mais, comme ils sont généralement polis et bienveillants, ils jugèrent à propos de feindre une grande reconnaissance.

Louis-Napoléon reçut d'eux le titre de citoyen de Thurgovie et peu après (1834), celui de capitaine au régiment d'artillerie de Berne.

Nous serions désolé que nos lecteurs attachassent à ce fait une importance exagérée.

Les citoyens suisses agissaient en cela comme ces souverains étrangers à qui les parfumeurs parisiens envoient un pot de leur nouvelle pommade, et qui, pour se débarrasser à bon marché, leur font adresser le titre de :

PARFUMEUR BREVETÉ
DE S. M. TROUDBALOUSKISCHERAMM
ROI DES IDIOMITES

o °o o

Quand éclatèrent le mouvement de juin et l'insurrection de Lyon, Louis-Napoléon se dirigea en toute hâte vers la frontière française.

C'était d'ailleurs son système :

Au moindre bruit qu'il entendait en France, vite il arrivait se blottir derrière une porte et attendait l'occasion d'entrer.

Sa mère, qui s'y connaissait, le lui avait souvent répété :

« Pour les célibataires et les princes sans couronne, ô mon Louis!... il y a toujours quelque chose à gagner dans les ménages où le torchon brûle et dans les pays où l'on se dispute. »

o °o o

Cependant Louis-Napoléon commençait à se lasser de guetter des occasions; il résolut d'essayer de les faire naître.

Pour cela, il lui fallait des relations. Il chercha à s'en créer.

C'est à partir de ce moment qu'on le vit accabler de prévenances et de cigares tous les militaires qu'il rencontrait sur sa route.

Comprenant tout le parti que l'on peut tirer d'un colonel à qui l'on promet le grade de général, il s'efforçait de réunir autour de lui, surtout dans les banquets, les militaires qui pouvaient avoir quelques sujets de mécontentement contre Louis-Philippe.

Et souvent il n'avait pas grand'peine à leur prouver que, s'ils avançaient aussi péniblement, c'était parce qu'ils s'entêtaient à marcher dans le chemin de l'honneur.

o o o

Il leur indiquait alors un petit sentier beaucoup plus court où les soldats qui ne craignent point la honte peuvent ramasser à chaque pas un grade, une étoile ou une subvention.

o o o

Il faut bien le reconnaître, à notre grand regret, la perspective de tant de beurre sur si peu de pain, parvint à ébranler quelques consciences.

Et, petit à petit, Louis-Napoléon se vit entouré d'une assez jolie petite société composée d'ambitieux et de décavés dont le patriotisme ne tenait guère plus de place dans leur cœur qu'une pièce de quatre sous dans un chapeau haute forme.

o °o o

C'est à cette époque (1835) que le hasard amena vers Louis-Napoléon un des hommes qui devaient contribuer le plus puissamment à la réussite de ses projets.

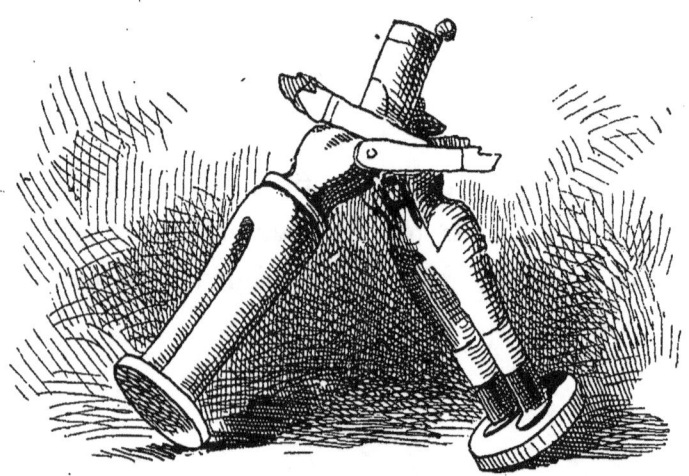

Comment Louis-Napoléon et Fialin de Persigny se rencontrèrent, nous n'essaierons même pas de l'expliquer.

Ils se rencontrèrent par un de ces effets d'attraction qui sont irrésistibles.

Ils se rencontrèrent parce que l'homme qui a pour

vocation de chiper des tabatières d'argent dans les foules de feux d'artifice, en rencontre toujours un autre qui a le même penchant pour les porte-monnaie.

Ils se rencontrèrent parce que Bertrand ne pouvait pas ne pas rencontrer Robert-Macaire et qu'il était impossible à Choppart de ne pas rencontrer Fouinard.

o°o

Jean-Gilbert-Victor Fialin était né à Saint-Germain-Lespinasse, le 11 janvier 1808. Sous-officier au 4ᵉ régiment de hussards, il avait à cette époque affiché des opinions royalistes très-prononcées.

Mais, à la suite de la révolution de juillet, il avait été rayé définitivement des cadres.

Après une courte collaboration au journal *le Temps*, il se livra avec fureur à la lecture du *Mémorial de Sainte-Hélène* et ne tarda pas à y puiser une troisième conviction aussi solide que les deux premières.

A partir de ce moment, la cause bonapartiste put le compter au nombre de ses plus fervents apôtres.

M. de Persigny, sans position et sans fortune, mécontent et ambitieux, avait tout ce qu'il faut et rien de ce qui gêne pour arriver.

Il se fit donc le collaborateur dévoué de Louis-Napoléon ; et ils n'avaient pas travaillé trois heures ensemble que déjà vingt scénarios de conspirations, de complots et de coups de main étaient ébauchés.

o °o o

Ces deux hommes possédaient une telle facilité pour ce genre de travail, qu'ils bâclaient un canevas de révo-

lution presque aussi aisément que Clairville et Siraudin, en mangeant une côtelette, font le plan d'une revue en huit actes.

Dès lors, la reine Hortense, qui d'ailleurs avait un peu vieilli, sembla perdre beaucoup de son influence sur Louis-Napoléon.

Quand elle risquait quelques observations sur ce qu'il conviendrait de faire en telle ou telle circonstance, Persigny démolissait le tout en disant :

— Oh !... mais... madame... c'est le vieux jeu, ça !... l'art de conspirer a fait des progrès depuis quinze ans que vous en avez quarante !..

Il est parfaitement vrai, du reste, que M. de Persigny était beaucoup plus dans le mouvement que la reine Hortense.

Il avait vécu à Paris et en avait étudié l'esprit. Il s'était fait des relations, — de mauvaises, c'est vrai, — mais qui sont les bonnes pour ces gens-là.

Il ne s'agissait donc plus, pour Louis-Napoléon et Persigny, que de grouper autour d'eux quelques hommes mécontents du régime actuel, suffisamment déclassés, hardis et endettés, pour risquer une de ces grosses parties où le joueur complétement décavé n'a plus que son

dernier faux-col à mettre en enjeu contre une grosse fortune.

∘ ∘ ∘

La saison des eaux, que la reine Hortense et son fils allèrent passer à Bade en 1835, leur suffit à recruter une bonne partie de leur personnel.

L'on vit tour à tour venir se ranger sous leur bannière :

M. de Gricourt, jeune légitimiste dépité, que quelques mois plus tard un magistrat représentait comme perdu de mœurs et de dettes ;

M. de Querelles, presque aussi légitimiste et presque aussi endetté, lieutenant d'infanterie ;

M. de Bruc, troisième légitimiste, chef d'escadron en disponibilité et, si l'on en croit plusieurs historiens, porte-monnaie à sec très-distingué.

o °o o

Tels furent les premiers auxiliaires de Louis-Napoléon.

On voit par ce faible échantillon que le prince ne se montrait pas scrupuleux dans le choix de ses serviteurs.

Leurs opinions politiques, complétement en désaccord avec ses vues personnelles, ne l'occupaient guère.

Ce qui l'intéressait uniquement, c'était de trouver des hommes à qui l'exiguïté de leur fortune et l'immensité de leurs besoins permissent de s'associer à une entreprise promettant de beaux dividendes.

o °o o

Il ne demandait pas aux hommes qui venaient lui offrir leurs services :

— Êtes-vous réellement bonapartistes?

LES SOUTIENS DE L'EMPIRE

PROSPER FIALIN — DUC DE PERSIGNY

PAR CARPEAUX.

Il leur disait simplement :
— Avez-vous besoin d'argent ?

Les choses en étaient là, lorsque, le 28 juillet, eut lieu l'attentat Fieschi.

On connaît cet épisode qui a démontré d'une façon

péremptoire l'urgence de perfectionner les mitrailleuses.

Louis-Philippe, en passant une revue de la garde nationale, fut assailli par une décharge de vingt-quatre coups de fusil.

Quarante personnes tombèrent autour de lui.

Quatorze furent tuées sur le coup, onze dessous! On donna à leurs veuves des bureaux de tabac de 600 francs.

Et l'on chanta des *Te Deum* pour remercier Dieu qui avait permis que la vie d'un homme fût épargnée au prix de celle de vingt-cinq autres.

Ces vingt-cinq ne furent pas là pour dire ce qu'ils pensaient des ineffables desseins de la Providence.

○ ○ ○

La malignité se plut un instant à rapprocher cet attentat des menées de Louis-Napoléon et de sa bande.

Les documents nous manquent pour prononcer sur cette prétendue complicité.

Mais, comme depuis que nous nous occupons de dépouiller l'histoire, nous avons assez généralement constaté que les rois sont toujours assassinés par les gens qui veulent prendre leur place, nous ne voyons aucune espèce d'inconvénient à admettre cette probabilité que la présence de Louis-Philippe sur le trône portait bien plus ombrage à Louis-Napoléon qu'au décrotteur qui faisait l'angle de la place de la Bourse et de la rue Joquelet.

○ ○ ○

De là à accuser positivement Louis-Napoléon d'avoir trempé dans la tentative Fieschi, il y a loin, il est vrai.

Mais jamais, plus qu'en cette circonstance, nous ne nous sommes senti d'aussi grandes jambes.

∘ ° ∘

Nous devons dire, — sans en être plus fiers pour cela, —

qu'à l'époque où se déroulaient ces événements, le fétichisme bonapartiste s'accentuait en France.

C'est triste à constater; mais il le faut.

Le gouvernement de Louis-Philippe, par ses allures

monotones et mesquines, avait contribué à ce regain de popularité en faveur d'un régime qui, au moins, avait aux yeux des Français, naturellement chauvins, un côté brillant.

○ ○ ○

Beaucoup de gens, sans prendre la peine de se demander ce qu'avaient coûté à la nation, en sang et en or, ces quatre rimes imbéciles : *gloire, victoire, bataille* et *mitraille*, retrouvaient au fond de leur cœur un peu d'admiration pour cette bien intéressante famille, qui, tous les six mois, pendant vingt ans, s'était amusée à jouer la France en trois cent mille hommes *sec*, sans savoir pourquoi, et jusqu'à ce qu'elle la perdît.

○ ○ ○

Comme nous le disions tout à l'heure, les allures panadières du gouvernement de Juillet avaient aidé à ce revenez-y de gloriole creuse ; et l'ère tranquille du cornet à poivre ne suffisait pas à triompher, chez beaucoup de gens, des souvenirs si doux de la guerre d'Espagne et de la retraite de Russie.

Pour donner à nos lecteurs une idée de l'engouement bonapartiste qui fleurissait à cette époque chez le peuple le plus spirituel de la terre, nous consignerons ici que le 1ᵉʳ décembre 1835, le chapeau que portait Na-

poléon pendant la campagne de 1807 ayant été mis aux enchères dans une vente publique, le prix en monta à 1950 francs.

Le *Tintamarre* du temps imprima même à ce propos: « La personne qui achète un chapeau 1950 francs a d'autant moins d'excuses qu'elle n'en a pas du tout besoin, puisqu'elle a perdu la tête. »

Deux concurrents, inconnus du public, avaient poussé vigoureusement les enchères.

Quand on apprit que l'acquéreur était un Français, ce fut un véritable délire.

On s'embrassait dans les rues, les maisons s'illuminaient et les fenêtres se pavoisaient de drapeaux.

Des vieillards qui ont vu ce jour glorieux et celui de la prise de Sébastopol, vingt ans plus tard, nous ont assuré que l'enthousiasme national fut moins grand à la nouvelle de la chute de Malakoff qu'à celle de l'adjudication à un Français, moyennant 1950 francs, du petit chapeau de l'Empereur.

Le second amateur avait poussé le chapeau jusqu'à 1920 francs.

On apprit que c'était le vicomte Clary, cousin de Louis-Napoléon.

Son intention, on l'a toujours supposé, était d'offrir au futur héros de Sedan ce meuble de famille, afin que l'on pût dire qu'il avait quelque chose de son oncle.

o °o °o

Vers le commencement de 1836, le prince Louis-Na-

poléon éprouva le besoin de donner une nouvelle impulsion à sa popularité.

Il fit paraître à Zurich un nouveau livre : *Manuel d'artillerie, à l'usage des officiers d'artillerie de la République helvétique.*

Cet ouvrage, destiné à poser le prince comme un homme de génie et un novateur de première classe, fut expédié par gros ballots en France.

Les débris de la grande armée le dévoraient sans le comprendre et en trempaient les feuillets de leurs larmes d'attendrissement.

Cela leur rappelait leur Emm'péreur!..

o°o

En même temps, on répandait à profusion en France, surtout dans les campagnes, une histoire du prince qui avait été insérée dans la *Biographie des hommes du jour* par une plume véhémente dont le dévouement et l'enthousiasme marquaient 35 degrés au-dessus de zéro à l'appointomètre qui sert généralement à mesurer ce genre d'admiration.

o°o

La propagande marchait.

Cette année-là encore, Louis-Napoléon se rendit à

Bade, vers le mois de juillet, pour y continuer son œuvre d'embauchage.

C'est là qu'il reçut la visite du colonel Vaudrey, chef du 4ᵉ régiment d'artillerie, au concours duquel il semblait attacher un assez grand prix.

∗ ∗ ∗

Le colonel Vaudrey était encore un de ces hommes

désignés par la Providence pour servir les desseins du prince.

Écarté de l'armée par la Restauration, il avait pris part à la Révolution de 1830 en soulevant Strasbourg contre Charles X, ce qui lui avait valu d'être rappelé au service par Louis-Philippe.

Mais, ayant sollicité du nouveau gouvernement plusieurs faveurs qui lui avaient été refusées, il n'avait pas tardé à se ranger dans le parti des mécontents, la pépinière des conspirateurs.

Ces froissements d'amour-propre avaient eu bientôt raison de son patriotisme; et, quand Louis-Napoléon le vit, il était mûr pour la trahison.

○

Une autre circonstance devait hâter la décomposition de ce qui pouvait rester d'honnête dans le cœur du colonel.

Une jeune et jolie chanteuse, amie intime de M. Fialin de Persigny, et que celui-ci tenait en réserve pour les cas de corruption laborieux, sut sans peine triompher des dernières répugnances du colonel.

○

Éléonore Brault, veuve Gordon, était une femme très-belle, d'un talent remarquable, qui s'était associée au parti bonapartiste et lui prêtait l'appui de ses charmes.

Avec Fialin et consorts, ils s'étaient partagé la besogne.

Fialin faisait la propagande le jour et madame Gordon la nuit.

o °o

Le colonel Vaudrey, malgré ses cinquante ans pas-

sés, déposa bientôt son épée sur le canapé de la diva, où se signaient les enrôlements volontaires.

Et le parti bonapartiste compta un appui de plus pour le jour prochain de ses débuts.

○ ○ ○

Pendant cette saison, on fit encore une nouvelle recrue.

M. Robert Laity, lieutenant de pontonniers, se laissa enrôler dans le bataillon.

Cependant, on raconte que ce jeune homme eut quelques scrupules et voulut savoir, avant de donner sa parole, si les intentions de Louis-Napoléon étaient démocratiques et républicaines.

A quoi Fialin lui répondit, sans hésiter :

— Comment donc!... bon jeune homme!... mais certainement!... La première chose que nous ferons, une fois arrivés au pouvoir, sera de raser les Tuileries.

— Alors, ça me va... répondit M. Robert Laity, avec cette naïveté particulière aux gens à qui on ferait mettre le feu à une maison, rien qu'en leur promettant sur l'honneur que c'est pour en détruire les punaises.

○ ○ ○

Cependant, toutes les tentatives d'embauchage n'allaient pas si facilement.

De temps à autre, — souvent même, on est heureux de le constater, — Louis-Napoléon et ses émissaires se cognaient dans des bonshommes dont ils avaient cru la conquête facile et qui, dès les premiers mots d'ouverture, les toisaient avec dégoût, de l'air d'un homme

flânant par hasard devant les boutiques de la galerie d'Orléans et qui s'entend faire, dans le tuyau de l'oreille, par un de ses voisins, une proposition..... à le renverser.

o o o

C'est ce qui arriva avec MM. Raindre et de Francqueville, officiers de la garnison de Strasbourg, et les généraux Voirol et Excelmans, que le prince avait envoyés *tâter* par des émissaires adroits.

Voyant que ces tentatives avaient échoué, le parti bonapartiste songea à employer, avec ces militaires récalcitrants, le grand moyen qui avait déjà réussi pour d'autres.

Et il fut un instant question de leur dépêcher madame Gordon, qui, peut-être, — du moins on l'espérait, — en serait venue à bout.

o o o

Ce projet ne put être mis à exécution.

Au premier ordre de service qu'elle reçut, la célèbre cantatrice, qu'une laborieuse campagne de propagande avait beaucoup fatiguée, répondit à ses complices, dans un mouvement d'humeur :

« Je vous trouve encore bons, vous autres !... Je ne puis pourtant pas tout faire !... »

o o o

On fut donc forcé de renoncer au concours de ces messieurs.

Cependant, le prince se montrait impatient et voulait en finir.

Et il fut décidé que l'on tenterait un coup décisif à Strasbourg, même avec les éléments incomplets dont on disposait.

La cause était tellement sainte, que Louis-Napoléon et son entourage ne doutaient pas un instant que Dieu accomplît deux ou trois miracles pour la faire triompher.

Restaient les dernières dispositions à prendre.

Fialin, le plus actif de la bande, préparait de son mieux l'éclosion de l'aventure.

Il parcourait les casernes sous une quinzaine de noms différents, s'abouchait avec les officiers, jouait au billard, leur offrait des absinthes sans nombre, les préparait à l'événement prochain et tâchait d'éveiller leur sympathie pour la cause du neveu de l'empereur.

Le système de séduction n'était pas varié.

Il consistait à dire au lieutenant :

« Il faut que nous vivions sous un gouvernement comme celui de Louis-Philippe pour que vous ne soyez pas capitaine depuis cinq ans. »

Au capitaine :

« Si l'empire était rétabli demain, capitaine, après-demain vous seriez commandant. »

Au commandant :

« Quand le sceptre cessera d'être un parapluie, les hommes de votre mérite seront colonels. »

Au colonel :

« Sous un Napoléon, vous seriez général. »

Et ainsi de suite.

o °o

En parlant ainsi aux militaires, M. Fialin, tirant de sa poche un calepin, prenait des notes et hochait la

tête en souriant avec confiance, de l'air d'un homme qui dit :

« Soyez tranquilles !... justice sera faite bientôt !... »

o °o

Le petit calepin d'*avancement platonique* de M. Fialin était devenu la terre promise de tous les officiers de la garnison.

Sur le feuillet affecté aux maréchaux de l'avenir, il y avait 78 noms.

Pendant ce temps, on terminait les derniers préparatifs.

M. de Vaudrey, qui avait paru un moment hésitant et indécis, était adroitement ramené dans le sentier du déshonneur par madame Gordon qui, pour assurer définitivement une victoire qui paraissait vouloir lui échapper, avait vigoureusement donné l'assaut au cœur du vieux général, à l'aide d'un nouveau peignoir auquel il manquait pas mal de boutons et d'une petite mouche assassine qu'elle s'était placée de façon à ne pouvoir elle-même la voir, même en se servant d'une glace.

Strasbourg avait été choisi définitivement comme base d'opérations.

Mais, comprenant qu'un coup de main exécuté uniquement par l'armée manquerait peut-être d'autorité

aux yeux de la nation française, Louis-Napoléon avait décidé d'y faire participer la population de Strasbourg.

∘ °∘

Là était la difficulté.

On peut encore, à la rigueur, faire accroire à quatre sergents-majors que le meilleur gouvernement est celui qui promet de les faire passer tout de suite sous-lieutenants.

Mais comment soulever le peuple?

Comment gagner des gens à qui l'on n'a rien à offrir?

o °o o

Cet obstacle n'arrêta pas Louis-Napoléon.

Il se tint le raisonnement suivant :

« Qu'est-ce que le peuple, en somme? Le peuple, c'est tout ce que l'on veut. Cent mille ouvriers qui restent tranquillement chez eux, gagnant leur vie, respectant les lois, ne troublant pas l'ordre, c'est le peuple pour Louis-Philippe, qui est sur le trône!... Mais pour moi, qui voudrais y être, trois cents gueulards qui, moyennant 3 francs de pourboire, crieront : « Vive « l'Empereur!... » sur mon passage, c'est le peuple aussi. »

o °o o

Réconforté par ce petit monologue, qui forme un des chapitres les plus complets du *Parfait prétendant*, Louis-Napoléon envoya à un de ses agents, M. de Querelles, l'ordre suivant :

« Soudoyez 300 gueulards — (*Sic*) — aux poumons vigoureux pour qu'ils crient « Vive l'Empereur » pendant la parade. »

o °o o

Ces dernières dispositions prises, il ne s'agissait plus que de tenter l'aventure.

Le jour en fut fixé au 30 octobre 1836.

Nous allons essayer de retracer les péripéties de ce drame dont la partie comique, excessivement corsée, a fait le vaudeville le plus réussi, peut-être, de nos quarante dernières années.

CHAPITRE XII

STRASBOURG.

Le 30 octobre, dès six heures du matin, les conjurés étaient réunis dans une petite maison de la rue des Orphelins, attendant pour descendre dans la rue un moment où il n'y aurait pas de chiens pour aboyer après leurs uniformes de fantaisie, qu'ils avaient achetés la veille — (en bloc 27 francs 50), — chez un costumier d'un faubourg de la ville.

* * *

Leur premier soin fut de se distribuer des grades.
On a beaucoup plaisanté depuis les fameuses promotions-Gambetta.

Ces dernières, comme cocasserie et comme imprévu, n'étaient rien auprès de celles que se distribuèrent, en

buvant le vin blanc, ces quatre ou cinq bobèches lugubres.

∘°∘

M. de Querelles passa sous-lieutenant, capitaine et

chef d'escadron en moins de temps qu'il n'en fallut au prince pour rouler une cigarette.

Fialin fut fait capitaine après sa tournée de mêlécassis.

Pasquin fut nommé général de brigade parce que c'était le seul qui eût pensé à prendre des cigares.

Quant à MM. Larty et de Gricourt, qui n'avaient jamais été soldats, on leur donna au hasard des grades des uniformes qui restaient dans le fond du mouchoir de coton à carreaux, dans lequel Fialin avait apporté les costumes.

o °o

Après cette distribution d'honneurs, qui rappelait assez bien une scène des carrières d'Amérique après le sac à main armée d'un marchand d'habits des boulevards extérieurs, les conjurés procédèrent à leur toilette.

Là, il faut renoncer à peindre. Jamais la fantaisie ne s'était élevée à cette hauteur.

o °o

Le chef d'escadron de Querelles avait un pantalon de gendarme, un habit de musicien du cirque Loyal et un vieux tricorne de sergent de ville.

Le capitaine Fialin portait une tunique de gardien de passage, un pantalon de garçon de banque et un schako de garde national.

Il s'était fait des épaulettes d'argent en carton recouvert d'une feuille de papier plomb, qu'il avait empruntée à une demi-livre de chocolat.

Les autres *beaux militaires* étaient équipés à l'avenant.

Moins bien, parce que les premiers avaient pris ce qu'il y avait de mieux.

Enfin, le prince était un chef-d'œuvre.

Habillé en artilleur, il portait avec cela un pantalon de chirurgien-major de l'infanterie de marine et un vieux chapeau de suisse de la cathédrale de Strasbourg.

L'accoutrement était complété par un sabre turc et des bottes de municipal.

Le prince portait en sautoir, enfilée dans les deux jarretières cousues bout à bout, de madame Gordon, une croix de commandeur de la Légion d'honneur, découpée par M. Fialin dans le couvercle d'une boîte à sardines.

o o o

Après la toilette, vinrent le partage anticipé des places et le serment solennel.

Le partage des places fut vite fait.

Chacun fit sa liste, approuvée séance tenante par les autres.

Cela rappelait la fameuse scène de *Ruy-Blas* jouée avec les costumes du théâtre des Batignolles.

Indépendamment du lot que chacun s'était adjugé, tous les conjurés étaient nommés sénateurs.

Avec un ensemble surprenant, ils demandèrent tous

un à-compte de trente sous sur leurs futurs appointements.

Le prince n'ayant en caisse que trois timbres-poste d'un centime, cela jeta un froid.

o°o

La scène du serment fut émouvante; celle de *Guillaume Tell* n'en donnerait qu'une faible idée.

Le prince posa son chapeau de suisse sur la table,

et chacun étendit la main droite au-dessus, répétant avec de l'eau-de-vie dans la voix, les paroles suivantes :

« Je jure sur tout ce que je possède de reconnaissances du Mont-de-Piété, de consacrer à l'entreprise que nous tentons aujourd'hui, tous les efforts qu'un homme qui n'a pas le sou peut mettre à la disposition d'une cause juste et sainte et lucrative. »

o °o

Cette imposante cérémonie terminée, on se prépara à descendre dans la rue.

Au moment de partir, maître Fialin fit remarquer que les coiffures manquaient de plumets, et que cela nuirait nécessairement au prestige du cortége.

Cette observation, très-judicieuse, ébranla un instant la confiance des conjurés.

On comprenait que tenter de soulever toute une garnison sans avoir de plumets à ses chapeaux, équivalait presque à fonder une société par actions sans pouvoir publier en tête des affiches des noms d'administrateurs décorés de l'ordre du Medjidié.

o °o

Heureusement on trouva, suspendu à un clou, le vieux plumeau du garçon d'hôtel.

On se le partagea, et chacun s'en attacha quelques plumes à sa coiffure.

Alors, on se mit en route dans les rues de Strasbourg.

Louis-Napoléon marchait en tête. Fialin à son côté et le reste de la troupe derrière.

Vu l'heure matinale, cette descente de la Courtille ne rencontra personne sur son chemin, et put avancer sans encombre dans la cour de la caserne, où les soldats avaient été rangés en bataille par le colonel Vaudrey.

Chemin faisant, Louis-Napoléon avait détaché un de ses aides de camp, avec mission d'aller faire imprimer séance tenante les trois proclamations suivantes qui devaient être affichées deux heures après.

o °o

AU PEUPLE FRANÇAIS!...

« Français,

« On vous trompe!... Voilà vingt et un ans que l'on vous laisse tranquillement travailler dans vos foyers, quand il est avéré que le bonheur d'une nation consiste à envoyer tous les ans quatre cent mille de ses meilleurs citoyens se faire assommer dans les ravins de l'Espagne, ou se geler en Russie sans savoir pourquoi.

« N'avez-vous pas assez de cette prospérité mensongère?...

« Fort des quatre millions de suffrages que le pays a donnés à mon oncle il y a trente-deux ans, alors que je n'étais pas encore né, — ni vous non plus, en grande partie, — je viens vers vous, élu par des gens qui sont presque tous morts, dans des circonstances qui sont tout à fait changées!...

« Si ces titres ne constituent pas une légitimité incontestable, c'est que la logique n'est qu'un vain mot.

« Français!...

« Vos votes me donneront le pouvoir!...

« Je le prends en attendant.

« Vive la France!...

« NAPOLÉON. »

A L'ARMÉE!...

« Soldats!...

« Vous servez un gouvernement de pain d'épice qui n'est pas digne de votre gloire!...

« Pas de guerre, pas d'avancement pour vous!... Sans compter que l'ordre de la Légion d'honneur, dont vous aviez le monopole, est prostitué tous les jours.

« Hier encore, on a décoré un vil ingénieur qui a inventé une locomotive vulgaire et qui n'était seulement pas à Austerlitz!...

« Soldats!... voulez-vous être tous capitaines?... venez à moi *que je* m'appelle Napoléon!...

« Vive la France!...

« NAPOLÉON. »

AUX HABITANTS DE STRASBOURG!...

« Alsaciens!...

« Je vous ai choisis pour commencer la révolution, parce que vous êtes les plus braves... et que c'était plus près de chez moi!...

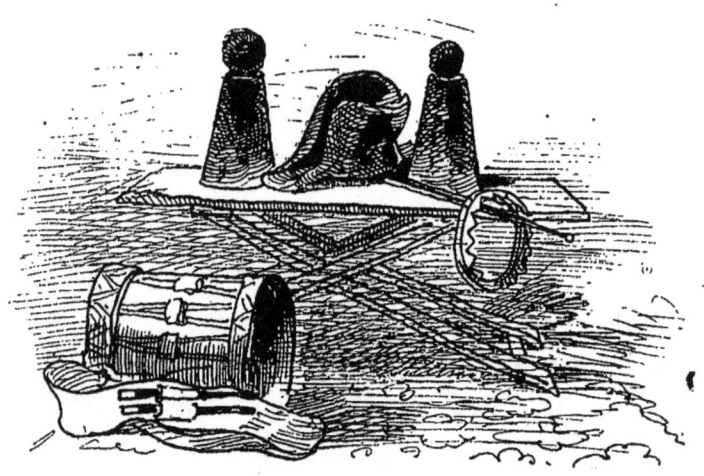

« Vous m'avez appelé au milieu de vous, — je suis tout seul; mais pour les autres départements, ce sera d'un très-bon effet sur la proclamation, — vous m'avez appelé au milieu de vous pour secouer le joug d'un tyran qui paralyse votre commerce par l'établissement de douanes ridicules.

« Ces douanes!... je les brise!...

« Demain, nous marchons sur Paris, où nous allons renverser un pouvoir impopulaire.

« Une fois sur le trône, pour récompenser votre admirable pays d'avoir le premier relevé le drapeau de la liberté, je ferai de Strasbourg le plus riche port de mer de la France.

« Je compte sur vous!... Fialin passera à votre mairie sur les onze heures pour vous emprunter trois cents francs pour nos frais de voyage.

« Vive la France!...

« NAPOLÉON. »

o o o

Voilà les trois proclamations que le prince était dans l'intention d'adresser à la France.

Nul doute qu'elles eussent obtenu un brillant succès.

Mais le malheur voulut qu'elles ne pussent arriver jusque dans nos murs.

Les événements que nous allons raconter se succédèrent avec tant de rapidité, qu'on n'eut seulement pas le temps d'en corriger les premières épreuves.

Mais n'anticipons pas.

o o o

Nous avons laissé la petite troupe au moment où elle arrivait dans la cour de la caserne pour se présenter aux soldats commandés par le colonel Vaudrey.

Diverses petites précautions avaient été prises par le colonel pour que rien ne vînt entraver la représentation.

Une heure avant, et par ses soins, chaque maréchal des logis d'artillerie avait reçu deux pièces d'or pour lui et ses hommes.

Ce que l'on peut gagner de pièces d'artillerie à une cause en payant des canons à ceux qui les gardent est inimaginable.

Le colonel Vaudrey n'avait pas négligé non plus de faire distribuer des cartouches à ses soldats.

Ce qui prouve surabondamment que tout en comptant beaucoup sur l'effet des proclamations envoyées à l'imprimerie, on ne considérait pas comme absolument impossible qu'il devînt utile d'en souligner certains passages que la population pourrait n'avoir pas bien compris.

Mais si le colonel Vaudrey avait minutieusement préparé tous ces détails, il en avait oublié un avec le plus grand soin :

C'était de convoquer les officiers à cette petite fête de famille.

On s'accorde généralement à croire qu'il avait pensé que, pour tenter un coup de ce calibre-là, la présence d'hommes capables de raisonner n'était pas indispensable ; au contraire.

Cependant, on ne put empêcher que le hasard amenât dans la cour de la caserne quelques officiers.

On s'en débarrassa du mieux possible en les nommant colonels sans qu'ils sussent pourquoi ; et l'on profita de la surprise que leur causait un avancement si inattendu pour continuer la cérémonie.

Alors, le colonel Vaudrey, menant le prince par la main, le présenta aux troupes en ces termes :
— Soldats !... Voici le neveu de l'Empereur qui vient

se mettre à votre tête !... Si vous l'acclamez, on sera obligé de vous donner à chacun un parapluie, tant les grades et les décorations pleuvront dru sur votre tête.

Napoléon peut-il compter sur vous ?

Après ces derniers mots, le colonel Vaudrey éleva le bras gauche.

C'était le signal convenu avec la claque.

Une quinzaine de voix éraillées répondirent par le cri de :

— Vive l'Empereur!...

Les autres se turent.

Mais le colonel Vaudrey, sentant qu'il y avait un froid, poussa le coude au prince en lui disant à voix basse :

— Parlez-leur... il n'est que temps!...

o o o

Alors Louis-Napoléon s'avança au-devant des troupes et leur débita le boniment suivant qu'il avait appris par cœur :

« Soltats!... (le prince avait à cette époque un accent allemand assez prononcé) soltats!... che ne fus barlerai pas te moi peaucup ; mais fus affez tus gonnu mon ongle!... Eh bien!... je fiens fers fus pur gontinuer sa clorieuse dratition!... Ce èdre bur fus un féridable grevè-gœur, ch'en suis sûr, de n'êdre bas gonduits blus suffent à la fictoire!... et che feux fus y gonduire au moins drois vois bar semaine!..... »

On raconte qu'arrivé à ce passage, le prince, qui s'était légèrement *emballé*, perdit complétement la tête et ne se souvint plus de la fin de son improvisation.

Mais le moment était décisif, et à tout prix il fallait ne pas rester court.

Il continua donc de parler sans savoir ce qu'il disait,

faisant instinctivement revenir toutes les cinq secondes les mots de bataille, de victoire, de drapeau, de gloire et de mitraille.

○ ○ ○

Le colonel Vaudrey, et M. de Querelles, qui s'étaient aperçus de sa détresse, se tenaient tout près de lui, et soufflaient dans chaque oreille les phrases les plus enlevantes.

Il répétait machinalement, entremêlant le tout ; et voici ce que la sténographie a pu retenir de la fin de cette admirable harangue :

« Soltats !... che fus le rebède engore... la cloire ti trabeau vrançais !... che fus cuffrirai te cloire !... et les padailles te la cloire... la cloire te la fictoire... et la mitraille afec la padaille et la cloire !... qui fus tonneront la cloire te la mitraille te la fictoire !... et plis dard, fos bedits envants tiront te fus : « Ils étaient te tutes « les fictoires te les padailles te la cloire !... »

○ ○ ○

Louis-Napoléon s'était échauffé et paraissait remonté pour aller comme ça jusqu'au soir.

Le colonel Vaudrey jugea que tant d'éloquence devait avoir produit suffisamment d'effet sur les troupes.

Il se précipita sur le prince comme pour l'embrasser en pleurant, et lui dit vivement à voix basse:

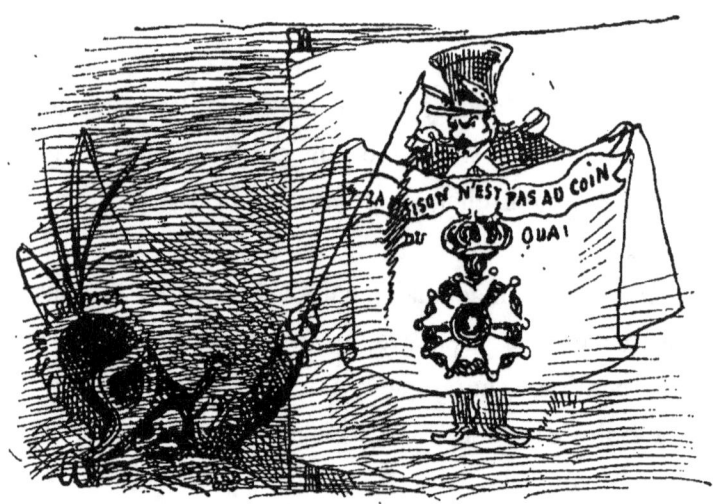

— En voilà assez... promettez des décorations, criez : « Vive l'Empereur!... » et que ce soit fini!...

o*o

Le prince n'a jamais été bien malin; mais pour les choses du puff, il avait toujours la compréhension très-vive et très-facile.

Il écourta donc son discours en complimentant l'armée, embrassa avec effusion les trois premiers soldats qui se trouvaient le plus près de lui, et se tournant vers M. de Fialin, il lui dit à haute voix :

— Capitaine !... faites avancer les trois fourgons chargés de croix de la Légion d'honneur et de brevets de colonels !...

o ° o

Ce trait de génie ébranla quelques indécis.

La claque saisit vivement le joint et cria de nouveau :

— Vive l'Empereur !... Vive Napoléon II.

Sur un signe du colonel Vaudrey, la musique du régiment se met en marche en jouant : *Partant pour la Syrie.*

Et les soldats suivent par habitude.

o ° o

Le défilé dans les rues de Strasbourg d'un régiment accompagnant une telle mascarade, fut un ébahissement pour les Strasbourgeois, qui, tous, venaient se mettre à leur fenêtre pour voir passer le cortége, et rentraient aussitôt effarés consulter leur almanach pour voir si cette année-là il n'y avait pas par extraordinaire deux carnavals d'indiqués.

Quant aux gamins, ils ne prenaient pas tant de précautions ; ils criaient carrément : « A la chie-en-lit », et se faufilaient entre les jambes des conjurés pour

essayer de tirer leurs chemises par les trous de leurs uniformes.

o°o

Cependant, le prince ne perdait pas son sang-froid. Chemin faisant, il donnait des ordres pour faire arrêter le préfet, M. Chopin d'Arnouville.

En effet, M. Chopin fut immédiatement mis sous clef par les soins du *capitaine* Fialin.

On a même dit qu'il fut pas mal brutalisé.

Mais d'un autre côté, quelques soupçons se sont élevés sur la droiture de la conduite de ce fonctionnaire se laissant appréhender au corps par le premier venu.

o ° o

Il ne nous appartient pas de porter un jugement sur M. Chopin d'Arnouville.

Ce qui paraît pourtant démontré, c'est que, prévenu quelques jours avant par le général Voirot, qu'une tentative devait être faite par les bonapartistes, le préfet de Strasbourg avait dans la main tout ce qu'il fallait pour faire avorter le complot.

C'est sans doute ce qui a fait penser qu'il avait peut-être bien aussi dans l'autre tout ce qu'il fallait pour le laisser réussir.

Mais laissons ces cancans.

o ° o

Pendant ce temps, Louis-Napoléon et ses amis, pour

ne pas laisser refroidir le zèle de l'armée, procédaient à des distributions copieuses de grades de toutes sortes.

Ils parcouraient les rangs, un calepin à la main, demandaient à chaque soldat ce qu'il désirait, et notaient tout

le monde pour des emplois de capitaines adjudants-majors, colonels et généraux, livrables fin courant.

o °   o

Chaque promotion était accompagnée d'une promesse de gratification en argent.

Quand la répartition fut terminée, M. de Querelles additionna les sommes et les grades promis.

Cela donna le résultat suivant :

Gratifications en argent : 28 milliards et demi.

Bureaux de tabac au-dessus de 1.200 francs, 75.316.
Bureaux de tabac au-dessous de 1.200 francs, 425.827.
Bâtons de maréchaux, 5.371.
Emplois de généraux de brigade, 42.017.
Brevets de colonels, 85.806.
Places de gardes dans le jardin des Tuileries, 35.689.
Emplois de gardiens de passage à Paris, 871.768.

o o o

En même temps, la population de Strasbourg, représentée par les 300 ouvreurs de portières à qui M. de Querelles avait fait distribuer à chacun trois francs, acclamait l'héritier de Napoléon Ier par les cris les plus enthousiastes.

La manifestation commençait donc à prendre du corps, quand un premier échec vint tout à coup entraver cette marche triomphale qui ne manquait guère que de mirlitons pour rappeler tout à fait la fête de Saint-Cloud.

o o o

Louis-Napoléon s'était rendu avec le colonel Vaudrey et plusieurs autres de ses amis chez le général Voirot, pensant bien le décider à suivre sa fortune.

Pour vaincre ses dernières répugnances, il avait dans sa poche une vieille aigle en zinc doré, et, la montrant inopinément au général, il lui dit :

— Général!... Pouvez-vous rester insensible à la vue

de cet oiseau?... Suivez-nous, général!... et en récompense de votre dévouement, je vous alloue une gratification de cinq cent mille francs, et je vous fais...

— Vous me faites... suer, prince!... riposta le général Voirot.

Interloqué par cet accueil, Louis-Napoléon rentortilla son aigle dans du papier de soie, et donna ordre d'arrêter le général, ce qui ne put empêcher ce dernier de partir..... d'un grand éclat de rire qui parut vexer sensiblement le prince.

o °o

Après cette tentative malheureuse, Louis-Napoléon et ses complices se rendirent en toute hâte à la caserne Fin-'kematt où était le 46° de ligne duquel ils tenaient à s'assurer le concours.

Là, le prince recommença une harangue tellement étourdissante que les soldats se mirent tous à rire à en tordre leurs fourreaux de sabre.

o °o

Louis-Napoléon pinça les lèvres; mais, sans perdre contenance, il tira son aigle en zinc et, l'élevant au-dessus de sa tête, au bout de la pointe de son sabre, il s'écria avec force :

« Soltats !... que la fué té cet emplème te la cloire réffell en vos yeux le soufenir te fos aïeux !... »

A ce moment, un petit tambour à l'air gouailleur qui

sentait son mouffetard à vingt-cinq pas, dit tout haut :

— Nos aïeux,... c'étaient des daims !...

o °o o

Cette simple réflexion, d'une forme un peu triviale nous l'accordons, mais dont la profonde philosophie n'échappera pas à nos lecteurs, produisit un immense effet.

Tous les troupiers se mirent à pouffer de rire, et la situation du prince commençait à devenir très-embarrassante, quand, tout à coup, les officiers du 46°, arrivant à la hâte au bruit de cette scène, vinrent enfin dénouer cet interminable vaudeville.

○ ○ ○

Ce ne fut ni long ni difficile.

Ils firent d'abord fermer les grilles, rétablirent le calme dans les rangs et, quand tout fut éclairci, ils dirent simplement en désignant Louis-Napoléon et sa suite :

— Fourrez-nous ces paillasses-là au violon!...

○ ○ ○

Ainsi fut fait sans aucune espèce de difficulté.

On raconte qu'un instant, le prince eut bien une légère velléité de résister et qu'il cria aux artilleurs, qui avaient bu à sa santé, — et à ses frais, — le matin :

— Canonniers!... défendez-moi!...

Mais les canonniers restèrent sourds à cet appel.

Ils avaient un peu festonné sur les trottoirs dans le chemin du devoir ; ils entendaient marcher droit et ils laissèrent conduire le prince au poste comme le plus vulgaire des ivrognes ayant fait du tapage sur la voie publique.

En arrivant en prison, le prince s'y retrouva avec quelques-uns de ses amis.

Pas beaucoup, pourtant. Autant que possible ils s'étaient éclipsés au moment où l'entreprise ne leur avait

plus semblé devoir donner 35 pour cent de dividende.

M. Porquin, lui, avait partagé le sort de Louis-Napoléon.

Mais, quant au capitaine Fialin, dès le premier craquement, il s'était convaincu d'un seul coup d'œil que tout était raté.

Et, avec une habileté qui fait son éloge, il avait immédiatement pris à la fois :

Une résolution ;

Un costume de marmiton...

Et la fuite.

o ° o

Louis-Napoléon fut d'abord conduit au greffe, où on lui fit subir un premier interrogatoire.

On doit lui rendre cette justice qu'il n'essaya pas de nier les faits, ni de faire croire au commissaire de police qu'en entrant dans les casernes pour y soulever les soldats, en arrêtant les fonctionnaires, en confisquant le télégraphe et l'imprimerie, il n'avait entendu faire qu'une simple farce.

Il se montra même assez crâne et assuma sur lui toute la responsabilité des crimes qui étaient imputés à ses compagnons.

o ° o

Ceux de nos lecteurs qui avaient déjà tiré leur mouchoir pour éponger des larmes d'admiration peuvent le remettre dans leur poche.

La belle conduite du prince lui était moins dictée par la noblesse de ses sentiments que par la certitude qu'il avait de s'en tirer à bon compte.

○○○

D'une part, la mollesse de Louis-Philippe lui était connue.

Et d'autre part, il comptait beaucoup sur sa mère pour le tirer de ce mauvais pas.

On sait, en effet, que la reine Hortense n'avait pas sa pareille pour se faire inviter à dîner par les gens contre qui elle avait conspiré.

Aussi Louis-Napoléon était-il bien convaincu qu'il se tirerait à meilleur marché d'avoir voulu détrôner Louis-Philippe qu'un simple citoyen d'avoir pris un kiosque à journaux pour...... un autre sur le boulevard.

o O o

Il était même tellement sûr de ce dénoûment, qu'il ne craignait pas de dire au geôlier de sa prison :

— Avant huit jours, le gouvernement voudra me faire mettre en liberté; mais j'exigerai des excuses et une rente viagère...

Les événements ultérieurs, — ainsi qu'on le verra plus loin, — montrèrent que le prince était bien renseigné.

o O o

Le colonel Vaudrey avait aussi été arrêté.

On les enferma, lui et le prince, dans la citadelle de Strasbourg, en attendant que l'affaire s'instruisît.

Le 9 novembre, on vint le prévenir très-poliment qu'une chaise de poste l'attendait en bas.

Avant de descendre, il serra dans ses bras le colonel

Vaudrey qui, croyant que l'on venait chercher Louis-Napoléon pour le fusiller comme un simple fédéré, s'agenouilla et lui demanda sa bénédiction.

Le prince qui ne voyait aucun inconvénient à poser pour le martyr, étendit les mains au-dessus de la tête du colonel et sortit vivement en murmurant :

— Vieille cruche !...

On fit monter le prince dans la chaise de poste en l'accablant de salutations et de cruchons d'eau bouillante pour ses pieds.

Et on l'amena à Paris chez le Préfet de police.

Celui-ci lui offrit d'excellents cigares, causa quelques instants avec lui de la façon la plus affectueuse, n'interrompant de temps à autre cet entretien amical que pour donner l'ordre de redoubler de sévérité envers quelques journalistes enfermés à Mazas pour délits de presse.

Et quelques jours après, Louis-Napoléon était reconduit en chaise de poste très-bien suspendue à Lorient.

o °o o

Là, on lui apprenait que, sur les sollicitations de sa mère, Louis-Philippe lui avait fait grâce pleine et entière et avait ordonné qu'il fût embarqué, à nos frais, pour les États-Unis.

Comme on le voit, la reine Hortense n'avait pas failli à sa réputation.

Elle était parvenue à faire comprendre à Louis-Philippe que le moins qu'il pût faire pour son fils qui avait essayé de le détrôner, était de le laisser tranquille et de lui payer des frais de déplacement.

Ainsi fut fait :

Au moment de l'embarquement, M. Villemain, sous-préfet de Lorient, remit au prince, de la part du roi, une somme de 16,000 francs en or pour ses menus plaisirs de voyage (*sic*).

L'histoire ne dit pas si à cette gratification fut jointe l'offre du grand cordon de la Légion d'honneur.

Mais tout porte à croire que c'est probable.

En apprenant qu'il était libre, et qu'on le payait encore par-dessus le marché, Louis-Napoléon feignit d'entrer dans un violent désespoir.

Il ne voulait pas partir, et demandait de quel droit on lui refusait de partager le sort de ses compagnons.

— Non... disait-il... je ne veux pas de grâce!... je dois mourir avec mes complices!... on me déshonore!...

Et, tout en parlant, il se débattait comme un homme que l'on veut emmener de force à l'Odéon.

Ce n'était pas tout à fait si bien joué que ce l'eût été par Berton père; mais, enfin, pour des lecteurs du *Pays*, il pouvait y avoir de l'illusion.

o °o o

A un moment, il fit même un mouvement si brusque pour se sauver qu'il se dégagea des mains des agents.

Qui fut attrapé?... ce fut lui.

Il se laissa bien vite reprendre en murmurant :

— Je croyais qu'ils me tenaient mieux que ça, ces imbéciles-là!...

o °o o

On le porta sur le navire. Il gesticulait toujours.

— Trahison!... criait-il, je ne veux rien devoir à Louis-Philippe!...

Puis, saisissant les seize mille francs que le préfet venait de lui remettre, il ajouta avec l'accent d'une profonde indignation :

— Et cet or!... cet or!... prix de la honte et de l'infamie!... Allez dire à votre roi que voilà ce que j'en fais!...

En prononçant ces dernières paroles, le prince, d'un

geste vigoureux et plein de colère, lança les seize rouleaux dans..... le fond de son chapeau, qu'il enfonça ensuite sur sa tête d'un air de défi et de souverain mépris.

o °o

On était à bord, l'ancre fut levée.

Et, deux mois après, le navire *l'Andromède* déposait, dans le sein du nouveau monde, l'espoir des citoyens qui devaient plus tard placer leur fortune sur les obligations mexicaines.

CHAPITRE XIII

SÉJOUR EN AMÉRIQUE.

Pendant que *l'Andromède* s'éloignait de nos côtes, emportant Louis-Napoléon, qui s'en tordait les siennes de rire, Louis-Philippe renvoyait devant la cour d'assises de Strasbourg les complices du prince.

Il n'échappa à personne, — sauf aux lecteurs du *Constitutionnel*, pour qui ces choses-là sont spécialement faites, — que le gouvernement n'était pas dans l'intention de s'acharner contre les auteurs de l'opéra-bouffe de Strasbourg.

o°o

Le procès fut instruit avec cette sage lenteur dont

on n'accorde guère les bénéfices qu'aux accusés qui ont de belles connaissances.

L'opinion publique appréciait que l'affaire était du ressort d'un simple conseil de guerre.

Mais Louis-Philippe en décida autrement.

Et le jury de la cour d'assises de Strasbourg prononça, le 18 janvier 1837, l'acquittement de tous les auteurs de l'attentat, le jour même où cinq journalistes de Paris empochaient chacun six mois de prison et 3000 francs d'amende pour avoir imprimé que les sergents de ville étaient souvent très-insolents.

o * o

Cependant, Louis-Napoléon était arrivé en Amérique, où il avait reçu un assez bon accueil.

Il avait rencontré à New-York ses cousins Achille et Murat, qui supportaient de leur mieux la perte de leurs splendeurs.

Murat, ancien prince royal de Naples, avait obtenu un emploi de directeur des postes et s'était fait tailler dans un manteau royal des jaquettes et des pantalons qu'il usait avec une noble résignation.

Achille vivait modestement du produit d'une pension tenue par sa femme.

Il eût préféré une *pension* de trois cent mille francs du gouvernement français ; mais il n'avait pas le choix.

LES SOUTIENS DE L'EMPIRE

LE PAGE MOCQUART

D'APRÈS ALBERT DURER

La famille de Louis-Napoléon lui conseilla de s'occuper et se mit même en quête pour lui trouver un emploi.

Mais il n'avait qu'un faible très-peu prononcé pour le travail; et les différentes places qu'on lui proposa ne lui sourirent pas.

D'ailleurs, l'ennui commençait à le ronger.

Cette vie du nouveau monde républicain, où l'on demandait aux citoyens d'être les fils de leurs œuvres, sans leur tenir compte d'être les neveux de leurs oncles, ne satisfaisait pas sa vocation.

Il avait la nostalgie des pays où il peut y avoir des trônes à cueillir.

Et il tournait sans cesse des regards mélancoliques vers la France, pensant avec amertume qu'on est bien mal placé à New-York pour arriver en une demi-heure aux Tuileries un jour d'émeute.

o °o

Enfin, une occasion se présenta bientôt, sinon de revenir en France, du moins de pouvoir tourner autour.

Il la saisit.

Un matin, il reçut la nouvelle que sa mère, gravement malade à Arenenberg, désirait le voir.

Il s'embarqua aussitôt et revint en Europe.

Sa dernière pensée, en quittant le sol américain, fut :

— Il est aussi amer de vivre loin de ce que l'on aime, qu'il est doux de se rapprocher de ce que l'on désire.

CHAPITRE XIV

SECOND SÉJOUR EN SUISSE.

La reine Hortense mourut à Arenenberg le 5 octobre 1837.

Elle eut, en quittant la vie, la suprême consolation de voir que son fils avait profité de ses enseignements, et ne laissait plus grand'chose à désirer comme maraudeur de trônes.

En effet, Louis-Napoléon, qu'elle avait longtemps connu mou, indécis et peu entreprenant, et dont elle avait souvent déploré le peu d'initiative et de jugement, s'était révélé tout à coup.

Sa première tentative de Strasbourg indiquait pleinement quel but il poursuivait.

Et la reine Hortense put rendre son âme à Dieu, en n'emportant aucun doute sur ce dont son fils était désormais capable.

La mort de la reine Hortense plongea Louis-Napoléon dans une douleur immense.

Il n'y eût certainement pas résisté, s'il n'eût pris au plus tôt le parti que savent prendre les âmes courageuses pour combattre le chagrin.

Il résolut de se remettre au travail.

Cela le sauva du désespoir.

Le travail, pour un ébéniste qui vient de perdre sa mère, c'est de se remettre à faire des bois de lit.

Pour un vitrier, c'est de poser beaucoup de carreaux.

Pour un tapissier, c'est de recouvrir des canapés élastiques.

Mais pour un prétendant, — accablé de douleur, — le travail, c'est de conspirer.

Louis-Napoléon fit donc immédiatement prévenir Mocquart et Conneau, et leur tint ce langage :

— Mes bons amis..... vous savez le coup qui me frappe !... Je crois que ça irait tout de suite mieux, si je pouvais essuyer mes yeux baignés de larmes sur les coussins d'un trône.

— Compris!... répondirent les amis du prince désolé.

Et ils se retirèrent.

Dès le lendemain, le prologue de Strasbourg recommença.

La propagande, les brochures, les prospectus, les invitations, les politesses à l'armée, les promesses de bâtons de maréchaux, les distributions *éventuelles* de croix, de grades, de places, etc... etc...

La mise en scène marchait d'autant plus aisément qu'il ne s'agissait cette fois que de la reprise d'une pièce déjà jouée.

Encore quelques répétitions d'ensemble, un dernier coup de main aux costumes et la première représentation allait avoir lieu.

o °o

Au moment où le régisseur se préparait à frapper les trois coups, une circonstance imprévue vint forcer à mettre une bande sur l'affiche pour quelque temps encore.

Le gouvernement de Louis-Philippe s'étant ému de ces préparatifs, demanda à la Suisse l'expulsion de Louis-Napoléon, prétendant que sa présence sur le territoire helvétique était une menace constante contre la France.

Le gouvernement suisse répondit très-crânement que cela ne le regardait pas, et que tant que le prince Louis-Napoléon, — qui était d'ailleurs citoyen de Thurgovie, — ne secouerait pas ses tapis par la fenêtre après l'heure réglementaire, il n'avait rien à craindre des lois de son pays adoptif.

o °o

C'était raide de la part d'une petite puissance grosse comme le poing, de répondre d'un ton aussi dégagé à une voisine qui semblait n'avoir qu'à se laisser tomber dessus pour l'aplatir comme une pièce de six liards.

Aussi, sans vouloir examiner si le citoyen en question valait seulement la dix-millionième partie du mal auquel la Suisse s'exposait pour lui, nous tenons à ne pas laisser passer cet incident sans constater, avec une certaine satisfaction, la vaillance de cette petite République, retroussant bravement ses manches devant la plus bedonnante des monarchies, pour défendre son droit d'hospitalité.

o °o

Cependant l'armée française, massée sur la frontière, se préparait à prouver à la Suisse la justesse de nos prétentions, aussi clairement qu'un gros chien démontre à un petit la légitimité de ses droits, en lui croquant les reins, quand un citoyen suisse eut tout à coup une idée lumineuse.

— Avant de nous cogner pour ce coco-là, dit-il, il serait peut-être bon de lui demander s'il se considère réellement comme notre compatriote et s'il renonce, par conséquent, à sa qualité de Français.

o °o

L'observation parut juste. On questionna le prince, qui se garda bien de répondre que son intention n'avait jamais été que de rester Suisse le temps strictement nécessaire à la réussite de ses projets sur la France.

Il éluda la question et, se drapant dans une grandeur d'âme qui lui allait comme une culotte courte à un escargot, il annonça qu'il allait quitter le territoire helvétique, ne voulant pas, disait-il, être la cause d'une guerre fatale.

Beaucoup d'imbéciles trouvèrent sublime ce trait de désintéressement.

Nous, nous pensons qu'au mont-de-piété des belles actions, les experts, qui s'y connaissent, n'eussent pas prêté quinze francs dessus.

Louis-Napoléon prit donc son passe-port pour Londres, c'est-à-dire le plus près possible pour lui de la place de la Concorde.

CHAPITRE XV

DEUXIÈME SÉJOUR EN ANGLETERRE.

Ce second séjour en Angleterre ne fut marqué par aucun événement digne d'être raconté.

Louis-Napoléon y reprit ses petites occupations de conspirateur forain.

Il publia son manifeste des *Idées napoléoniennes*, dans lequel il faisait l'apologie du premier Empire.

Ce document, dont le mot de la fin était à peu près celui-ci : « Seul représentant de l'honorable maison fondée par mon oncle en 1804, pour la mise en purée de 300,000 Français par an, j'espère que la France voudra bien me continuer la confiance, etc... etc..., » ne laissa aucun doute sur ses intentions nouvelles.

Ce fut cette époque que Louis-Philippe choisit pour faire revenir pompeusement en France, les cendres de l'Empereur.

Il y a des gens qui sont toujours pleins d'à-propos.

C'était le seul moyen dont Louis-Philippe pût disposer pour rendre le fils d'Hortense intéressant.

Il l'employa avec cette sérénité particulière aux joueurs de piquet, qui ont trois as dans la main et ne trouvent rien de plus malin que de jouer dans celui qu'ils n'ont pas, pour que leur adversaire puisse faire facilement la carte.

L'effet ne manqua pas de se produire. L'arrivée des cendres de l'Empereur fut exploitée par le chauvinisme; et deux journaux que le prince fonda à Paris, préparèrent les esprits à la nouvelle parade de Boulogne, que nous allons raconter.

o °o

Avant d'entreprendre cette narration, disons, — c'est essentiel, — que la propagande qu'entretenait le prince depuis deux années, avait absorbé sa fortune tout entière.

Ses deux journaux, surtout, lui avaient coûté son château d'Arenenberg, ce qui ne prouve pas qu'ils eussent un nombre considérable d'abonnés.

o °o

Ces deux feuilles étaient extrêmement violentes.

Les rédacteurs n'avaient point d'appointements fixes; mais ils étaient grassement payés, selon le nombre de gros mots, d'insultes et de provocations qu'ils avaient insérés dans leurs articles.

Tous les trois mois, le rédacteur en chef s'absentait pendant huit jours.

On imprimait en tête du journal qu'il était allé présenter ses devoirs à Son Souverain.

La vérité est qu'il était allé lui présenter sa note.

o°o

Le hasard a mis entre nos mains une de ces pièces de comptabilité.

Nous nous faisons un plaisir de l'offrir à nos lecteurs.

DOIT le prince Louis-Napoléon au journal le ⁂, pour soins donnés à sa cause pendant le trimestre d'avril, mai, juin 1840, et dont le détail suit :

Dépenses matérielles : papier, impression, employés, etc....................	55,823 » c.
Avoir traité un républicain de *sale mufle*, tous les jours, pendant trois semaines.	1,500 »
En avoir traité un autre de *ramasseur de bouts de cigares*.....................	200 »
Gratification au rédacteur ⁂, pour article provoquant en duel le démocrate ⁂........................	50 »
Gratification au même rédacteur pour trois coups de pied au cul reçus du même démocrate.......................	30 »
Un coup d'épée donné par le rédacteur en chef lui-même au sans-culotte ⁂, qu'il avait préalablement traité d'ivrogne.	350 »
Envoi de témoins pendant le trimestre à trente-cinq porcs de socialistes, et trente-cinq vacations de deux hommes......	105 »
Blanchissage d'une chemise pour chacun desdits témoins....................	18 25
Total..........	58,076 25 c.

⁂

On comprendra sans peine qu'avec de pareils frais de publicité, le prince Louis dut vite voir la fin de sa bourse.

C'est ce qui arriva vers la fin de juillet 1840, et le décida à tenter l'entreprise de Boulogne, dont nous allons esquisser à grands traits le récit.

CHAPITRE XVI

BOULOGNE.

Le 4 août 1840, Louis-Napoléon, à côté de qui nous retrouvons les amis qui l'avaient assisté à Strasbourg : Vaudrey, Parquin, de Querelles, etc., etc... s'embarqua à Londres sur un bateau à vapeur : *le Château d'Édimbourg*, qu'il avait loué sous le prétexte d'aller, avec quelques amis, faire une partie de pêche aux harengs dans les environs.

* * *

Pendant la traversée, les conjurés, au nombre d'une trentaine environ, s'armèrent et se déguisèrent avec de faux uniformes de soldats français.

Louis-Napoléon et son état-major endossèrent crânement des costumes d'officiers généraux.

Et comme à Strasbourg, on se mit immédiatement à repasser le plan, à se partager les places et les bâtons de maréchaux, puis à répéter les discours du lendemain avec gestes et costumes.

On avait embarqué 400,000 francs en or destinés à

prouver à la garnison de Boulogne que l'empire était le seul gouvernement possible en France.

De plus, une forte provision de liquide fut absorbée ; les conjurés y puisèrent, pendant toute la nuit, ces convictions profondes qui transforment les pochards en héros.

Au moment de débarquer tout le monde était soûl, et le prince Louis lui-même pleurait comme un veau dans le gilet de M. Parquin, en répétant :

— J' suis un honnête homme!...

Le 6 août, au matin, on débarqua à Wimereux. L'arrivée avait été annoncée à la population pour qu'elle vînt acclamer le cortége.

Mais la foule se composait d'un seul sous-lieutenant du 42ᵉ de ligne, M. Aladenize.

La petite troupe se mit en marche.

Le prince Louis marchait en tête; il avait sur son épaule, la patte attachée par une ficelle, un vieil aigle déplumé, à qui il donnait, de temps à autre, un petit morceau de lard pour l'empêcher de dormir.

On arriva d'abord près d'un petit poste du 42ᵉ de ligne, commandé par le sergent Morange, à qui l'on proposa de se joindre à la troupe.

Le sergent Morange se souvint à point de Cambronne et garda son poste.

On se rendit ensuite à la caserne. Le prince annonça aux soldats que Louis-Philippe était détrôné et, comme à Strasbourg, commença ses distributions de grades et de décorations.

o°o

Mais, au moment où tous les soldats de la garnison

venaient de passer colonels, le capitaine Col-Puygelier accourut.

Son premier cri, en apercevant le prince et sa suite, fut :

— Qu'est-ce que c'est que ces saltimbanques-là ?...

C'est à ce moment que le prince Louis tira un coup de pistolet au brave capitaine, qu'il blessa à la tête d'un de ses grenadiers.

o o o

A ce moment, l'aigle dont nous avons parlé tout à l'heure, eut une telle frayeur, qu'il déshonora le collet de la tunique de son empereur.

Cependant, Louis-Napoléon voyant que la garnison ne répondait pas à sa flamme, fit faire demi-tour à sa troupe pour aller essayer l'effet de la mascarade sur la population.

Cet effet fut irrésistible. Tout le monde se mettait sur les portes. Quand la troupe s'arrêtait sur une place et que le prince jetait des pièces d'or à la volée, toutes les vieilles femmes qui souffraient de leurs chicots venaient se ranger autour de lui, croyant que c'était un dentiste en tournée.

o o o

Cependant, la garnison s'était mise sur pied, et en moins d'une demi-heure, une notable partie des nouveaux grands dignitaires de la France était fourrée au poste.

Pendant ce temps, l'aigle s'était endormi, et cet emblème de nos gloires faisait son ronron sur l'auguste épaule de Louis-Napoléon, comme une chatte de dix-

huit ans dans le tablier d'une portière en train de lire le *Petit Journal*.

o °o o

Quelques-uns des conjurés échappèrent en regagnant le bateau qui les avait apportés.

En deux heures tout était terminé.

On télégraphia la chose à Louis-Philippe, qui ordonna que les conjurés fussent traduits devant la cour d'assises.

Si la loi sur l'ivresse eût été votée à cette époque, c'était le cas de l'appliquer et de les condamner à chacun deux francs d'amende.

Mais elle ne l'était pas, et l'on fut forcé de prendre au sérieux ces chicards avinés.

○ ○ ○

Cependant, nous devons reconnaître que, depuis Strasbourg, le prince Louis avait fait de sensibles progrès.

Son coup, cette fois, était beaucoup mieux préparé. Tout était prêt : proclamations, décrets, etc., etc... Chacun avait ses instructions.

Et l'impartialité nous fait un devoir de déclarer que la recommandation fondamentale : « *S'emparer des caisses publiques* », n'avait point été oubliée.

○ ○ ○

Le 8 août, une voiture de poste, — toujours comme après Strasbourg, — vint prendre le prince.

De plus en plus, comme après Strasbourg, le prince protesta de toutes ses forces contre cet enlèvement et revendiqua son droit de subir le même sort que ses complices, croyant que l'on se préparait à l'envoyer de nouveau en Amérique.

Mais on le prit au mot. Ce qui lui fit faire un nez énorme.

o o°o

Néanmoins, les juges furent excellents pour lui. On lui fit une captivité assez douce pour que l'idée ne vînt à personne de la comparer à l'Orangerie de Versailles, en 1871.

Il avait avec lui son domestique, et c'est tout au plus si le président du tribunal n'allait pas, l'après-midi, lui faire son cent de piquet.

o °o o

Enfin, tout annonçait qu'il ne serait pas fusillé ; et le prince mettait à profit ces pronostics peu menaçants en se' donnant des allures d'indompté et de bravache.

Sûr d'un dénoûment bénin, il blaguait les juges et se payait sans risques, en vue de l'avenir, l'auréole à trente-neuf sous des simili-martyrs, qui affichent d'autant plus le mépris de la mort qu'ils sont certains qu'on ne leur enlèvera pas la vie.

o °o o

Le procès s'ouvrit le 1ᵉʳ septembre.

A l'audience, Louis-Napoléon le prit de très-haut et, pour sa défense, lut un discours d'une insolence rare.

Un moment, on crut qu'il allait conclure par une demande de mise en accusation contre Louis-Philippe, et requérir contre celui-ci la déportation dans une enceinte fortifiée et une condamnation à 500,000 francs de dommages-intérêts.

Il ne s'en fallut que de très-peu.

⁎ ⁎ ⁎

Le jugement fut rendu, et Louis-Napoléon condamné à l'emprisonnement perpétuel.

Le lieutenant Aladenize était déporté.

Parquin, Montholon et Fialin, condamnés à vingt ans de réclusion.

Conneau à cinq ans.

On voit qu'en ce temps-là, il n'en coûtait pas beaucoup plus cher pour essayer de changer la forme du gouvernement, avec assassinat de grenadier à la clef, que pour avoir dévalisé la nuit, sur les quais, un spectateur revenant de l'Odéon.

Depuis, on n'en a pas toujours été quitte à si bon compte.

Mais tout a tellement augmenté!...

o °o

Louis-Napoléon fut conduit au château de Ham avec beaucoup d'égards et M. Conneau.

On l'installa très-commodément.

Il avait un appartement complet, un chien, des chevaux, etc...

Tout le confortable enfin auquel ont droit les criminels bien considérés.

o °o

Du reste, la bienveillance du gouvernement de Louis-Philippe s'étendait en même temps sur ses complices.

Au bout de très-peu de temps, on voyait le Fialin faire tranquillement sa prison en fumant des londrès sur le boulevard des Italiens.

Il publia même un volume de très-haut intérêt, intitulé : *De l'utilité des Pyramides d'Egypte.*

CHAPITRE XVII

HAM.

Pendant ce temps, Louis-Napoléon filait à Ham une douce captivité, qu'il émaillait de nombreuses publications politiques.

Il envoya bon nombre d'articles au *Progrès du Pas-de-Calais*.

Et ce fut à Ham qu'il composa sa célèbre brochure sur *l'Extinction du Paupérisme*, « où il démontra d'une façon si brillante que, s'il arrivait jamais au pouvoir, il ferait diminuer le nombre des mécontents en en faisant fusiller une bonne partie. » (TROMBINOSCOPE, n°s 11 et 12.)

○ ○ ○

Comme on le voit, le prince n'en était pas réduit, dans sa prison, à fabriquer des chaussons de lisière.

Il ne lui manquait rien.

La chronique prétend même que l'on se prêtait pour lui à certaines douceurs peu usitées envers les galériens.

C'est ainsi que l'on permit, — raconte-t-on, — à une jeune fille de l'endroit, fille d'un sabotier, qui blanchissait son linge, de venir chaque jour, pendant deux heures, prendre les ordres du prince sur la quantité d'empois qu'il désirait que l'on mît à ses faux-cols.

o o o

Le prince qui était, — paraît-il, — très-méticuleux, donnait à sa blanchisseuse des instructions si détaillées, que la pauvre enfant sortait de chez lui tout abasourdie, et disait, en passant, au geôlier :

— Sapristi !... si j'avais seulement cinq pratiques comme ça par jour, je ne pourrais pas y suffire.

o o o

On raconte pourtant dans le pays que ces tracas-là ne la firent pas maigrir, au contraire.

Cela se saura un jour ou l'autre, les Louis XVII se sont tous retrouvés.

En 1845, le prince commença à s'ennuyer, et il écrivit au ministre pour demander un congé afin d'aller voir son père malade.

Il n'obtint pas de réponse satisfaisante, et réitéra sa demande à Louis-Philippe, en la faisant appuyer par les députés Las Cazes, Vatry et Odilon Barrot.

Louis-Philippe ne se montrait pas très-hostile ; mais il demandait des garanties, par exemple, que le prince s'engageât à ne plus conspirer contre lui.

Mais, pendant les pourparlers, le prince avait ébauché un plan d'évasion, et quand le plan lui parut assez mûr pour lui permettre d'escalader celui de sa prison, il repoussa toute entente, se conservant ainsi le rôle d'indompté.

○○○

Aidé du docteur Conneau et de son domestique Thélin, qu'on lui avait laissés dans sa prison, il n'eut pas de peine à préparer son évasion.

Conneau et Thélin entraient et sortaient du château comme ils voulaient. Ils apportaient du dehors, à leur maître, et sans contrôle, tout ce dont ce dernier pouvait avoir besoin.

C'était tout au plus si le directeur de Ham, en quittant le prince le soir, après lui avoir fait son cent de piquet, ne lui disait pas :

— Tenez... voici la clef de la grand'porte pour que vous n'abîmiez pas la serrure, si l'idée vous prenait de vous sauver cette nuit.

○○○

Une femme de trente-cinq ans qui veut se faire surprendre en négligé par un collégien, n'oublie pas de tirer le verrou de sa chambre avec plus de persévérance que n'en mettait le gouvernement de Louis-Philippe à ne fermer qu'au pêne les serrures de la prison du prince.

LES SOUTIENS DE L'EMPIRE

LE DOCTEUR CONNEAU

D'APRÈS UNE PEINTURE DE CH. LEDRUN.

Aussi l'évasion de ce dernier devait-elle être réglée et exécutée avec cette facilité et cette précision qui ne se retrouvent que dans les drames de l'Ambigu.

○ ○ ○

Le 25 mai, Louis-Napoléon, qui avait pu se procurer, sans que les gardiens y trouvassent rien à redire :
Des vêtements d'ouvrier ;
Une planche ;
Un poignard ;
Une casquette ;
Une perruque, etc., etc...
sortait de sa prison, aussi facilement qu'une délation de la plume d'un rédacteur du *Pays*.

○ ○ ○

Ajoutons pourtant, qu'alors même que le prisonnier eût été plus sérieusement surveillé, le costume de goujat qu'il avait endossé, s'adaptait si bien à sa tournure, qu'il eût peut-être été difficile aux gardiens, en le voyant passer devant eux, d'éventer la supercherie.

Quand le prisonnier fut parti, le docteur Conneau se mit en devoir de cacher sa fuite pour lui donner le temps de gagner la frontière.

Il mit d'abord un mannequin dans le lit du prince et répandit le bruit que celui-ci était indisposé.

Il envoya chercher trente grammes d'huile de ricin, destinés, — disait-il, — à purger son malade, et...

Ici, les hommes politiques de tous les partis doivent s'incliner, car le dévouement est au-dessus de toutes les passions politiques.

Le docteur Conneau eut le courage d'absorber, lui-même, cette purgation en déjeunant.

Il s'enferma ensuite chez le prince.

Son but, — il est à peine besoin de l'indiquer, — était que, trois heures après, les gardiens qui circulaient dans les couloirs eussent l'ouïe et l'odorat frappés par le bruit et le parfum qui s'échappent, en pareil cas, de la chambre des malades, et fussent naturellement dupes de la comédie.

Mais cette combinaison hardie rata absolument.

Soit que le purgatif fût d'une mauvaise qualité, soit que le docteur Conneau fût dans un de ces jours d'insensibilité où l'on pourrait lire le *Pays* sans ressentir de haut-le-cœur, les trente grammes d'huile de ricin passèrent au milieu de ses intestins sans soulever les populations, et sans occasionner plus de troubles qu'un vaudeville d'Albert Millaud.

Le docteur fut un moment attéré en voyant lui échapper l'alibi qu'il avait préparé pour le prince fugitif.

En vain, il se promenait à grands pas dans la chambre, se collant de temps en temps l'oreille dans le bas

des reins, pour écouter s'il n'entendrait pas ces sourds grondements qui annoncent souvent les avalanches. Tout était calme.

o °o

En vain, il absorbait des quantités fabuleuses de bouillon aux herbes ;

En vain, il se chantait les airs de la reine Hortense;
En vain, il feuilletait la collection du *Figaro*.
Rien!...

○ ○ ○

Cependant, il fallait à tout prix sauver la situation.
Le docteur Conneau eut une seconde inspiration.

Profitant d'un moment où plusieurs employés de la prison circulaient sur le carré, il poussa plusieurs grognements étouffés, simulant de son mieux les gémissements d'un malade qui se tient le ventre en craignant que son domestique n'arrive trop tard.

Puis il entra bruyamment dans la chambre du prince, en criant de façon à être entendu de toute la maison :

— Voilà, monseigneur!... voilà!...

○ ○ ○

Alors il s'enferma, imita avec un rare bonheur le bruit d'une porcelaine que l'on pose précipitamment sur le parquet, ainsi que celui d'autres... exclamations retentissantes destinées à ne laisser aux voisins aucun doute sur ce qui se passait dans la chambre du prince.

o o
o

Tout n'était pas fini.

Avoir trompé l'ouïe des ouvriers et des gardiens qui circulaient dans les corridors était déjà quelque chose ; mais il fallait encore tromper la vue et l'odorat des geôliers.

Les talents de chimiste que possédait le docteur Conneau vinrent à son aide.

Il prépara une assez forte quantité de café noir, dans laquelle il sema des morceaux de pain de différentes grosseurs, qu'il avait fait griller.

Puis il ajouta à ce... trompe-l'œil, pour en faire un trompe-nez, quelques gouttes d'un acide à lui connu.

Et jeta sur le tout deux ou trois carrés de papier arrachés à un *Gaulois* du jour.

Après avoir accompli ce remarquable faux en détritus privé, il alla le déposer à la porte sur le carré, et rentra dans la chambre en disant à haute voix :

— Là... maintenant... reposez-vous, monseigneur.

L'effet de cette ruse fut irrésistible.

Un parfum pénétrant se répandit vivement dans la cage d'escalier et dans les couloirs.

Et quand le domestique, chargé des gros ouvrages de la prison, vint relever les sentinelles et traversa les couloirs tenant à la main l'œuvre du docteur Conneau, ce ne fut qu'un cri de tous les ouvriers sur son passage :

— N... de D..., le prince doit se sentir à son aise.

Cependant, cet acte de dévo...uement sublime du docteur Conneau avait permis au fugitif de gagner du temps et la frontière.

La journée s'écoulait et aucun soupçon n'était encore né dans la prison, quand le directeur vint le soir faire sa visite quotidienne au prince.

Le docteur Conneau avait placé un mannequin dans le lit, le visage tourné du côté du mur, et il accueillit le commandant, un doigt sur les lèvres, en lui disant :
— Chut!... monseigneur dort!...

Le commandant s'assit, disant qu'il attendrait le réveil du prince pour lui faire son besigue, et demanda à voix basse au docteur :

— Comment va votre malade ?

M. Conneau, qui ne voulait pas mentir, répondit :

— Grâce à sa purgation d'aujourd'hui, je le crois, à l'heure qu'il est, suffisamment... relâché.

Le commandant se montra satisfait et dit :

— Allons, tant mieux... tant mieux !...

o°o

Pourtant, les heures s'écoulaient et le prince ne remuait toujours pas.

Perdant patience, le commandant se leva brusquement et s'approcha du lit.

Avant que le docteur Conneau ait eu le temps de l'en empêcher, il enleva les couvertures et le bonnet de coton du prince.

Tableau !...

o°o

Nous renonçons à décrire cette scène digne du Palais-Royal, et laissons à notre dessinateur le soin de faire voir au public la tête que peut faire un directeur de prison à qui on a donné un prince à garder, et qui s'aperçoit tout à coup qu'il n'a plus à rendre à son gouvernement qu'une chemise sale posée sur un râteau,

et surmontée d'un masque en carton agrémenté d'une perruque faite avec le crin d'un des matelas de l'établissement.

o°o

On conçoit sans peine la fureur du commandant.

Il fit un tapage d'enfer, fouilla tous les coins, fit fermer toutes les portes; mais il acquit enfin la triste certitude que toutes ces précautions étaient aussi inutiles que de pincer les... lèvres dix-huit heures après avoir... éternué.

Cet événement ne tarda pas à faire grand bruit.

On arrêta le docteur Conneau, on arrêta les gardiens, on arrêta les soldats de service, on arrêta jusqu'au commandant.

M. Conneau fut condamné à trois mois de prison; Thélin, le domestique du prince, à six mois.

Ainsi se termina cette évasion sur laquelle nous avons déjà dit notre façon de penser.

Rien ne nous persuadera que si le gouvernement de Louis-Philippe eût tenu sérieusement à garder Louis-Napoléon sous les verrous, il eût choisi une prison dont les ferrures fussent d'une dimension assez énorme pour qu'un homme pût passer debout par le trou des serrures.

CHAPITRE XVIII

TROISIÈME SÉJOUR EN ANGLETERRE.

Louis-Napoléon alla se fixer pour la troisième fois à Londres.

A peine arrivé, il adressa une lettre à l'ambassadeur de France, dans laquelle il attestait que son intention était de ne pas conspirer contre Louis-Philippe.

De son côté, le vieux roi avait appris, avec fort peu d'émotion, l'évasion de Ham.

Il considérait son pouvoir comme très-solidement établi et ne paraissait pas redouter les nouvelles tentatives du bobèche de Strasbourg et de Boulogne.

Sa quiétude était telle, qu'il signa presque immédiatement la grâce de Montholon et de Conneau.

La vérité est que Louis-Philippe n'avait peut-être plus grand'chose à redouter des pîtreries du fils d'Hortense ; mais le danger venait pour lui d'un autre côté, et il ne paraissait pas s'en préoccuper davantage.

○ ○ ○

Louis-Philippe ne craignait pas que Louis-Napoléon vînt de Londres à Paris pour le détrôner.

Mais il ne s'imaginait pas qu'il fût, lui-même, si près d'aller de Paris à Londres.

Ce qui, pourtant, revenait absolument au même.

On ne pense pas à tout.

○ ○ ○

Nos lecteurs n'ont pas oublié que Louis-Napoléon avait surtout fui de Ham pour aller voir son père qui se mourait.

Aussitôt qu'il fut libre, son premier soin fut de rester à Londres et de laisser s'éteindre l'auteur de ses jours sans aller lui demander la moindre bénédiction.

Ceci est une leçon pour les gouvernements qui ont des prisonniers d'État à garder.

Si l'on se mettait sur le pied d'écouter ceux-ci, tous les trois jours ils demanderaient un congé pour aller poser des sangsues à une de leurs tantes.

○ ○ ○

A cette époque, une grande société se créait pour établir un canal reliant l'Océan Atlantique et le Pacifique.

Les fondateurs avaient besoin, pour attirer les millions nécessaires, de quelque nom ronflant en tête de leurs prospectus.

Ils pensèrent à Louis-Napoléon, qui accepta la combinaison.

On fit immédiatement imprimer des circulaires où son nom s'épanouissait en tête de la liste du conseil de surveillance, comme celui de Mélingue sur les affiches de la Porte-Saint-Martin.

∘°∘

L'effet de cette *vedette* fut diamétralement opposé à celui qu'on en attendait ; et les lanceurs de cette grande affaire purent vite se convaincre que, pour attraper des actionnaires, le nom d'un Napoléon sur le programme était presque aussi efficace qu'un roulement de tambour pour pêcher des goujons à la ligne.

○ ○ ○

D'ailleurs, cette tentative financière de Louis-Napoléon était le cadet de ses soucis.

Il avait en vue une bien plus importante opération, et dont les jetons de présence devaient être beaucoup plus copieux.

Pour préparer le lancement de cette affaire, il publia une brochure intitulée *le Prisonnier de Ham*, dans laquelle il s'efforça d'établir qu'il ne devait rien à la clémence de Louis-Philippe.

La conséquence de ce raisonnement, on le devine du reste, était que, se croyant dégagé de toute reconnaissance envers l'homme qui eût pu le faire fusiller au moins deux fois, il se réservait naturellement le droit de le faire fusiller une à la première occasion.

○ ○ ○

De 1846 à 1848, rien de saillant à relever dans l'existence de Louis-Napoléon à Londres.

Il y mena, assure-t-on, une vie assez précaire, ne sachant pas toujours le matin où il souperait le soir, et

ne pouvant presque jamais avouer le lendemain où il avait soupé la veille.

* * *

Ce fut vers cette époque, si l'on en croit ce que raconte Griscelli dans ses Mémoires, que Louis fit la connaissance d'une riche Anglaise, miss Howard, qui lui préta des sommes importantes contre des reconnaissances libellées ainsi :

« Je reconnais avoir reçu de miss Howard la somme de....., que je lui ferai rendre par la France aussitôt qu'elle m'aura confié ses destinées. »

o ° o

Griscelli insinue aussi qu'en commanditant une entreprise aussi aléatoire, miss Howard avait caressé le rêve de s'asseoir un jour sur le trône de France que le prince aurait dû à ses capitaux.

C'était là un fol espoir. Elle le reconnut vite et en prit son parti.

Il résulte des papiers impériaux inventoriés après le 4 septembre, qu'elle eut même beaucoup plus de peine à rentrer dans son argent qu'en elle-même.

o ° o

Cependant, la commandite s'épuisait et rien ne faisait pressentir qu'elle dût de si tôt donner les dividendes espérés.

Louis-Philippe était toujours sur le trône, et le prestige du nom de Napoléon ne paraissait pas grandir bien sensiblement.

Au contraire, le dernier des oncles du prince, Jérôme, ex-roi de Westphalie, était sur le point de négocier sa soumission à Louis-Philippe, moyennant le titre de pair de France et une pension de 100,000 francs.

Quand tout à coup la révolution de 1848 éclata.

o °o

Le 24 février, la République était proclamée.
Et le 25, au matin, Louis-Napoléon était à Paris.

On voit qu'il ne laissait pas pousser de mousse sur les occasions.

Il n'avait perdu que le temps d'aller emprunter quinze cents francs à miss Howard pour ses frais de voyage.

Son premier soin, en arrivant, fut de se mettre au service du gouvernement provisoire.

La réponse ne se fit pas attendre.

Il était arrivé le 25 au matin. Le même jour, à minuit, le gouvernement provisoire lui donnait une place.

Seulement c'était une place dans un train spécial du chemin de fer du Nord, qui devait le reconduire à toute vapeur à Boulogne.

En le mettant en wagon, le délégué de la République lui adressa les paroles suivantes :

— Le gouvernement provisoire, convaincu qu'il est presque aussi impossible de faire une république avec des prétendants qu'un civet de lièvre avec des têtes de maquereaux, vous remercie de vos offres de service et vous prie de ne plus essayer de venir faire tourner ses sauces. Bien des choses à madame !...

Louis-Napoléon regagna Londres de l'air vainqueur d'un chat qu'on enlève par la peau du cou au moment où il touchait à l'assiette au beurre.

En arrivant, il écrivit une lettre dans laquelle il protestait de la pureté de ses intentions, et se mit en devoir de préparer les nouveaux plans qui devaient bientôt le ramener définitivement en France.

Ce fut vers cette époque qu'il emprunta à M. Pal-

lavicino une somme de trois cent vingt-quatre mille francs remboursable le 15 janvier 1851 (*sic*).

Cet homme, dont la vue était très-longue, avait calculé que dans trois ans il pourrait payer ses billets à ordre avec le produit de la faillite de son honneur.

Les derniers moments du séjour de Louis-Napoléon à Londres furent marqués par un incident très-caractéristique.

La révolution de Février avait eu son contre-coup à Londres.

Le peuple anglais s'était tout à coup mis en tête de demander le suffrage universel, l'abolition du cens, le salaire pour les députés et autres infamies, dont la revendication avait donné des attaques d'apoplexie aux vieux nobles de la Grande-Bretagne.

Le gouvernement anglais, pour résister à ce mouvement, avait fait appel à tous les citoyens capables de tenir un bâton de constable, et les avait engagés à se constituer en société des *gourdins réunis*, pour taper sur la canaille qui osait demander le droit de voter sans payer cinquante livres sterling de contributions foncières.

Un des premiers inscrits sur le registre de cette aimable société fut le prince Napoléon.

Il entra immédiatement en fonctions.

Et des gens qui l'ont vu, à cette époque, remplir ses fonctions de sergent de ville, nous ont assuré qu'il avait parfaitement le physique de l'emploi.

o °o o

Cette croisade du casse-tête eut un succès inouï. D'abord, elle lui fit des partisans parmi les bons bourgeois de Londres.

Ensuite, elle le posa en France, aux yeux des boutiquiers, comme un homme d'ordre et à poigne, capable de mettre à la raison les *voyous* qui troublaient le repos public en plantant des arbres de la liberté.

Une autre circonstance ne devait pas tarder à augmenter sa popularité.

Les premières élections républicaines avaient envoyé à la Chambre deux Bonapartes.

Et Louis-Napoléon avait habilement profité de cette circonstance pour déclarer qu'il ne se présentait pas comme candidat afin de ne pas compliquer les affaires de la France.

o ° o

Ces sortes d'actes de désintéressement produisent toujours leur petit effet sur les nigauds.

Ceux du temps ne s'abordaient plus qu'en se disant :

— Hein!... quel beau caractère!...

— Ne m'en parlez pas!... quelle abnégation!...

— Faut-il qu'il aime la France, cet animal-là!...

o ° o

Cependant, le dévouement de Louis-Napoléon n'avait pas assez envahi ses facultés pour lui faire oublier le post-scriptum obligé.

Et sa déclaration se terminait par la phrase consacrée :

« Cependant, si la France avait besoin de moi... etc... etc... »

L'effet de cet alinéa était immanquable.

Beaucoup de gens se persuadèrent qu'ils avaient besoin de lui.

Et le 3 juin 1848, il fut élu par quatre départements.

L'affaire fit du bruit à la Commission exécutive, qui voulait maintenir le bannissement contre lui; mais M. Jules Favre défendit chaleureusement la cause du prince dont l'élection fut maintenue.

o°o

Louis-Napoléon envoya sa démission, disant qu'il ne *voulait pas que son nom fût une cause de division*, *qu'il serait désolé d'être le prétexte de...* etc... etc... Nos lecteurs voient le reste d'ici.

o°o

Toutes ces petites coquetteries très-élémentaires sont évidemment le pont aux ânes du parfait ambitieux.

Mais elles réussissent toujours.

On sait, en effet, que le plus sûr moyen de forcer les gens à insister pour vous faire entrer chez eux, est d'entr'ouvrir leur porte, d'y passer la tête et de se retirer vivement en disant :

— Ah!... pardon... je ne veux pas vous déranger, je m'en vais.

— Mais si... entrez donc!...
— Non... non... je vous troublerais... je repasserai.
— Mais, non...
— Mais, si...

Vous vous sauvez, on court après vous, on vous attrape devant la loge du concierge et il faut remonter. Jamais ça ne rate.

∘ ∘ ∘

C'est ce qui arriva pour Louis-Napoléon.

Nommé de nouveau, il se fit cette fois violence et vint prendre sa place sur les bancs de l'Assemblée le 26 septembre 1848.

C'en était fait.

La punaise était dans l'assiette au beurre.

LIVRE DEUXIÈME

De 1848 à 1852

CHAPITRE I

COUP D'ŒIL RÉTROSPECTIF SUR LA RÉVOLUTION DE FÉVRIER.

Nous avons laissé les lecteurs de l'*Histoire de France tintamarresque* au moment où, le 24 février 1848, Louis-Philippe était mis à la réforme pour n'avoir pas voulu l'accorder.

A partir du jour où Louis-Napoléon rentra en France comme représentant du peuple, son histoire devient tellement liée à celle de la France, que les deux n'en forment pour ainsi dire plus qu'une.

Nous retracerons donc rapidement les principaux faits qui se produisirent entre le jour où la France eut un éclair de bon sens en brûlant le trône, et celui où elle redevint assez... actionnaire pour atteler un prétendant au char de la République.

○ ○ ○

Les premiers jours qui suivirent le 24 février ne furent qu'une suite de joies et d'embrassements.

On organisait des banquets à cinq sous par tête.

On se promenait bras dessus, bras dessous dans les rues, en chantant : « Les peuples sont pour nous des frères... »

On plantait des arbres de liberté tous les cinq pas. On dansait autour et on allait chercher le curé de la paroisse pour les bénir. Il les bénissait d'ailleurs de la meilleure grâce du monde ; seulement on était assez discret pour ne pas lui demander ce qu'il en pensait au juste.

○ ○ ○

Puis vint la prise de possession de toutes les libertés pour lesquelles on s'était cogné :

La liberté des cultes,

La liberté de la presse,

La liberté de réunion ;

Puis la garde nationale en képi et en gilet à carreaux jaunes ;

Puis les promenades en corps et les manifestations à propos de tout... souvent même à propos de rien ;

Puis les ateliers nationaux qui traversaient tous les jours Paris, drapeaux en tête, en chantant la *Marseillaise*, pour aller remuer trois brouettes de terre au Champ de Mars.

o °o

Dire que tout cela était bien utile ;
Dire que c'était sagement fait ;

Dire que les clubs étaient parfumés à l'eau de Cologne et qu'il ne s'y disait que des choses raisonnables ;
Dire que les journaux étaient tous bien intention-

nés; qu'il était amusant d'entendre crier au coin des passages : « Demandez... le *Journal de la Quénaille*!... un sou »;

Dire que les clubs en plein vent étaient tout ce qu'il y a de plus commode pour la circulation des omnibus;

Dire que la garde nationale ne jouait pas un peu au bouchon;

Dire que les terrassiers du Champ de Mars ne terrassaient pas un peu avec l'ardeur d'un cocher de fiacre pris à l'heure;

Dire tout cela?... Non.

Nous ne pourrions le faire sans manquer à l'impartialité qui est la vertu des historiens.

o o o

Seulement, cette même impartialité nous fait également un devoir de nous élever contre l'aveugle réaction qu'amènent chez les épiciers du temps, — comme cela aurait encore lieu aujourd'hui, si l'occasion s'en présentait, — ces exagérations de la première heure.

o o o

Les bourgeois d'alors ne voulurent pas tolérer que la

LES SOUTIENS DE L'EMPIRE

LE GRAND ÉCUYER FLEURY

D'APRÈS UN CROQUIS D'ALFRED DE DREUX.

République, à l'âge de quatre mois, ne fût pas tout de suite aussi calme, aussi peu bruyante qu'un gouvernement assis depuis quinze ans.

L'histoire des bourgeois de 1848 est d'ailleurs un peu l'histoire des bourgeois de toutes les époques.

Ils sont voltairiens, frondeurs et même révolutionnaires. Ils savent que le système monarchique est détestable et que la République est le seul gouvernement légitime.

Aussi, pour pousser au renversement de la monarchie, on les trouve tout de suite prêts. Il ne faudrait même pas les prier beaucoup pour qu'ils aidassent à mettre les omnibus sur le flanc.

o°o

Ce premier ouvrage fait : quand il s'agit le lendemain

de proclamer la République, on ne les trouve pas moins chauds.

Ils tirent des pétards, mettent des lampions, embrassent leur concierge et portent des cocardes tricolores à leur paletot, que c'est comme un bouquet de fleurs!...

Si on ne les retenait pas, ils se feraient tatouer sur les bras et sur la poitrine :

LIBERTÉ, ÉGALITÉ, FRATERNITÉ

avec des faisceaux, des balances et des triangles tout autour.

o o o

Mais allez leur faire une petite visite quinze jours après ; et si vous êtes capables de les reconnaître, je vous offre d'aller à votre place à l'Odéon.

Plus de pétards, plus de lampions, plus de tatouage, ils sont mornes et de mauvaise humeur, dans leurs comptoirs ou au coin de leur feu.

Et si vous voulez savoir ce qu'un bourgeois a dans le ventre après quinze jours de République, entamez la conversation, vous serez édifié.

— Eh bien, monsieur Duponchel!... et la santé, et les affaires?...

— Peuh!... les affaires!... Comment voulez-vous que ça marche avec un état de choses pareil?... Pas d'or-

dre... pas de stabilité... on ne peut pas être quarante-huit heures tranquille!... Comprenez-vous ces braillards du club de la rue Jean-Jacques-Rousseau qui sont sortis hier à minuit en causant comme en plein jour... Ils m'ont réveillé en sursaut... Et ce matin, je sors pour aller chez un de mes fabricants... Qu'est-ce que je rencontre?... Une manifestation d'ouvriers cloutiers en grève, rue du Mail, une colonne de doreurs sur bois qui venaient de fêter leur patron, parce que celui-ci les avait associés dans ses bénéfices... et, place des Petits-Pères, un enterrement de libre-penseur, le tout avec des bannières, des brassards, tout le diable et son train... sans compter que demain il y a les élections municipales qui vont remuer le quartier; la semaine prochaine, les grandes élections qui vont mettre tout en l'air... Comment voulez-vous que les affaires reprennent au milieu d'un brouhaha pareil!...

— Cependant, monsieur Duponchel, vous êtes républicain... je vous l'ai toujours entendu dire.

— Oui, certainement, je suis républicain; mais je vends aussi des caoutchoucs... Je veux une République sage, tranquille, enfin une République qu'on n'entende pas remuer.

— Pardon, monsieur Duponchel; mais vous avez peu de patience. En toutes choses, les premières épreuves ne vont pas sans un certain désordre inévitable. Si, après avoir prié la République de s'asseoir, vous vous énervez au premier bruit qu'elle fait en remuant sa chaise, ce n'était pas la peine de lui faire tant d'amitiés.

— Tout cela, c'est très-beau... mais il nous faut avant tout la tranquillité... Les gueulards nous étourdissent... Est-ce qu'on a besoin de se promener dans les rues avec des drapeaux?... Est-ce que je me promène, moi, dans les rues avec un drapeau?... Il faut de l'ordre, môssieu!... et, en France, il n'y a qu'une main ferme qui puisse.....

o °o

Oh! alors, bien-aimés lecteurs, n'insistons plus.

Du moment où le bourgeois effaré par trois gamins qui crient : *Des lampions!...* a prononcé le mot sacra-

mentel : IL FAUT QU'UNE MAIN FERME..... *Finita la comedia !...* Ce n'est plus qu'une affaire de temps, et le sauveur, — qui n'est jamais loin dans ces occasions-là, — peut chausser ses grosses bottes, mettre son grand plumet, ceindre son grand sabre et accourir.

Il est sûr d'être bien accueilli.

o °o

Voilà ce qui advint en 1848. M. Duponchel, ce type parfait du républicain dit : *républicain-sans-que-ça-le-dérange*, voulait bien accorder toutes ses sympathies à cette forme de gouvernement, à la condition que la monarchie, les habitudes monarchiques, les traditions monarchiques et les mœurs monarchiques invétérées depuis quinze cents ans fussent remplacées du jour au lendemain par d'autres mœurs, coutumes et traditions, sans secousse, sans bruit, sans tâtonnements, sans hésitations, sans fausses marches, sans erreurs, sans que le trottoir fût plus encombré que la veille, sans que les citoyens fussent plus effervescents que lorsqu'ils ne pensaient à rien, sans que la surface unie et calme du paisible commerce des caoutchoucs en fût seulement ridée.

En un mot, M. Duponchel voulait bien en finir et poussait même à ce que l'on mît en huit jours le pied sur quinze siècles de mensonges, de barbarie, d'esclavage et d'injustice ; mais du moment où cette réforme de tout le vieux monde devait faire plus de bruit qu'un changement de drap à son lit, il ne voulait plus entendre parler de rien.

Alors le Duponchel, marchand de caoutchouc, renia le Duponchel républicain ; et tout effaré, tout affolé, il joignit les mains et implora le « SAUVEUR A LA MAIN FERME. »

C'est ce moment psychologique que le héros dont nous écrivons l'histoire attendait pour faire son entrée.

Il arriva, jeta sur M. Duponchel, transi de peur, un regard complaisant et plein de promesses, qui semblait dire au pauvre homme :

— Ne tremble plus, me voici !...

o °o °

Nous allons reprendre, maintenant, l'histoire de ce sauveur miraculeux, que nous avons laissé le 26 septembre 1848, au moment où il faisait son entrée à la Chambre, la redingote boutonnée jusqu'au menton comme un recors, l'œil faux comme un Grec, les cheveux plaqués sur les tempes comme un commandité de Vénus, et le maintien hypocrite d'un marguillier vicieux.

CHAPITRE II

CANDIDAT À LA PRÉSIDENCE.

En prenant sa place à l'Assemblée, Louis-Napoléon lut un discours commençant par ces mots, qui, même prononcés avec l'accent allemand, ne manquent jamais leur effet sur les imbéciles :

« Après drende drois ans t'exil, nul mieux que moi ne bourrait ressentir le ponheur... etc... etc... »

Et se terminant par ceux-ci, auxquels les honnêtes gens se laissent également toujours prendre :

« Personne, che le chure!... n'est plis que moi tévoué à l'avernissement te la Rébiplique!... »

On a toujours pensé qu'il avait voulu dire : « A l'asservissement ».

∴

Nous l'avons déjà dit; les républicains qui tenaient

la queue de la poêle en 1848, avaient commis une lourde bévue en laissant rentrer en France un prince sur les intentions de qui il était impossible de se méprendre.

Comme cela arrive dans toutes les Républiques naissantes, il s'était trouvé quelques naïfs qui, dans leur impatience d'appliquer immédiatement les grands principes de liberté et d'égalité, s'étaient écriés :

— Plus de proscrits!... La République est assez forte pour ne rien craindre des prétendants!...

o ° o

Nous ne le dissimulerons pas :

Ces cœurs candides ne cessent de nous faire rire que pour nous faire suer.

Malgré toute l'admiration que l'on peut avoir pour l'illustre Bayard, on est forcé de convenir que, dans certaines circonstances, le chevaleresque ne se présente à nos yeux que sous un côté absolument niais.

Et c'est tout à fait ce cas-là, quand on voit une République qui vient à peine de fermer la porte au derrière d'un roi, aller en ouvrir une autre à un prétendant sans seulement prendre le temps de rajuster sa toilette.

Le grand tort des Républiques nées depuis vingt-quatre heures est toujours de se croire le tempérament aussi solide que si elles avaient cinq cents ans.

Fières et nobles!... lorsqu'elles ont terrassé leurs ennemis, elles se croisent les bras et les laissent se relever.

Ceux-ci, qui connaissent bien mieux leur métier, ne négligent jamais de passer la jambe au vainqueur généreux en faisant semblant de ramasser leur casquette.

Quand ils sont parvenus de nouveau à flanquer la République sur son nez, ils ne font pas, eux, la même bêtise.

Ils se jettent dessus, l'achèvent à coups de talons de bottes, la meurtrissent, la bâillonnent, la ficellent et assurent ainsi pour longtemps leur tranquillité.

Au bout d'un certain temps, la République qui a repris des forces, parvient à rompre ses liens, et d'une de ces puissantes gifles dont elle a seule le secret, elle renverse encore son ennemi dans la poussière.

De nouveau elle se croise les bras.

Même jeu qu'au chapitre précédent.

Et c'est pourquoi, jusqu'à présent, nous avons vu tour à tour les pires des monarchies mourir de vieillesse, et les plus honnêtes des républiques s'éteindre à l'âge de quinze mois.

Morale :

Le jour où la République se décidera enfin à prendre contre les prétendants le quart des précautions que les rois prennent contre elle, les prétendants ne

trouveront plus un mont-de-piété qui leur avance quinze sous sur leurs droits au trône.

Du reste, les dictateurs en cire molle de 1848 ne tardèrent pas à s'apercevoir qu'en rouvrant avec tant d'empressement à Louis-Napoléon les portes de la France, ils avaient, sans le vouloir, modifié la devise républicaine de cette façon :

LIBERTÉ, ÉGALITÉ, FRATERNITÉ ET JOBARDERIE.

Le lendemain du jour où le prince était entré à l'Assemblée, ils apprirent que, dans le département de la Charente-Inférieure, les agents bonapartistes avaient promis aux citoyens, au nom de Louis-Napoléon, le remboursement des quarante-cinq centimes et la suppression de l'impôt pendant trois années.

Ces moyens de propagande électorale donnaient la juste mesure de la bonne foi du saltimbanque de Strasbourg.

Mais il n'était plus temps d'y revenir.

* * *

Dès qu'il fut élu représentant, Louis-Napoléon prit un soin extrême à n'assister à aucune des séances de la Chambre.

En vain ses électeurs attendaient qu'il couvrît leurs circonscriptions de bienfaits, de chemins de fer et de routes nationales.

En vain, ils ouvraient tous les matins l'*Officiel* pour

y lire les projets de loi les plus démocratiques de leur élu.

Jamais rien!... Il n'était pas plus question du prince que s'il eût été rédacteur de la *Revue des Deux Mondes*.

o °o o

Mais, en revanche, s'il ne s'occupait pas des affaires

de la France, il ne négligeait pas les siennes et préparait avec vigueur son élection à la présidence.

Le président de la République devait être élu le 10 décembre ; il n'y avait pas de temps à perdre.

Trois semaines après son élection comme député, Louis-Napoléon avait déjà lancé un manifeste pour poser sa candidature.

Nous n'analyserons pas ce document, qui ressemblait à tous ceux du même genre, lesquels ressemblent eux-mêmes, à s'y méprendre, à tous les prospectus que les chocolatiers font distribuer sur la voie publique à l'approche du jour de l'an.

* * *

Les plus beaux sentiments y étaient exposés. Les plus séduisants programmes y étaient développés.

Cette magnifique profession de foi se résumait ainsi :

« Français !... n'écoutez pas ceux qui vous promettent plus de beurre que de pain !... Si vous me nommez président de la République, je ferai mieux !... Je vous promets du beurre des deux côtés de la tartine. »

* * *

Louis-Napoléon avait pour concurrent le général

Cavaignac, sur la conduite duquel ont été portés des jugements différents.

La façon dont le général avait réprimé l'insurrection de juin, l'avait rendu antipathique à beaucoup de gens.

Et, d'un autre côté, son honnêteté et ses convictions républicaines, qui étaient généralement reconnues, le

faisaient considérer comme dangereux par les réactionnaires et les aplatis de l'époque, qui disaient en parlant de lui :

— Ne le nommons pas!... Ce bougre-là est capable de consolider la République!...

Ces mêmes raisons, qui diminuaient les chances d'élection du général Cavaignac, mettaient des atouts dans le jeu de Louis-Napoléon.

Indépendamment du « prestige d'un grand nom » (*cliché*), qui avait été de nouveau exploité dans les campagnes, son succès semblait assuré par l'appui commun que lui prêtaient deux notables fractions du pays, mais dans un but différent.

o °o

Les épiciers se disaient :

— Nommons-le... c'est un homme d'ordre et un rude lapin!... Il a été sergent de ville à Londres, il saura assurer la prospérité de la cassonade.

Les royalistes, de leur côté, se chuchotaient dans le tuyau de l'oreille :

— Nommons-le!... c'est un pur idiot!... Il n'en a pas pour trois mois et nous ferons la monarchie après.

o °o

Dans de pareilles conditions, il était difficile que la France échappât.

Et, le 10 décembre 1848, Louis-Napoléon était élu président de la République par six millions de voix, que nous prendrons la liberté de décomposer ainsi :

Bons bourgeois, petits commerçants et rentiers affolés par les « partageux » inventés par le *Constitutionnel*, et ayant voté pour son sabre, 3,000,000;

Légitimistes, roublards et monarchistes de tous poils, ayant nommé en blaguant, pour se donner le temps

de rajuster les fils de fer de leurs mannequins respectifs, 2,500,000;

Excellentes têtes de vieux crétins, lui ayant donné leurs voix, intimement persuadés que c'était toujours le même que celui d'Austerlitz, 500,000.

⁂

Certes, ce résultat n'était pas très-consolant. Cependant, nous ne croyons pas devoir passer sous silence que le nombre des voix réparties sur les autres candidats : Cavaignac, Ledru-Rollin, Raspail et Lamartine, s'éleva à près de deux millions.

Il y avait donc à cette époque, en France, un citoyen sur quatre, en moyenne, qui eût désiré que l'on ne donnât pas la République à garder à un homme qui n'avait évidemment d'autre but que de l'étouffer entre plusieurs matelas.

o °o

Le 20 décembre 1848, Louis-Napoléon prêta le serment de fidélité à la République et à la Constitution.

Dans un discours ému, il rendit hommage à la conduite loyale du général Cavaignac, qui savait descendre du pouvoir en honnête citoyen.

L'histoire a enregistré les nobles paroles que prononça, en cette occasion, le prince Louis-Napoléon. Nous ne les reproduirons pas ici ; elles sont d'ailleurs gravées dans toutes les mémoires.

o °o

Mais, ce qui est peut-être moins connu, c'est ce que

le cœur du prince disait tout bas, pendant que ses lèvres débitaient tout haut cet éloge de la vertu et du désintéressement de son prédécesseur.

o°o

Heureusement, une somnambule extra-lucide de l'é-

poque nous a laissé des notes; et nous y trouvons le mot à mot de cet aparté.

o°o

« Oui, — se disait le prince, — rendons hommage à l'illustre, au stoïque général Cavaignac, et que notre admiration pour sa noble conduite n'ait d'égale que la joie que nous cause son imbécillité!... Oui!... il est beau!... il est généreux de rendre le pouvoir sans avoir essayé de le conserver en faisant mitrailler la population!... C'est presque aussi grand que c'est bête!... Tant d'honnêteté est un enseignement pour nous!... C'est surtout en politique que l'exemple de la vertu est précieux!... Dieu, dans sa sollicitude infinie, a voulu qu'il y eût des hommes de cœur indiquant aux autres le chemin de l'honneur, afin que ceux-ci pussent éviter de le prendre!... »

CHAPITRE III

LOUIS-NAPOLÉON SE RECUEILLE ET COMPTE SES ATOUTS.

Aussitôt que Louis-Napoléon fut installé à l'Élysée, son premier soin, comme les joueurs de piquet à qui l'on vient de distribuer leurs douze cartes, fut de relever les siennes afin de voir au juste ce qu'il avait dans la main.

L'inventaire fut rapide et satisfaisant.

Il s'aperçut bien vite qu'il possédait un jeu superbe.

⁂

En effet, grâce à l'incurie de l'Assemblée, qui avait fabriqué une Constitution où quinze coups d'État pouvaient passer de front, sans se gêner, entre tous les articles, le jeu de Louis-Napoléon ruisselait d'atouts, de quatorzes, de quintes majeures... etc... etc...

Il ne tarda pas à se convaincre qu'au moyen d'un écart hardi, et pour peu que la rentrée du talon fût heureuse, l'Assemblée serait capote d'emblée.

o°o

Ajoutons qu'à ces chances de succès, le président en joignait une autre sur laquelle il comptait beaucoup :

A savoir qu'il était bien décidé, en cas de besoin, à prendre dans ses larges manches préparées *ad hoc* les as qui pourraient lui faire défaut.

o°o

Tout lui promettait donc un coup superbe.

La Constitution à laquelle il avait juré fidélité, lui tenait en réserve des trésors de complaisance.

Elle lui livrait et mettait à son entière discrétion :

La bureaucratie, la magistrature, le clergé et l'armée qu'il comptait bien parvenir sans peine à humaniser par des faveurs sagement réparties.

o°o

De plus, le trésor et la police étaient placés dans sa main.

Et il n'ignorait pas le parti immense que l'on peut tirer d'un casse-tête en en dorant le manche.

○ °○

Dans ces conditions, Louis-Napoléon comprit, — et tout le monde comprendra aussi facilement que lui, —

qu'un coup d'État n'est pas plus difficile à exécuter qu'il ne serait malaisé de faire le siége d'un kiosque à journaux du boulevard avec quinze pièces de canon et douze régiments d'infanterie.

Et c'est ici le moment, ou jamais, de faire l'éloge d'une Assemblée qui, chargée de confectionner une Constitution républicaine, eut la remarquable intelligence de la bâtir, de la disposer et de la fortifier de telle façon qu'elle pût être enlevée d'assaut en un quart d'heure par le premier ambitieux venu dont elle gênerait les projets.

○ ○ ○

A toutes ces chances favorables qui avaient été amoncelées par l'Assemblée avec une insouciance ou une complaisance comparable à celle d'un bijoutier qui ouvrirait toutes grandes les portes de sa boutique avant d'aller se coucher, venaient s'en ajouter de meilleures encore.

La masse légumière de la population était livrée au fétichisme bonapartiste, qu'une propagande ardente avait réveillé.

La légende napoléonienne, ravivée par un tirage considérable de portraits enluminés, à un sou, du *petit Caporal*, avait repris une grande partie de son influence sur les paysans.

De plus, on avait, avec un rare bonheur, pendant les derniers temps, joué du « *spectre rouge* », et les bourgeois, affolés par ce genre de croquemitaine à l'usage de l'âge mûr, se persuadaient chaque jour de plus en plus qu'il n'y avait que Napoléon qui retînt les partageux de venir leur réquisitionner une jambe de chacun de leurs pantalons pour habiller les prolétaires.

o °o°

Ajoutons à cela, qu'autour de l'Élysée, commençait à rôder une nuée d'ambitieux ruinés, de mœurs interlopes, qui, prévoyant un prochain gâchis, couvaient déjà les places en tirant une langue longue comme la rue Lafayette. — Bande de déclassés, de fainéants, de libertins, que le président savait trop bien être des propres-à-rien, pour douter un instant qu'ils ne fussent des prêts-à-tout.

Voilà le tableau exact de la situation dans laquelle se trouvait alors la République, menacée par des chacals et défendue par des eunuques.

CHAPITRE IV

ON COMMENCE A PRÉPARER LES ESPRITS.

« *Préparer les esprits* » est un cliché.

Nous l'avons employé pour faire une petite concession à l'usage.

Pour être exact, nous devions dire : On commence à préparer les imbéciles.

o °o o

Un des moyens que Louis-Napoléon employa de préférence pour se faire de la popularité, fut d'aller se montrer beaucoup en province.

Il profita de toutes les occasions qui se présentaient pour haranguer les populations.

Anniversaires, inaugurations de chemins de fer, installations de bornes-fontaines, représentations au bénéfice d'un choriste... etc... etc.

A tout propos, dans tous les coins de la France, on voyait arriver le Président avec un discours.

L'esprit de ces allocutions, destinées à préparer la France à ce que nous savons, était savamment gradué.

Un jour, il protestait énergiquement de son dévouement à la République.

Trois mois après, il était bien encore question de la République dans le discours, mais la protestation d'amour était agrémentée d'un ou deux bémols.

Venait une nouvelle occasion : trois bémols supplémentaires.

Puis, dans une autre circonstance, on commençait à faire entrevoir que certainement la République, etc., etc... Mais que, cependant, si la volonté nationale... etc... etc...

o o o

Bref, l'enthousiasme républicain était atténué petit à petit avec un art inouï.

Comme un verre de vin que l'on remplit d'eau au fur et à mesure que l'on boit, et qui finit par n'être plus que de l'eau claire, les protestations de fidélité à la République de Louis-Napoléon se décoloraient insensiblement.

Les républicains défiants prévoyaient bien avec peine le moment où personne ne pourrait plus se douter qu'il y eût jamais eu du vin dans le verre.

Mais la masse gobeuse ne s'apercevait de rien et continuait à avaler cette abondance de jour en jour moins généreuse et à lui trouver le goût d'un excellent bourgogne.

o o o

LES SOUTIENS DE L'EMPIRE

MAUPAS

LE CUISINIER DU DEUX DÉCEMBRE

Nous ne décrirons pas un à un ces nombreux voyages de Louis-Napoléon.

Ils se ressemblaient tous.

Celui qu'il fit à Ham mérite cependant une mention spéciale.

o °o

Le 22 février 1849, il voulut aller visiter cette localité où il avait passé les plus beaux jours... de l'existence de Louis-Philippe.

Il se rendit donc à Ham, et après avoir prononcé plusieurs discours dans lesquels, comme d'habitude, il protestait de son amour pour la République, il se fit conduire à la forteresse qu'il avait habitée pendant quelques années.

o °o

La scène fut touchante.

Presque empereur, revoir le cachot où il avait été traité comme un voleur à la tire.

Se faire saluer par le concierge devant lequel il était passé déguisé en mufle trois ans avant.

Il y avait là de quoi chatouiller son orgueil.

o°o

Pour avoir une idée de la joie qu'il dut éprouver, il faut se figurer :

Jean Hiroux devenu président d'une cour d'assises ;

Blanche d'Antigny recevant la rose d'or du pape ;
Ou Villemessant subitement décoré.

o°o

Une larme mouilla la paupière de Louis-Napoléon. Et à la vue de ces murailles noires, l'émotion lui inspira une de ces improvisations chaleureuses dont ont seuls le secret les escrocs qui se prosternent devant l'honnêteté, le jour où ils ont dévalisé assez de gens pour vivre tranquillement de leurs rentes.

o°o

C'est alors qu'il prononça ces mots que l'histoire a enregistrés comme un des plus beaux mouvements de repentir qui peuvent naître dans le cœur d'un scélérat enrichi, maudissant les filous qui ne le sont pas encore :

« Ah!... QUAND ON A VU COMBIEN LES RÉVOLUTIONS ENTRAINENT DE MAUX APRÈS ELLES, ON COMPREND A PEINE L'AUDACE D'AVOIR VOULU ASSUMER SUR SOI LA TERRIBLE RESPONSABILITÉ D'UN CHANGEMENT!... »

o°o

Ces paroles, dont l'élévation et la noblesse n'échappèrent à personne, méritent d'être traduites en toutes les langues connues, afin que le monde entier puisse s'en pénétrer.

Aussi regrettons-nous amèrement de ne point savoir l'anglais, le russe, l'espagnol et le javanais!...

Nous les eussions traduites ici pour l'édification des

honnêtes gens, — et même des fripons, — de tous les pays.

o°o

Nous nous contenterons d'en donner une version française à la portée de tout le monde.

Cette version, la voici :

« AH!... QUAND L'ON A ÉTÉ RÉVOLUTIONNAIRE POUR AVOIR CE QUE L'ON N'AVAIT PAS, ET QUE PAR LA RÉVOLUTION ON A ENFIN MIS LA MAIN SUR CE QUE L'ON DÉSIRAIT, ON RENTRE EN SOI-MÊME ET L'ON TROUVE

BIEN COUPABLES CEUX QUI VOUDRAIENT EN FAIRE AUTANT!... »

o o o

Cette traduction ayant suffisamment dégonflé notre pauvre cœur plein d'enthousiasme, et peint assez convenablement l'état de notre âme en extase, nous passerons à la seconde phase des préparatifs savants de Louis-Napoléon.

Louis-Napoléon avait désormais conçu le plan de son édifice.

Il ne s'agissait plus que de le faire sortir de terre.

CHAPITRE V

LOUIS-NAPOLÉON POSE SES ÉCHAFAUDAGES.

En même temps que Louis-Napoléon parcourait les départements, afin de faire connaître aux populations son visage plein de noblesse, il s'occupait activement de se créer un petit entourage intime qu'il recrutait avec le plus grand soin dans ces recoins les plus obscurs de l'interloped-club, qui sont les carrières d'Amérique du grand monde.

○ ○ ○

Tous les emplois dont il disposait étaient répartis entre ces aimables affamés en gants jaunes, qui n'attendirent plus bientôt qu'un signal pour tenter le coup suprême qui devait les conduire à la grande curée.

Ils ne tardèrent même pas à se montrer très-impatients, et Louis-Napoléon était obligé de les contenir, ne voulant rien laisser au hasard.

○ ○ ○

Déjà, le 18 août 1849, le Président avait laissé passer le bout de l'oreille à l'occasion des affaires d'Italie.

Dans une lettre qu'il écrivait à Ney, son officier d'ordonnance, en mission à Rome, il disait que « son intention n'était pas d'étouffer la liberté italienne, mais seulement de la régler, de la préserver de ses excès ».

○ ○ ○

A moins d'être atteint d'un abonnement chronique et invétéré à la *Patrie*, il n'était pas bien difficile de saisir le véritable sens de ces paroles.

Tout le monde connaît la valeur exacte de ce cliché très-exploité : régler la liberté et la préserver de ses excès.

Personne ne se méprit sur cette tendresse de Louis-Napoléon pour la liberté italienne, qu'il prétendait mettre à l'abri des indigestions en la laissant mourir de faim.

Et, en contemplant le système d'alimentation économique que le Président expérimentait sur la liberté italienne, la liberté française ne conserva plus aucune illusion sur le régime qui l'attendait, elle-même, à un moment donné.

o °o

Pendant ce temps, d'autres pronostics non moins clairs annonçaient des événements importants.

Ainsi, par exemple, un beau matin Paris fut étonné, en se réveillant, de voir que M. Carlier, le préfet de police, avait fait scier, pendant la nuit, tous les arbres de la liberté, jusqu'à celui planté devant Notre-Dame, avec cette inscription :

A MGR AFFRE,
ARCHEVÊQUE DE PARIS,
POUR SON DÉVOUEMENT A L'HUMANITÉ
EN 1848.

Nous accorderons bien volontiers que l'on avait peut-être bien abusé un peu des arbres de liberté dans un moment d'enthousiasme ; et qu'il pouvait ne pas toujours être commode pour la circulation de trouver des peupliers au beau milieu des trottoirs.

Mais les enlever tous, la nuit, même ceux qui ne gênaient personne, c'était, certainement vouloir faire comprendre aux républicains que ce genre de plantations ne répondait plus guère au goût du jour... et encore moins au goût du lendemain.

Vers cette époque aussi, le Président fit un voyage à

Saint-Quentin, pendant lequel il remit aux ouvriers de cette ville des livrets de caisse d'épargne.

C'était encore là un genre de propagande dont la loyauté n'échappera à personne.

Seulement on est bien forcé de convenir qu'il n'est pas à la portée de tout le monde.

○ ° ○

A Besançon, pourtant, où il se rendit ensuite, il fut moins bien accueilli.

Les Francs-Comtois, — bons enfants au fond, — mais trop malins pour n'être pas un peu défiants, ne se laissaient pas prendre aux amabilités de ce bienfaiteur de grands chemins.

○ ○ ○

Quant aux Strasbourgeois, ils furent encore plus carrés. Le conseil municipal refusa de voter des fonds pour sa réception.

Nous n'avions pas besoin de cela pour regretter notre chère Alsace; mais ce souvenir vient raviver nos chagrins.

A la douleur d'avoir perdu un morceau de la France, vient naturellement s'ajouter le regret que ce n'ait pas été la Corse.

○ ○ ○

En rentrant de cette tournée, Louis-Napoléon passa une revue de l'armée à Satory.

La cavalerie, qui avait été préalablement abreuvée de champagne, cria : « Vive l'empereur!... »

Mais l'infanterie resta muette, le général Neumayer ayant rappelé à sa division que le règlement commandait sous les armes le silence le plus rigoureux.

Quelques jours après, ce général était privé de son commandement.

Ce qui prouve qu'en ce temps-là il était déjà moins

dangereux, pour un soldat, de reculer devant l'ennemi que devant une mauvaise action.

o°o

L'année 1850 vit se produire un événement politique de la plus haute gravité.

Eugène Sue ayant été élu député, la majorité de

l'Assemblée, émue des tendances socialistes du peuple parisien, vota la fameuse loi électorale du 31 mai.

Cette loi, qui restreignait le suffrage universel en exigeant de l'électeur un domicile de deux années, supprima net trois millions de votants peu fortunés.

« La vile multitude » était reconstituée.

Nous aurons occasion de voir bientôt le parti que sut tirer Louis-Napoléon de cette loi.

Constatons seulement, dès à présent, que l'Assemblée, de plus en plus adroite, semblait faire exprès de se retirer les atouts des mains pour les fourrer dans le jeu de son adversaire.

o °o o

Quant à la presse, elle fut, comme le suffrage universel, l'objet d'une grande tendresse de la part de l'Assemblée.

Une loi, — qui a été surnommée : *loi de la haine*, — assujettit de nouveau les journaux au timbre et obligea les journalistes à signer leurs articles.

Cette dernière disposition, soi-disant destinée à moraliser la presse, fit éclater de rire jusqu'aux lions en pierre de la fontaine du Château-d'Eau.

On eût eu, en effet, beaucoup de peine à imaginer quelque chose de plus cocasse, à moins d'exiger, par-dessus le marché, la photographie de l'écrivain au bas de sa prose.

Qu'importe le nom d'un journaliste? Les principes qu'il émet sont la seule chose dont le public ait à s'occuper pour les accepter ou les rejeter.

A-t-on jamais eu l'idée de répondre à un voisin d'omnibus qui vous dit :

— Je crois que ce gros nuage gris va nous amener de l'orage.

— Pardon, monsieur!... avant de soutenir une opi-

nion pareille... votre nom... votre âge... votre domicile... et votre certificat de vaccine?...

o o o

A part les différents accrocs que nous venons de signaler, les années 1849 et 1850 se passèrent tant bien que mal.

Il se produisait bien quelques tiraillements entre le Prince-Président qui cherchait déjà le prétexte d'une bonne querelle, et l'Assemblée qui, de son côté, guettait une occasion de mettre les pieds dans le plat.

Chacun des deux était très-persuadé qu'un conflit lui permettrait de balayer l'autre.

Il ne s'agissait que de trouver le joint.

Et l'on comprend sans peine combien cette confiance réciproque, — qui n'était plus un secret pour personne, — était faite pour rendre à la France le calme et la prospérité dont elle avait tant besoin.

○ ○ ○

Une circonstance surtout devait contribuer à augmenter de part et d'autre cette aigreur.

On sait que dans la vie ordinaire, les questions d'argent brouillent souvent les meilleurs amis.

A plus forte raison doivent-elles diviser les gens qui sont déjà mal ensemble.

Le prince avait une liste civile de six cent mille francs.

C'était une honnête aisance pour un président de République ; mais que faire d'une honnête aisance avec des vues malhonnêtes ?

○ ○ ○

Louis-Napoléon jugea qu'avec six cent mille francs par an, il était difficile de restaurer un empire.

Il demanda six cent mille autres francs pour frais d'éclairage.

Il commençait à éclairer beaucoup... la presse.
L'Assemblée consentit.

* * *

Plus tard, un nouveau crédit lui fut encore alloué.

Mais enfin, le 10 février 1851, une demande de gratification exceptionnelle de un million huit cent mille francs qu'il formula fut repoussée.

Cela devait achever de brouiller les cartes.

Et Louis-Napoléon, convaincu qu'il n'avait plus rien à obtenir en tendant son chapeau, le remit sur sa tête, et l'enfonça d'un air crâne en murmurant :

— Je sais ce qui me reste à faire.

Déjà, vers la fin de 1850, on commençait à parler de coup d'État.

Louis-Napoléon trouva que c'était trop tôt.

Aussi, le 20 décembre, adressa-t-il à la Chambre un message dans lequel il avait introduit cette phrase rassurante :

« Je considèrerais comme de grands coupables ceux qui, par ambition personnelle, compromettraient le peu de stabilité que nous garantit la Constitution. »

Dire que la France entière fut dupe de ces belles paroles, nous ne l'oserions.

Mais ce que l'on peut affirmer, c'est qu'il se trouva quelques douzaines d'abonnés du *Constitutionnel* pour qui la sincérité du prince ne fit pas l'ombre d'un doute.

Leur crédulité était même tellement épaisse, qu'ils ne prirent pas la peine de se souvenir que, deux mois auparavant, le Président avait retiré son commandement au général Neumayer, parce que celui-ci, pendant

une revue, avait empêché ses soldats de crier : « Vive l'empereur!... »

Mais cette confiance, digne d'actionnaires des *Galions du Vigo*, n'a rien qui puisse surprendre.

En politique, — et c'est là, sans contredit, le plus bel atout que les hommes d'État aient dans leur jeu,

— il y a toujours une assez nombreuse catégorie de gogos qui aiment mieux croire à toutes les cascades imprimées sur l'étiquette d'un flacon, que de prendre la peine d'analyser une seule goutte de ce qui est dedans

⁂

Grâce à cette naïveté, Louis-Napoléon put donc continuer en paix ses préparatifs.

Au grand jour, il dressait ses charpentes, plantait ses jalons, tendait ses ficelles.

Il n'était pas plus possible de se méprendre sur l'impureté de ses intentions, qu'il n'est possible de se demander où veut en venir le filou qui vous met un pistolet sur la gorge pendant qu'il explore vos poches.

Et pourtant, tout cela s'accomplissait au milieu de la plus grande tranquillité.

Le pays attendait *son sauveur*. Et l'on sait de quelle dose de stupidité sont doués par la Providence les pays qui attendent *leur sauveur*.

⁂

Quand un pays en est arrivé à ce point d'abrutissement où il attend *son sauveur*, il se pelotonne dans un coin comme une marmotte; il fait le gros dos, se cache la tête dans un trou pour ne rien voir.

Il tremble de tous ses membres. Il est convaincu

qu'il court un grand danger; mais, pour tout au monde, vous ne le feriez pas bouger de son trou, regarder en face ce soi-disant péril et chercher les moyens d'y échapper.

Non!..... muet, effaré, sans idée, sans énergie, bête comme une poule par un temps d'orage, il ne cherche rien, il ne comprend rien, il ne pense à rien, il n'essaie rien!...

IL ATTEND SON SAUVEUR!...

CHAPITRE VI

DERNIERS PRÉPARATIFS (1851).

Tout marchait donc à souhait; et il ne restait plus à Louis-Napoléon que les dernières mesures à prendre.

La plus importante à ses yeux était le choix de son état-major.

C'est alors que l'on vit les Corses faire leur invasion dans les emplois publics.

La Corse était désignée par la Providence pour alimenter l'administration de fonctionnaires véreux, comme le Mans pour nous fournir des poulardes et Reims du pain d'épices.

o °o
 o

Chacun connaît, plus ou moins, l'histoire, les mœurs et les ressources de ce département, que la France aurait bien dû, il y a cent ans, faire scier en dessous une nuit, afin de pouvoir le pousser dans le grand océan, avec tout son chargement de Bonapartes à la mamelle.

o °o

La Corse est une île placée entre la France, l'Italie, l'Espagne et l'Afrique.

Elle est très-montagneuse ; mais bon nombre de ses habitants ont le caractère et les cheveux plats.

o °o

Elle contient de nombreux cours d'eau, entre autres le Golo, qui la serpente doucement et y coule aussi tranquillement que s'il se promenait dans un pays honnête.

o °o

Les voies de communication sont rares. A cette époque, elle ne comptait qu'un nombre très-restreint de grands chemins, tout à fait insuffisant pour la quantité de voleurs qui arrêtaient les diligences.

Plus tard, sous l'Empire, ces grands chemins furent baptisés : *routes impériales*, ce qui était synonyme.

o °o

Le climat de la Corse est doux; cependant, il y règne des vents désagréables.

Les vendetta surtout.

o °o

Jusqu'en 1871, il ne se tenait en Corse que cinq foires par an; mais, à cette époque, le nombre s'en accrut considérablement, le prince Napoléon, surnommé *Plon-Plon-va-d'l'arrière*, s'y étant fixé comme conseiller général.

Tout le monde sait que les Corses sont superstitieux au point de ne jamais se suicider un vendredi dans la crainte que cela leur porte malheur.

Ils sont, de plus, ignorants jusqu'à la crasse, crédules jusqu'aux *Galions du Vigo*.

Le Corse est joueur et vindicatif.

Pour un mot de travers, des familles entières se *déboulonnent* pendant trente-cinq générations.

o°o

La Corse a longtemps donné aux tribunaux criminels douze fois plus d'ouvrage que chacun de nos autres départements ; mais les suicides y sont au contraire dans une proportion moindre.

Ce qui a fait dire au *Tintamarre :* « Les Corses ont un grand mépris de la vie.....

« ..... de leurs semblables. »

o°o

En 1855, il y avait encore en Corse cinquante jeunes gens sur cent qui ne savaient pas lire ; et qui, pour savoir combien ils avaient de mains, étaient obligés de compter sur leurs doigts.

o°o

Le nombre des procès en Corse a longtemps été très-considérable; mais très-peu de plaideurs persistaient.

Le lendemain de l'assignation, un des deux recevait assez généralement de l'autre un coup de couteau dans le dos à titre de transaction et pour solde.

о o o

La durée moyenne de la vie, en Corse, est de trente-sept ans et quatre mois.

Il y a une vingtaine d'années, on a remarqué que

lorsque des Corses quittaient leur île, la durée moyenne de la vie augmentait dans leur pays, mais diminuait dans celui où ils s'étaient fixés.

о o o

Tel était le charmant endroit où Louis-Napoléon avait résolu de se fournir d'hommes spéciaux en vue de l'opération qu'il méditait.

Il va sans dire que tous les Corses n'étaient pas, — et surtout ne sont plus aujourd'hui, — taillés sur le patron que nous avons découpé d'après Malte-Brun lui-même.

Il y a d'honnêtes gens partout, surtout depuis qu'il n'y a plus de bonapartistes nulle part.

o o o

Ce fut donc, pendant deux années, dans toutes les préfectures et sous-préfectures de France, une véritable averse de noms en I.

C'en était arrivé à un tel point, que beaucoup de secrétaires de sous-préfectures, en commandant les imprimés qui leur étaient nécessaires pour les besoins du service, faisaient imprimer jusqu'à l'I final de la signature commencée :

Le sous-préfet :
..... I.

De façon à épargner du temps à ce fonctionnaire, quand il aurait beaucoup de lettres à signer; et *sûr* que cette terminaison servirait toujours, quand même le sous-préfet viendrait à être changé.

Pour donner à nos lecteurs une idée exacte de l'invasion corse dans tous les services publics, nous leur offrons l'anecdote suivante que nous tenons d'une source certaine.

Un jour, en 1851, M. Belmontet, qui travaillait à ce moment à un grand poëme intitulé : *Gloire au grand Emm'péreur !...* se promenait pensif sur les quais.

Machinalement, il se mit à bouquiner, et ses yeux tombèrent sur un petit livre intitulé : *l'Annuaire des fonctionnaires publics.*

Il l'ouvrit au hasard, jeta un regard sur l'une des pages et, de suite, appelant le marchand :

— Combien ça?

— Quinze sous.

M. Belmontet prit le livre, paya et partit.

En arrivant chez lui, il posa le bouquin sur son bureau, dîna et alla se coucher.

○ ○ ○

Le lendemain, dès six heures du matin, il était au travail et abordait le chant LVIII de son : *Gloire au grand Emm'péreur!...* en jetant sur le papier cet alexandrin magistral :

« O toi!... noble guerrier!... de notre France l'astre!... »

Ce jour-là, M. Belmontet n'était pas en verve; la rime ASTRE lui fit défaut.

Pendant vingt minutes il la chercha vainement quand tout à coup, se frappant le front, il s'écria :

— Que je suis bête!...

Il saisit alors le petit livre acheté la veille et l'ouvrit.

Horreur!... pas la plus petite rime à ASTRE!...

Tous les mots se terminaient en I. *Blaguini, Farcerini, Filoutini, Greccini, Chenapantini, Escroccini, Spadassini, Risquetouti, Rienaperdri, Boursaseccini*... etc... etc...

M. Belmontet n'ayant ouvert la veille le livre qu'à un seul endroit, avait pris l'*Annuaire des fonctionnaires publics]* pour un dictionnaire de rimes.

Indépendamment de ce flot de Corses que Louis-Napoléon mettait chaque jour en pépinière en vue d'une plantation définitive, il s'occupait aussi de s'assurer le concours de quelques bonshommes dont la rouerie fût à l'épreuve.

Certes, il comptait beaucoup sur les Corses pour l'action ; mais il savait que le Corse, qui est naturellement vif, courageux et violent, ne passe pas pour avoir inventé la poudre... même à punaises.

Il lui fallait, ce que l'on nomme en politique : *un roublard*.

o °o o

Il le trouva.

Aussi, les quelques citoyens qui n'étaient pas devenus assez indifférents au sort de la République pour ne prêter aucune attention aux allées et venues des alentours de l'Élysée, ne virent-ils pas, sans un redoublement d'inquiétude, rôder autour du tripot politique du faubourg Saint-Honoré, un de ces hommes aux élégances suspectes, dont l'aspect seul suffirait à faire se boutonner elle-même la redingote la plus étriquée, pour peu qu'il y eût une chaîne de montre dessous.

Nous avons nommé M. de Morny.

LES SOUTIENS DE L'EMPIRE

LE DUC DE MORNY

TIRÉ DE LA GALERIE DES FRANCONI

DE MORNY (Charles-Auguste-Louis-Joseph), était né à Paris le 23 octobre 1811, dans un des plus beaux hôtels de la rue Laffitte.

Nous n'avons pu nous procurer sur l'origine de M. de Morny que des renseignements vagues.

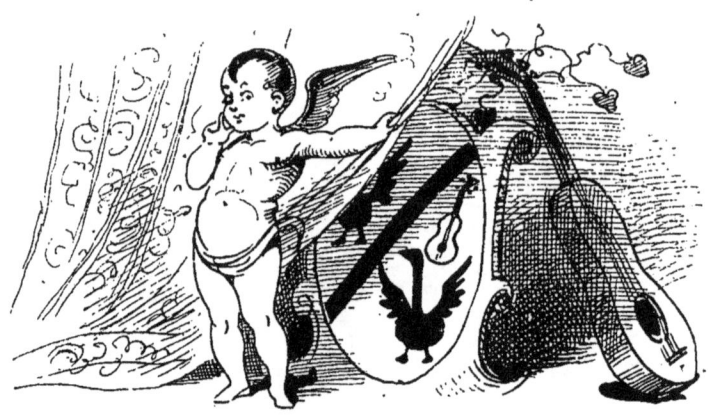

Taxile Delord dit seulement que, le lendemain de sa naissance, il fut emmené à la cour de Versailles et « *confié* » à un ancien noble, qui lui donna son nom, son titre et le reconnut pour son fils.

Nous ne savons si nous saisissons bien la pensée de Delord ; mais cette façon de caser les nouveau-nés se présente tout naturellement à nos yeux sous l'image du *tour* des enfants riches.

o °o

Effectivement, nous voyons, depuis, M. de Morny livré aux soins d'une étrangère : madame de Souza, et guidé par un étranger : M. Carbonnel.

o °o

M. de Morny fit ses études au lycée Bonaparte. Il avait montré de bonne heure beaucoup d'intelligence, et M. de Talleyrand, — dit-on, — aurait prédit qu'il deviendrait ministre.

Ce qui, en tenant compte de certaines circonstances spéciales qui n'étaient sans doute pas un secret pour M. de Talleyrand, ne nous paraît pas beaucoup plus malin que de prédire à un enfant naturel, placé dans un ministère par son père, ministre lui-même, plus d'avancement qu'au fils légitime d'un honnête bourgeois de la rue du Marais.

o °o

M. de Morny avait fait quelques campagnes en Afrique, puis était revenu en France monter une fabrique de sucre avec l'aide d'une grande dame à la mode, qui lui portait beaucoup d'intérêt... et même de capital.

L'usine DE MORNY, CUPIDON ET CIE ne prospéra pas; mais, en 1842, M. de Morny était parvenu à se

faire élire député dans le Puy-de-Dôme, et ne désespérait pas d'obtenir de la politique la fortune que la betterave lui avait refusée.

o °o

Ses votes à la Chambre avaient été monarchiques.

Et même, en 1849, il figurait encore dans les rangs du parti orléaniste.

Ce ne fut que lorsqu'il vit Louis-Napoléon sur le point de tenter son grand coup, qu'il se rapprocha de lui et se mit à sa disposition.

Toujours sérieux en affaires, M. de Morny avait compris que la curée devait être belle de ce côté-là ; et c'est pourquoi, vers la fin de 1851, on ne voyait que lui passer et repasser devant le concierge de l'Élysée.

○ ○ ○

Ne négligeons pas de consigner ici qu'à cette époque il était grandement temps que M. de Morny mît la main sur une de ces opérations que les spéculateurs borgnes ont qualifiées du nom de va-tout.

La raffinerie de sucre de M. de Morny était fondue, les parois du porte-monnaie du comte n'étaient plus séparées que par une pièce de dix sous, qui, seule, les empêchait de s'embrasser comme deux amoureux qui ne se sont pas vus depuis quinze mois.

Et de plus, quarante ans aussi bien sonnés que mal employés, avaient tellement décati les charmes physiques de cet Almaviva chauve, qu'il ne pouvait plus guère espérer rétablir sa fortune en faisant du petit Dieu malin son bailleur de fonds.

Ses affaires étaient excessivement embarrassées, et peu de temps avant le coup d'État, que nous allons raconter à nos lecteurs, des affiches judiciaires annonçaient la vente de son hôtel des Champs-Élysées.

Telle était la situation du comte de Morny quand le Deux Décembre fut décidé.

On voit que, pour lui du moins, il était temps de risquer la partie, dont l'enjeu, d'un côté, était un siége au Sénat, et de l'autre un lit de sangle à Clichy.

Pour compléter ce portrait du comte de Morny, nous

ajouterons que c'était un homme élégant et de bonnes façons ; du moins, il passait pour tel dans son entourage, qui n'était pas la distinction même.

Il avait de l'esprit ; possédait l'insolence qui pose si bien un homme aux yeux des ouvreurs de portières, et cette aisance particulière aux gens qui payent leur tapissier et leur tailleur en leur tapant sur le ventre et en leur demandant des nouvelles de madame.

o °o

Au nombre des créatures amenées par Louis-Napoléon, nous devons, dès à présent, nous occuper d'un homme qui devait, plus tard, jouer un rôle important dans l'histoire de l'Empire.

Nous laissons au Trombinoscope le soin de le présenter à nos lecteurs.

o °o

« Joachim Pietri, ex-préfet de police français et célèbre vulgarisateur du casse-tête, est né à Sartène (Corse), cela va sans dire, en 1820.

« Dès l'âge de six mois, sa vocation se dessina avec

vigueur; il poussait des cris qui *fendaient la tête* à tout le monde.

o°o

« Un peu plus tard, quand les forces lui vinrent, il tuait les mouches à coups de marteau.

« Son jeu favori était de se cacher derrière une porte

avec la canne plombée de son père et de taper avec sur les bonnes de la maison, quand elles arrivaient les deux mains pleines de vaisselle.

« Quand il jouait avec ses petits camarades, il aimait à les entasser dans un couloir dont il avait fermé toutes les issues, et à se ruer sur eux à coups de pincettes, en leur criant :

« — Circulez, messieurs... circulez!...

« Une fois qu'il les avait suffisamment assommés, il exécutait trois roulements sur son tambour de vingt-neuf sous, et traversait ensuite la maison en criant :

« — M'man!... je leur-z-y ai fait les trois sommations... C'pas que c'est bien fait?

« — Oui, mon ange, répondait la tendre mère.

« Et l'on racontait le soir, en dînant, ce haut fait au percepteur de Sartène qui embrassait le petit en disant :

« — En voilà un gaillard qui a de l'avenir!...

∘ ∘ ∘

« Le jeune Pietri vint faire son droit à Paris.

« Tout en préparant ses examens, il étudia la façon dont Louis-Philippe faisait réprimer les émeutes qui se produisaient dans la capitale.

« Les procédés enfantins employés par le gouvernement de Juillet pour fendre le crâne des passants, lui arrachèrent des haussements d'épaules de pitié.

« De ce jour, il prépara en silence tout un plan de

réorganisation de ce service, qui lui semblait tout à fait défectueux.

« Il répétait sans cesse à ce propos :

« — Un gouvernement qui hésite à faire écraser les rassemblements de douze personnes dans la crainte d'en

trépigner, en passant, vingt-deux autres qui n'en faisaient pas partie, ne se fera jamais respecter.

o°o

« M. Pietri retourna bientôt dans sa ville natale, et y exerça quelque temps la profession d'avocat.

« Mais il ne tarda pas à se dégoûter d'un métier où il ne pouvait pas se servir, pour terrasser ses adversaires, d'arguments montés en baleine, avec une balle de plomb à chaque bout.

« En 1848, il entra dans l'administration, grâce à l'appui de son frère, et fut successivement sous-préfet et préfet dans plusieurs départements.

« La vigueur qu'il déploya dans ces différents postes, en dirigeant de puissantes charges d'agents de police contre les bonnes d'enfants qui se rassemblaient à plus de trois sur les places publiques, ne tardèrent pas à attirer sur lui l'attention de VÉLOCIPÈDE père.

« Au physique, M. Pietri est un homme sec et pointu; le nez crochu arrive presque dans la bouche. Dans ces moments d'impatience, M. Pietri se le mord avec acharnement.

« L'œil oblique et soupçonneux trouverait un complot d'État dans un sou de galette. »

Ce fut vers la fin de 1851 que miss Howard, dont

nous avons déjà entretenu nos lecteurs, et qui, depuis longtemps, en faisait autant pour Louis-Napoléon, engagea le reste de sa fortune, environ six millions, pour la réussite du coup d'État.

Dire que c'était là un placement de fonds très-prudent, nous ne l'oserions. Elle risquait fort de trouver là des *Galions du Vigo;* mais l'affaire ayant réussi, il n'y a rien à dire.

o
° °

Dès qu'il se sentit la bourse garnie assez copieusement pour pouvoir poser, en guise de rigollots, des billets de mille francs sur les derniers scrupules de ses amis, Louis-Napoléon se décida à agir.

Tout était prêt.

Le scénario, préparé très-habilement par de Morny, était achevé.

Il ne lui manquait plus que deux hommes à poigne pour l'exécuter.

○ ○ ○

Vers le milieu d'octobre parurent deux décrets qui nommaient :

M. Leroy de Saint-Arnaud, ministre de la guerre, et M. de Maupas, préfet de police.

○ ○ ○

M. Leroy de Saint-Arnaud était né à Paris le 20 août 1801.

Sous-lieutenant dans la garde royale en 1816 ; depuis soldat intermittent, prévôt d'armes, commis-voyageur, comédien, vétérinaire, lampiste, marchand de lorgnettes, il avait fait à peu près tous les métiers.

Il était ensuite rentré dans l'armée, avait servi d'aide-geôlier au général Bugeaud pour garder la duchesse de Berry, avait fait quelques campagnes en Afrique où il était devenu colonel.

o º o

C'était lui qui avait un jour enfermé quelques centaines d'Arabes dans une carrière et les avait brûlés vifs.

De plus, le 24 février 1848, il s'était distingué à la

tête de son régiment, en sabrant vigoureusement le peuple sur la place du Carrousel.

C'était donc, en tous points, l'homme qu'il fallait à Louis-Napoléon pour mettre les Parisiens à la raison.

Bilieux, goguenard, brutal, équarrisseur de vocation, il était impossible à Louis-Napoléon de trouver un homme plus propre à forcer la serrure d'une Constitution.

o °o

Quant à M. de Maupas, c'était le pendant on ne peut mieux assorti au nouveau ministre de la guerre.

A part son prénom de Charlemagne, on ne lui connaissait que des vices.

Né le 8 décembre 1818, il était entré dans l'administration et était devenu sous-préfet d'Uzès et de Baume.

Destitué en 1848 par le Gouvernement provisoire, qui n'était pourtant pas bien difficile, il s'était lié avec le parti bonapartiste, dont ses qualités naturelles ne devaient pas tarder à captiver les bonnes grâces.

o °o

Préfet de la Haute-Garonne, il avait apporté dans ses fonctions un zèle dont le fait suivant suffira à donner la mesure.

Un jour qu'il avait besoin d'avancement, il imagina de faire emprisonner trente-deux personnes sous l'accusation de complot.

Les autorités légales ayant refusé de se prêter à cette mesure, qui ne leur semblait justifiée par rien, M. de

Maupas avait proposé, de l'air le plus naturel du monde, de faire introduire clandestinement, dans le domicile de ces trente-deux personnes, des documents séditieux qu'il se chargeait de fabriquer, des armes et des bombes à pétrole.

— De cette façon, avait-il dit, rien ne s'opposera plus à ce que l'on arrête des gens si sérieusement compromis.

Appelé à Paris pour rendre compte de ce haut fait, M. de Maupas avait été fortement tancé, et sa disgrâce paraissait imminente quand il eut l'idée d'aller conter ses peines à Louis-Napoléon.

Loin de trouver blâmable le procédé qu'avait voulu employer M. de Maupas, le Président jugea au contraire que c'était très-ingénieux. Il se dit :

— Avec des gens de cette trempe, il doit y avoir quelque chose à faire !... Un homme capable de fourrer sa montre dans la poche d'un autre pour le faire envoyer au bagne, n'est pas un homme ordinaire.

o°o

Et voilà comment M. de Maupas fut choisi comme préfet de police et chargé, en vue du coup d'État, de prendre toutes les mesures nécessaires pour que le désordre ne fût pas troublé, et de jouer du casse-tête de Barbarie sous les fenêtres, pendant que l'on saignerait la République étendue sur une table, comme dans l'affaire Fualdès !

Il avait été jugé le plus digne de cette noble besogne.

Il l'était.

CHAPITRE VII

LE COUP D'ÉTAT.

Enfin, le 2 décembre 1851, au matin, les Parisiens, en descendant chercher leur lait, purent lire sur tous les murs l'affiche suivante :

« AU NOM DU PEUPLE FRANÇAIS, et profitant du moment où il ronfle ne se doutant de rien,

« Le Président de la République décrète :

« Tout ce qui le gênait est dissous, l'Assemblée nationale en tête.

« Les ministres de l'intérieur et de la guerre sont chargés de l'exécution du présent décret et de *celle sommaire* des citoyens à qui il ne conviendrait pas.

« LOUIS-NAPOLÉON BONAPARTE. »

Au premier abord, on crut généralement à une farce du *Tintamarre*. On la trouvait même assez réussie.

Mais bientôt on acquit la certitude que c'était sérieux. Voici ce qui s'était passé pendant la nuit.

o °o

De Morny, roué comme potence, s'était montré jusqu'à minuit au théâtre, de façon à donner le change aux députés qui pouvaient surveiller les faits et gestes de l'Élysée.

Jamais son sourire n'avait été aussi aimable, jamais le nœud de sa cravate n'avait été aussi correct.

En un mot, il n'avait pas plus l'aspect d'un homme qui pense à changer la forme du gouvernement qu'un abonné du *Gaulois* n'a l'air de comprendre ce qu'on lui dit.

o °o

Il trouvait des mots gracieux pour tout le monde, faisait un calembour à chaque personne qu'il rencontrait, et affectait de donner des billets d'entrée pour la séance de l'Assemblée du lendemain.

Ce détail a été apprécié depuis et qualifié de canaillerie raffinée, M. de Morny sachant très-bien, en donnant ces cartes, qu'elles ne pourraient servir à rien, l'Assemblée devant être fermée le lendemain.

En tous cas, c'est une excuse que n'ont pas les gens qui vous donnent des billets de faveur pour l'Odéon.

○ °○

Vers minuit, M. de Morny, content de l'effet que son calme avait produit, s'était retiré en bâillant de

l'air d'un homme qui n'en peut plus, et avait dit, de façon à être entendu de beaucoup de gens :

— Sur ce... je vais me coucher, je tombe de sommeil.

Complétement rassurés, les quelques députés que M. de Morny avait rencontrés pendant la soirée, avaient été se mettre au lit de leur côté, en se disant :

— Allons..... nous pouvons dormir tranquilles..... de Morny doit déjà ronfler comme un abonné du *Constitutionnel*.

o °o

Ce qui avait surtout aidé ces braves gens à s'encrasser dans leur confiance, c'était la contenance du général Changarnier qui, interrogé quelques jours auparavant sur la possibilité d'un coup d'État, avait répondu en pleine tribune, avec cet accent plein d'assurance familier aux hommes qui ont tout prévu et à ceux qui n'ont songé à rien :

— Mandataires du pays!... délibérez en paix!...

On va voir combien les députés de ce temps-là eurent à s'applaudir d'avoir donné au général Changarnier, comme oracle, la préférence sur la somnambule de la fête à Saint-Cloud.

o °o

A peine sorti du théâtre, M. de Morny s'était fait conduire à l'Élysée, où Louis-Napoléon l'attendait, en fumant des cigarettes, pour arrêter en même temps les dernières dispositions et les premiers députés.

Au moment d'engager la terrible partie, le Président avait beaucoup perdu de son assurance.

Il se tenait au coin de la cheminée, morne, presque indécis.

*
 * *

Quand M. de Morny arriva, il fut obligé de le secouer violemment.

Et de lui faire comprendre qu'au point où en étaient les choses, reculer ou hésiter serait peut-être encore plus dangereux que de se jeter dans l'action la tête la première.

Il eut toutes les peines du monde à surmonter l'affaissement de son noble maître. Et il lui fallut, pour y arriver, tout le courage que donne à l'homme qui n'a plus le sou l'aspect d'un fort sac d'écus qu'il aperçoit par le trou de la serrure qu'il est en train de forcer.

*
 * *

Nous l'avons dit : M. de Morny en était arrivé à ce point de débine financière où les consciences, déjà douées d'une élasticité naturelle, se prêtent aux élargissements les plus fantastiques.

o o o

Une fois Louis-Napoléon sorti de sa torpeur, on s'occupa d'expédier les ordres les plus pressants.

Tout était d'ailleurs parfaitement préparé.

Tous les conjurés étaient à leurs postes, et le préfet de police avait déjà doublé ceux de Paris.

o o o

Ce personnel d'élite se composait, comme on l'a vu, de MM. de Morny, Saint-Arnaud et Maupas.

Venaient ensuite :

MM. Rouher, Fleury, Ducos, Magnan, Fortoul, Fould, Magne, Lawœstyne, Persigny, Mocquart, Vaudrey, Abattucci, Canrobert, Baroche, Troplong et Castellane.

o o o

Nos lecteurs ont déjà reconnu dans cette nomenclature quelques noms qui ont déjà joué un rôle dans cette histoire.

Nous leur offrons ici de succinctes notes sur le reste de la troupe.

On aime bien savoir à qui l'on a affaire.

o °
°

ROUHER (Eugène), né à Riom, le 30 novembre 1814, s'était fait connaître avant 1848 par quelques procès de presse, dans lesquels il avait défendu la cause libérale avec un enthousiasme attendrissant. Nommé député républicain après la révolution de Février, il avait mis la main sur son cœur pour remercier ses électeurs, en disant :

— *C'est tout ce que je voulais !...*

Et il s'était mis à voter avec la droite comme un enragé.

o °o

MAGNAN (Bernard-Pierre), né à Paris, le 7 décembre 1791, était un soldat d'un patriotisme ardent qui, à la suite d'une petite disgrâce, en 1832, avait été prendre du service dans l'armée belge et, plus tard, avait failli devenir général en chef de l'armée de Charles-Albert.

Des services rendus à la France à l'étranger, et surtout des services rendus à la monarchie à l'intérieur, dans certaines émeutes, lui avaient valu un rapide avancement.

A l'Élysée, on le savait capable, à l'occasion, de passer sans pitié au fil de l'épée tous les marchands de coco du boulevard ; c'était un homme précieux.

o °o

BAROCHE (Pierre-Jules), né à Paris, le 18 novembre 1802, avait été élu député de l'opposition en 1847. Jusqu'à la révolution de Février, il avait fait tout ce qui concernait son métier de *démocrate pour prendre rang*. Il avait poussé à la réforme, organisé les banquets séditieux... etc... etc... Mais, une fois la République faite, il avait pris place à la droite, le côté où les ambitieux sont le plus à proximité des portefeuilles ; et, après s'être distingué comme procureur

général en demandant, à l'occasion des 15 mai et 13 juin, la tête de Barbès, Blanqui, Ledru-Rollin, Félix Pyat et autres, il avait été choisi pour ministre de l'intérieur par Louis-Napoléon, qui avait flairé en lui un de ces hommes qui, le moment venu, ne savent rien refuser à ceux qui leur accordent tout. C'était M. Baroche qui avait proposé la fameuse loi du 31 mai, enlevant de si forts copeaux au suffrage universel, et nos lecteurs n'ont sans doute pas perdu de vue que ce même Baroche, trois ans auparavant, avait été sous Louis-Philippe un des plus ardents champions de la réforme électorale et de l'extension du droit de vote.

* * *

Quant au général FLEURY (Émile-Félix), né à Paris, le 23 décembre 1815, c'était un de ces fils de bourgeois enrichis qui, après avoir mangé leur fortune dans les coulisses de petits théâtres, vont chercher un abri contre leurs créanciers dans un régiment de cavalerie. — Après avoir, non sans quelque courage, fait plusieurs campagnes en Afrique, il était revenu à Paris et n'avait pas hésité à s'attacher à la fortune de Louis-Napoléon. — Celui-ci, qui avait remarqué chez lui un profond amour pour les chevaux de luxe et une énorme antipathie pour les républicains, l'avait fait son officier d'ordonnance.

* * *

Par ces quelques échantillons, il est aisé de voir ce que l'on pouvait attendre d'une troupe aussi vigoureusement composée.

On s'était aussi assuré la collaboration précieuse de M. Saint-Georges, directeur du *Moniteur*.

C'était de la plus haute importance pour la publication officielle des documents qui allaient naître de cette attaque de diligence à main armée.

o°o

Enfin, vers le point du jour, les mesures suprêmes furent prises.

Ici encore, nos lecteurs ne seront point étonnés : « les mesures suprêmes » de Louis-Napoléon, dans ces occasions-là, étaient toujours les mêmes.

A Boulogne comme à Strasbourg, en 1851 comme en 1836, ses « mesures suprêmes » consistaient en une forte distribution d'eau-de-vie, de cigares et d'argent aux soldats.

o*o

A cet effet, il « réquisitionna » à la Banque de France une paille de vingt-cinq millions, qui furent immédiatement répartis entre les principaux chefs de l'armée.

Il va sans dire que les gros bonnets eurent la part la plus importante de ce premier à-compte sur le butin.

Les simples soldats eurent en moyenne vingt francs.

Mais comme on avait en même temps chargé les cantinières de s'arranger de façon à ce qu'ils y vissent double, ils crurent qu'ils en avaient quarante.

o*o

Quand M. de Morny reçut sa gratification et qu'il vit tant d'or devant lui, il en demeura comme abasourdi.

Lui qui, déjà depuis longtemps, n'avait plus dans ses poches que des dénonciations de protêts à donner en pourboires aux garçons de café, on conçoit sans peine l'effet que durent lui produire ces nombreuses cartouches de cinquante louis chacune, alignées devant lui.

⁂

Son premier mouvement, — car M. de Morny était un cœur généreux, — fut d'envoyer un à-compte de soixante francs à son tailleur.

Mais son second fut de les garder.

— Demain, se dit-il, si l'affaire réussit, je pourrai lui payer intégralement sa facture en le faisant nommer chevalier de la Légion d'honneur.

⁂

Pendant que ces choses se passaient à l'Élysée, on avait envoyé un exprès à l'Imprimerie nationale pour faire composer et tirer la proclamation que nous avons reproduite plus haut.

Là encore, toutes les précautions avaient été prises pour le cas où les typographes, qui ont généralement la tête près du bonnet, refuseraient de prêter leur concours à cette bonne action.

o °o

On coupa les manuscrits en beaucoup de petits morceaux, et chaque compositeur en reçut un, dont le sens incomplet ne signifiait rien du tout.

On essaya bien de leur faire accroire qu'il s'agissait d'une affiche pressée que l'on voulait placarder le lendemain matin, et relative à une enquête *de commodo et incommodo* pour l'établissement d'une fabrique de graisse de vieux chapeaux, rue de Rivoli.

Mais, comme ils ne paraissaient pas très-convaincus, on éteignit leurs scrupules en plaçant chacun d'eux, devant sa casse, entre deux militaires suffisamment avinés, qui étaient chargés de le coucher en joue jusqu'à ce qu'il eût fini son travail.

o °o

LES SOUTIENS DE L'EMPIRE

LE MARÉCHAL MAGNAN, AU FEU

D'APRÈS VAN DER MEULEN.

Ce moyen de les faire composer avec... leur conscience réussit à souhait.

Un metteur en pages habile réunissait tous les fragments de composition obtenus par cet argument persuasif.

Et les affiches purent être apposées avant l'aurore, que Louis-Napoléon, Morny et consorts virent lever avec autant de plaisir que s'ils eussent été vertueux.

o ° o.

Le 2 décembre, dès le matin, le palais législatif était occupé par les troupes.

Pendant ce temps, les arrestations s'opéraient sur tous les points de Paris avec un ensemble à faire envie aux plus malins machinistes de féeries.

Un grand nombre de représentants furent pris dans leur lit. Et les agents ne leur laissèrent pas le temps de se vêtir.

Quelques-uns, qui étaient en train de se faire la barbe, durent aller se raser la seconde moitié de la figure à Mazas.

Et le général Changarnier qui, à cette époque, était déjà monté sur une grande quantité de ressorts, n'eut pas le temps de s'échafauder.

Dans sa précipitation, il se plaça aux bras la manivelle qui, d'ordinaire, mettait ses jambes en mouvement ; de sorte qu'il fut obligé de descendre l'escalier sur les mains.

N'ayant pas eu le temps non plus de s'ajuster son râtelier, il l'avait placé à la hâte dans la poche de

son pantalon, et à chaque mouvement qu'il faisait pour protester contre son arrestation, il se mordait atrocement la cuisse.

Comme nos lecteurs peuvent bien le penser, les noms des représentants que l'on arrêtait n'avaient pas été tirés au hasard dans un sac à boules de loto.

M. de Morny en avait fait un choix intelligent et n'avait désigné que ceux qui pouvaient être mauvais à quelque chose.

La masse des « couteaux à papier » du temps avait été respectée comme inoffensive.

Seuls, ceux dont on pouvait redouter une résistance avaient été honorés d'une marque de défiance.

o ô o

Nous devons consigner ici les noms de ces derniers; car, fidèle à notre conviction ardente que le mérite des honnêtes gens se mesure surtout à la crainte qu'ils inspirent aux gredins, il nous paraît de toute évidence que, le 2 décembre, M. de Morny ne pouvait faire un meilleur compliment à des hommes d'honneur que de les traiter comme des filous.

o ô o

Les représentants arrêtés le matin du 2 décembre furent MM. Thiers, Leflô, Bedeau, Cavaignac, Charras, Lamoricière, Greppo, Nadaud, Beaume, Miot, Cholat, Lagrange, Valentin, Roger et Baze.

Quant à ce dernier, ce fut tout un vaudeville. Il avait déjà, à cette époque, cette physionomie aimable que l'histoire a consacrée depuis; et quand il arriva devant Mazas, les agents qui le conduisaient eurent un moment d'indécision.

Ils ne pouvaient plus distinguer lequel des deux, de son visage gracieux ou du guichet de Mazas, était la porte de la prison.

o°o

En même temps que ces principaux représentants étaient mis dans l'impossibilité de nuire à ceux qui

nous faisaient du mal, trente mille soldats, que l'on avait mis dans l'impossibilité de s'écarter de la ligne du devoir en les plaçant entre deux vins, prenaient leurs positions stratégiques sur tous les points de Paris.

Le lendemain, ce corps d'armée devait être porté à soixante mille.

Il était composé d'infanterie, de cavalerie et d'artillerie parfaitement équipés et approvisionnés de vivres et de munitions.

Louis-Napoléon savait qu'une armée destinée à charcuter à l'intérieur ne doit manquer ni de souliers ni de cartouches. Ce n'est pardonnable que lorsqu'on l'envoie en Allemagne.

o °o

Quelques représentants cependant avaient tenté de se réunir au Corps législatif.

Mais le détachement de la ligne qui gardait le palais, et dont ils avaient interrompu le punch vif et animé, les avait reçus comme l'est un propriétaire qui vient réclamer son terme dans une société d'étudiants en train de jouer du cor de chasse.

o °o

Ainsi congédiés, ces représentants allèrent trouver

leurs collègues; et, dans l'après-midi du 2 décembre, deux cent vingt députés, sous la présidence de M. Benoist d'Azy, se réunirent à la mairie du X° arrondissement pour s'y constituer en Assemblée.

Nous devons rendre hommage à leur courage; mais cependant tout porte à croire qu'ils n'y mirent pas une grande obstination; car, sommés par trois com-

missaires de police et un aide de camp de se retirer, ils résistèrent assez peu pour se faire conduire tous en rang, — comme une pension d'enfants que l'on mène en récréation au jardin du Luxembourg, — jusque dans la caserne du quai d'Orsay.

∴

Nous aurons le plaisir de voir dans les chapitres suivants qu'il y avait à cette époque députés et députés :

Ceux qui ne défendaient leur mandat sacré que tout juste ce qu'il fallait pour ne pas en mourir;

Et ceux qui attachaient le leur, tout grand ouvert, à la place du cœur, pour en faire un point de mire aux balles des soudards de Napoléon.

o °o

Les deux cent vingt députés dont nous venons de parler avaient été emprisonnés à deux heures de l'après-midi.

A quatre heures et demie, trois représentants, qui s'étaient trouvés absents au moment du coup de filet, venaient les rejoindre à la caserne d'Orsay, en se constituant prisonniers.

C'étaient MM. Valette, Victor Lefranc et Bixio.

o °o

Au premier abord, on peut être tenté d'admirer le stoïcisme de ces trois hommes qui viennent volontairement partager le sort de leurs confrères.

Mais, pour peu que l'on se prenne à réfléchir que, libres encore, ils avaient le choix entre l'emprisonnement, qui était presque un abri, et les barricades qui allaient devenir un danger, on s'extasie avec plus de réserve.

Et cette façon d'aller tendre les mains aux menottes des héros avinés de Décembre pour sauver sa tête, rappelle beaucoup moins le courage des Templiers que

celui des voyageurs d'une diligence attaquée par des brigands, qui, pour ne pas courir les risques de la lutte, abandonnent leurs compagnons plus hardis, et jettent leur bourse et leurs armes aux pieds des bandits pour implorer leur protection.

○ ○ ○

A huit heures du soir, douze autres représentants, saisis à l'Assemblée par les troupes, furent amenés à la caserne d'Orsay.

Et, à dix heures du soir, des voitures CELLULAIRES, les mêmes qui transportaient d'ordinaire les filous et les filles, emmenaient les deux cent trente-deux élus du peuple dans les casemates du Mont-Valérien, de Vincennes et à Mazas.

Ce fut un spectacle imposant et nouveau que le défilé de ces sombres voitures :

La loi dedans, le crime sur le siége.

Les chevaux eux-mêmes en furent tellement écœurés qu'ils refusèrent d'avancer.

Il fallut les dételer et avoir recours aux écuries de l'Élysée.

○ ○ ○

Quelle avait été pendant cette journée l'attitude de la population parisienne ?

Il faut bien le dire : ni les cœurs dans les poitrines, ni les pavés dans les faubourgs n'en avaient bondi d'eux-mêmes comme on pourrait le croire.

La première impression produite par le coup d'État avait été une profonde stupéfaction.

Puis, pendant quelques heures, les ouvriers ne s'étaient rendu que très-imparfaitement compte de la situation.

Très-fort indisposés d'abord contre l'Assemblée nationale qui leur préparait depuis longtemps l'escamotage de la République, et avait, par la loi du 31 mai, pratiqué des coupures saines et abondantes dans le

suffrage universel, leur première pensée, on le comprendra sans peine, ne fut pas de sauter sur le flingot pour défendre des bonshommes qui, le lendemain, les en remercieraient en leur faisant une large distribution de billets de faveur pour la Nouvelle-Calédonie.

o °o o

Bien mieux, ils ne virent dans cette bousculade nocturne qu'un excellent tour joué à la majorité réactionnaire.

Louis-Napoléon, dans sa proclamation affichée dès le matin, avait eu le soin de faire ressortir qu'il rétablissait le suffrage universel et qu'il ne s'était décidé à ce coup de force que pour sauver la République menacée par les droitiers.

De sorte que le peuple, avant qu'il eût le temps de se livrer à aucune réflexion, se laissa presque aller à applaudir au croc-en-jambe si bien exécuté,

Et que les premiers ouvriers qui, en s'en allant le matin à leur travail, lurent les affiches annonçant le coup de balai de la nuit, se regardèrent d'un air gouailleur dans lequel perçait un sentiment d'approbation, en se disant :

— Comment trouves-tu le bouillon?

o°o

Une circonstance, très-habilement ménagée du reste, consolidait les républicains dans leur quiétude.

Pendant la première partie de la journée, ils n'avaient appris que l'arrestation de MM. Thiers, Changarnier et Lamoricière ; et comme la place que ces trois députés monarchistes occupaient dans le cœur du peuple était des plus minces, les républicains ne prirent aucun ombrage d'une mesure qui ne supprimait que les gens dont ils avaient tout à craindre.

Ce ne fut que dans la soirée qu'ils apprirent la razzia de tous les députés avancés.

Alors, le peuple commença à se gratter l'oreille et à se demander si Louis-Napoléon n'avait pas eu l'in-

tention de sauver la République des voleurs du lendemain, comme les pickpockets qui, chipant un foulard à midi, le sauvent des filous qui devaient le voler à deux heures.

Quand le peuple se posa cette question, il était déjà trop tard.

Quarante mille soldats échelonnés sur tous les points de la capitale, étaient prêts à attester surtout ce que l'artillerie a de plus sacré, l'honorabilité de leur chef de file.

Il ne fallait plus songer à les faire changer d'avis. Pendant douze heures consécutives, ils avaient retrempé leurs convictions dans les bidons bien approvisionnés.

Et il était facile de lire dans leurs yeux allumés qu'ils n'attendaient plus qu'un signe pour clore toute discussion par ce grand et éternel argument qui porte à douze cents mètres.

.˙.

Pour l'Élysée, tout allait donc au mieux.

Louis-Napoléon, que la réussite avait fait un peu sortir de son affaissement, recevait les encouragements de Morny, plus solide au poste.

Content de sa journée, il alla se coucher l'âme sereine, et s'endormit après avoir élevé son cœur vees Dieu, dans cette courte prière :

« Mon Dieu !... toi qui vois tout, quelles envies de vomir doivent souvent être les tiennes !... Je te rends grâce d'avoir secondé mes desseins. Donne-moi la force de continuer mon œuvre et de terrasser mes scrupules, si par hasard il m'en venait. Demain fais se lever pour moi une journée sanglante.... Fais, ô mon Dieu!... que Morny ne se saoule pas ; que Saint-Arnaud, animé d'une sainte colère, mitraille sans pitié jusqu'aux bonnes d'enfants qui seraient tentées de sourire en lisant mes

proclamations ; que Maupas, pour dissiper les attroupements, ait le génie de remplacer les trois sommations au tambour par trois décharges de mousqueterie !... Fais, ô Seigneur!... que l'air frais de la nuit ne dégrise pas mes intrépides soldats, et que le soleil qui se lèvera demain matin les retrouve comme il les a laissés ce soir : ivres, menaçants, prêts à tout, et entrevoyant, dans la fumée de leurs cigares mêlée aux senteurs de leurs hoquets alcoolisés, des myriades de croix, de galons et d'épaulettes dont la vue ranime leurs vertus et leur donne le courage d'assassiner leurs frères!... Ainsi soit-il!... »

CHAPITRE VIII

LE 3 DÉCEMBRE.

Cependant, s'il avait semblé plus commode à deux cent quarante députés de monter, sans résistance, dans les voitures cellulaires de M. Bonaparte que de descendre, pour résister, dans les rues de Paris, en appelant le peuple aux armes, quelques représentants du peuple avaient pris la petite plaisanterie tout autrement.

Ceux-ci avaient pensé que l'écharpe de l'élu du peuple engage celui qui le porte à autre chose que de la mettre complaisamment dans sa poche à la première réquisition d'un sous-lieutenant pris d'absinthe.

o°o

Dans la nuit du 2 ou 3 décembre, MM. Victor Hugo,

Jules Favre, Arago, Eugène Sue, Schœlcher, de Flotte, Michel de Bourges et plusieurs autres s'étaient réunis secrètement dans le but d'organiser la résistance.

o*o

Ils auraient pu, suivant l'exemple de MM. Valette, Victor Lefranc et Bixio dont nous avons parlé plus

haut, prendre un ou deux fiacres à trente-quatre sous, se faire conduire à Mazas et tenir au directeur de cet établissement le langage suivant :

— Monsieur... il fera probablement très-chaud demain à Paris ; notre place serait en plein soleil, obligez-nous de nous mettre à l'ombre avec nos camarades. Faites-nous la charité d'un peu de persécution ; cela nous fera, à peu de frais, de très-bonnes notes pour plus tard.

Sans s'occuper des soins à donner à leur popularité future, ils ne voulurent voir que leur devoir présent.

Et, séance tenante, ils rédigèrent un appel au peuple qui commençait par ces mots :

« Louis-Napoléon est un traitre!...

« Il a violé la Constitution!...

« Il s'est mis lui-même hors la loi!... »

o °o

Cette proclamation, imprimée et affichée avec les plus grandes difficultés et non sans d'immenses dangers, fut un commencement de lumière pour la population ouvrière, qui se repentit d'avoir jusque-là pris le coup d'État comme une bonne charge d'atelier.

o °o

En même temps, un comité de résistance avait été nommé et les barricades ordonnées.

Le 3 décembre, elles commencèrent à s'élever sur plusieurs points.

Mais la lutte ne s'engageait pas.

M. de Morny, qui avait conçu à lui seul le plan de la représentation, était systématiquement hostile à toute escarmouche ne devant pas amener un résultat définitif.

o°o

Ainsi qu'il l'expliquait lui-même dans sa dépêche du 3 décembre au général Magnan :

« Nous avons eu les 27, 28 et 29 juillet, 22, 23 et 24 février, n'ayons pas les 2, 3 et 4 décembre. *On me paraît suivre les vieux errements.* »

On le voit, le but de M. de Morny était d'éviter

à tout prix de mettre l'armée en contact avec la population.

Il savait par expérience, cet homme d'élite, que les soldats, aussi désaltérés qu'ils aient été avant le combat, finissent toujours par retrouver un instant de lucidité, pendant lequel ils se souviennent d'où ils sortent et où ils doivent rentrer un jour.

C'est dans ces moments-là qu'on les voit souvent se jeter dans les bras des gens sur lesquels on les avait lâchés comme des chiens enragés.

Et M. de Morny jouait trop gros jeu personnellement pour n'avoir point compris que le salut des cent cinquante créanciers qu'il avait à ses chausses, ainsi que le sien propre, exigeaient que l'armée ne communiquât avec la population qu'à portée de canon.

o ° o

Il avait donc décidé de laisser grossir l'émeute, — c'est ainsi qu'il nommait le mouvement de colère d'une nation qu'on vient de souffleter, — et il était résolu à écraser d'un seul coup les séditieux qui osaient crier : « Au voleur!... » après avoir été dévalisés.

o ° o

La journée du 3 décembre se passa donc sans combat.

La police seule, — en guise de prologue, — agissait sur tous les points où l'effervescence s'était produite.

Elle préludait à la grande œuvre par des brutalités

destinées, dans l'esprit de M. de Morny, bien moins à réprimer l'émeute dont il avait besoin pour frapper son grand coup, qu'à la provoquer et à la mûrir en vue du plus saint des écrasements.

Sous forme d'à-compte, les Parisiens qui se réunissaient à plus de deux sur les trottoirs pour s'y entretenir des nouvelles du jour, reçurent donc ce jour-là force horions et coups de casse-tête.

— Quelques crânes fendus, quelques côtes enfoncées, ce fut tout.

M. de Morny prenait son absinthe.

○ ○ ○

Cependant, cette journée du 3 décembre fut marquée par un de ces actes grandioses qui sont la gloire d'un homme et l'enseignement d'une nation.

Au faubourg Saint-Antoine, le représentant Baudin, debout sur une barricade, tomba frappé de trois balles dans la tête.

Quelques instants avant, il avait répondu à un ouvrier qui lui reprochait ses vingt-cinq francs par jour :

— Je vais vous montrer comment on meurt pour vingt-cinq francs.

○ ○ ○

En effet, Baudin donna sa vie à la République pour vingt-cinq francs par jour.

Et vingt ans après, pas un des gros émargeants de l'Empire, qui trouvèrent à leur tour une si belle occasion de donner la leur, le 4 septembre, pour deux cent mille francs par an, n'eut la velléité de faire à ses appointements un rempart de son corps.

Tout ce que les sénateurs purent faire, pour rendre hommage au courage de Baudin, fut de cracher sur sa vertu et de rire de sa bêtise.

o °o °o

Bien que plusieurs barricades encore peu défendues

eussent été enlevées aisément le 3 décembre, Louis-Napoléon et ses amis semblaient perdre un peu de leur confiance.

M. de Morny tenait ferme et relevait le moral de tout le monde.

Mais, si l'on en juge par le ton effaré des dépêches qui arrivaient à chaque instant de la Préfecture de police au Ministère de l'intérieur, M. de Maupas paraissait en proie à une de ces coliques implacables qui font le désespoir des boutonnières de culotte les plus solidement cousues.

o °o

Nous offrons ici à nos lecteurs quelques-unes des dépêches échangées le 3 décembre entre MM. de Morny et Maupas.

PRÉFET POLICE à MINISTRE INTÉRIEUR

2 heures.

« Très-inquiet sur résultat. — Si insurgés triomphaient, serais pas noce. — Crains pour peau. — Est-ce que pourriez pas envoyer une douzaine canons pour braquer dans mes escaliers ?

« MAUPAS. »

MINISTRE INTÉRIEUR à PRÉFET POLICE

3 heures.

« Fichu traqueur. — Croyez donc que canons pas autre chose à faire? — De la poigne, n... d... Dieu!...

— Pas le moment de se préparer lavements guimauve.

« De Morny. »

PRÉFET POLICE à MINISTRE INTÉRIEUR

4 heures.

« Nouvelles déplorables. — 900 insurgés tiennent tête à 45,000 hommes troupe. — Si 900 insurgés vainqueurs, descendront sur Préfecture et serai pris. — Pas drôle !... — Envoyez-moi au moins 40 canons et 30,000 hommes cavalerie pour défendre ma chambre à coucher. — Crois que m'avez fourré dans mauvaise besogne.

« MAUPAS. »

MINISTRE INTÉRIEUR à PRÉFET POLICE

« Imaginiez donc que gagneriez gros appointements aussi tranquillement qu'à faire tapisserie coin du feu. — Si avait cru vessard à ce point, Louis-Napoléon vous aurait peut-être pris pour mettre vin en bouteilles, mais jamais pour coup de collier sérieux. — Tenez ferme ou vous raie liste gratifications.

« DE MORNY. »

Ainsi qu'on peut le voir, le 3 décembre, la réussite du coup d'État était rien moins que certaine.

Le bruit de la mort du représentant Baudin, qui s'était répandu dans les faubourgs, avait enfin convaincu les ouvriers que le but de Louis-Napoléon n'était pas précisément de défendre la République contre les royalistes, comme ils l'avaient cru jusque-là.

Une résistance sérieuse s'organisait; et M. de Maupas crut urgent de faire placarder la proclamation suivante, pour prévenir les Parisiens, qui devaient aller dîner en ville le lendemain, que les trottoirs seraient balayés avec des mitrailleuses.

« Nous, Préfet de police, arrêtons ce qui suit :

« Les attroupements de plus d'une personne seront dissipés par la force.

« Toute femme enceinte de plus de trois mois est considérée comme un attroupement.   DE MAUPAS. »

En même temps, le ministre de la guerre fait afficher le doucereux avis suivant :

« Habitants de Paris !...

« Les ennemis de l'ordre et de la société ont engagé la lutte !... Que les bons citoyens s'unissent en restant chacun chez eux !...

« Tout individu pris à une barricade sera immédiatement fusillé.

« A partir du moment de son exécution, il aura trois jours francs pour prouver qu'il passait là par hasard en allant reporter de l'ouvrage à son atelier. »

« NOTA BENE. — Comme les habitants de Paris pourraient ne pas comprendre au juste ce que l'on doit entendre par les « *ennemis de l'ordre et de la société* », et s'imaginer que ce sont ceux qui ont violé la Constitution, nous les prévenons que les « *ennemis de l'ordre et de la société* » ce sont tous les citoyens qui se promènent dans les rues sans uniforme de la ligne et sans leur plumet.

« DE SAINT-ARNAUD. »

Pour les Parisiens, — qui sont généralement rompus à ce genre d'exercice, — les deux affiches que nous venons de reproduire indiquaient assez qu'il serait malsain, le lendemain, de flâner devant les étalages.

Ils se le tinrent pour dit.

∴

Le 3 au soir, les généraux Bedeau, Cavaignac, Changarnier, Lamoricière et Le Flô, ainsi que les députés

Baze, Charras et Roger du Nord, furent conduits au chemin de fer du Nord pour être transférés à Ham.

C'était une attention délicate de Louis-Napoléon, qui avait trouvé très-drôle que son ancienne prison recélât, après le pickpocket, les honnêtes gens dont ce dernier avait fait la montre.

o °o o

A propos de l'arrestation de ces députés et des autres, il n'est peut-être pas inutile de rappeler que, la veille, pas un seul des quarante commissaires de Paris n'avait refusé son concours au Président de la République.

Ceci dit pour jeter le trouble dans la conscience des gens qui croient, par habitude, que les gens qui sont chargés d'en envoyer d'autres aux bagnes sont nécessairement des anges de vertu.

o °o o

Ce fut aussi le 3 décembre que le *Moniteur* convoqua le peuple à voter pour l'acceptation du maintien de l'autorité à Louis-Napoléon.

Indépendamment d'une nombreuse artillerie braquée sur toutes les mairies, Louis-Napoléon avait imaginé un moyen splendide d'assurer l'indépendance et la sincérité du vote.

Des registres étaient ouverts dans chaque mairie, et les citoyens conviés à y venir signer leur nom, — mais surtout leur : OUI.

La moralité d'un semblable scrutin n'échappera à personne.

Depuis la Saint-Barthélemy, où les catholiques offrirent si généreusement à tous les huguenots le choix entre la messe ou un coup d'arquebuse entre les deux yeux, l'histoire n'avait pas eu à enregistrer de plébiscite organisé sur des bases aussi libérales.

CHAPITRE IX

<small>LE 4 DÉCEMBRE.</small>

Le jeudi matin, 4 décembre, l'agitation redoubla. C'était la journée décisive.

De Morny avait décidé de frapper un grand coup pour en finir.

On a toujours supposé qu'il devait avoir pas mal de billets à payer le 5.

Une nouvelle proclamation du Préfet de police ne laissa aucun doute sur les intentions de Louis-Napoléon.

La voici :

« Habitants de Paris!...

« Tout individu qui stationnera sur la voie publique sera assommé.

LES SOUTIENS DE L'EMPIRE

M. BAROCHE

GRAND GARDE DE LA JUSTICE ET DES SCEAUX.

« La même disposition est applicable à ceux qui n'y stationneront pas.

« Les trottoirs sont interdits.

« La chaussée aussi.

« En se conformant à ces prescriptions, les citoyens pourront circuler librement.

       « De Maupas. »

o°o

Les troupes avaient été retirées de partout, afin que les barricades pussent s'élever librement.

Elles n'y manquèrent pas.

Les loisirs que cette retraite avait faits à l'armée furent employés à préparer les militaires au petit travail qui leur avait été ménagé.

M. de Morny était parti de ce principe que, lorsque les soldats ont bien mangé, les feux de peloton sont mieux nourris; et rien n'avait été négligé sous ce rapport.

Un témoin oculaire nous a affirmé qu'à ce moment il était impossible de concevoir l'espérance que les insurgés pussent soutenir le choc de ces héros, tant ils étaient lancés.

o o o

A deux heures, les troupes commencèrent leur mouvement.

Nous n'énumérerons pas ici les différents combats qui se livrèrent sur tous les points de Paris, et que M. Eugène Ténot a si bien racontés dans son livre : *Paris en décembre* 1851.

Nous dirons seulement que l'armée française se couvrit, en cette journée, d'une gloire impérissable.

Car il est maintenant bien établi qu'à peine au nombre de soixante mille hommes, n'ayant pour toutes armes que des fusils excellents, d'innombrables pièces d'artillerie qu'on leur avait données et de plus innombrables canons qu'ils avaient pris depuis le matin, les soldats de décembre purent vaincre douze cents insurgés solidement pourvus de fusils à pierre et de pistolets à un coup.

Les rapports officiels accusent quelques centaines

d'ouvriers passés par les armes pendant cet après-midi.

On n'a jamais su le nombre de ceux qui furent passés... sous silence.

Sans suivre dans tous ses détails cette lutte superbe, nous ne pouvons nous dispenser d'en signaler un des plus glorieux épisodes.

Vers trois heures, les boulevards étaient bordés de troupes, et, sur les trottoirs, les passants inoffensifs causaient des affaires du jour quand, tout à coup, sans que l'on sût pourquoi, les fusils s'abaissèrent et une fusillade d'un quart d'heure s'abattit sur cette foule d'hommes, de femmes et d'enfants.

Cette savante boucherie fut la fin.

L'armée française, toute pleine encore des traditions d'Austerlitz, avait, dans un de ses élans irrésistibles, fait mordre la poussière à trois décrotteurs en train de cirer des bottes, quatre-vingts promeneurs fumant leur cigare, douze gamins flânant au soleil, vingt-cinq femmes enceintes, cinq marchands de parapluies et onze nourrices allaitant leurs bébés.

o o o

La France était sauvée!...

Maupas cessait de claquer des dents!...

De Morny allait pouvoir donner un à-compte à son tapissier.

Louis-Napoléon allumait une cigarette.

CHAPITRE X

LE CRIME CONSOMMÉ, ON FOUILLE LES TIROIRS.

Il ne s'agissait plus maintenant, pour Louis-Napoléon, que de bien profiter de sa victoire; et surtout de la consolider.

Le 5 décembre parut un décret spécifiant que l'appel au peuple aurait lieu au scrutin secret, et non par vote signé, comme cela avait été précédemment décidé.

Cependant, on avait fait voter l'armée à livre ouvert dans les quarante-huit heures, pour ne pas perdre le bénéfice de l'état d'hébétement dans lequel se trouvent les gens qui ont encore mal aux cheveux.

o º o

Rien de plus intéressant que la façon dont s'était fait ce vote.

On avait appelé chaque soldat à tour de rôle pour lui faire signer *oui* ou *non* sur le registre.

Sur trois cent quarante mille, trois cent trois mille répondirent : *Oui.*

On a toujours pensé qu'une bonne partie de ceux-ci avaient compris qu'on leur demandait s'ils désiraient être portés sur le tableau d'avancement ou recevoir encore une ration d'eau-de-vie.

o °o

Trente-huit mille militaires eurent le courage de signer : *Non.*

Si l'Empire revient un jour, nous ne conseillons pas à leurs veuves de demander des bureaux de tabac.

o °o

Le 8 décembre, Louis-Napoléon adressa une proclamation au peuple français.

L'on y remarquait quelques phrases dont le sens était à peu près celui-ci :

« Les troubles sont apaisés. Je me félicite de n'avoir pas eu besoin d'employer les moyens extrêmes pour les faire disparaître. Il suffit de fusiller les égarés pour les faire taire!...

« J'engage tous les citoyens à venir voter sur le plébiscite que je leur ai soumis; si le pouvoir m'est maintenu, je le garderai. Sinon... je ne le rendrai pas.

« Je remercie surtout les ouvriers parisiens du bon esprit dont ils ont fait preuve en reconnaissant la légitimité du coup d'État, et la supériorité des pièces de sept du général Saint-Arnaud, sur les arquebuses qu'ils s'étaient procurées dans le magasin d'accessoires du théâtre de l'Ambigu. »

Le même jour paraissait un décret donnant à l'administration la faculté de déporter, sans jugement, tout individu coupable de sortir avec un paletot dont la nuance pouvait déplaire au voisin d'un des amis de la belle-mère d'un sergent de ville.

Quand nous disons : sans jugement, c'est peut-être un peu exagéré.

On procédait généralement, avant d'arracher un père à ses cinq enfants, à un interrogatoire sérieux, pour bien s'assurer que l'on avait affaire à un homme très-dangereux.

Voici comment cela se passait le plus souvent.

Un de ces farouches sanguinaires comme il n'y en a que trop dans le quartier du Mail, était, le soir, dans son arrière-boutique, en train de faire sauter son dernier bébé sur les genoux, pendant que l'aîné lui enfonçait sur la tête un bonnet de police en papier, et que la cadette cherchait des morceaux de sucre dans ses poches.

Tout à coup, deux hommes crasseux, au nez bourgeonné, entraient :

— M. Frondinet?

— C'est moi.

— Veuillez venir avec nous chez le commissaire de police.

o o o

On arrivait chez le commissaire.

Ce dernier, d'un air méchant, prenait un dossier bourré et l'ouvrait.

— Vous passez, monsieur Frondinet, pour vous occuper beaucoup de politique, et être hostile à l'ordre de choses établi?...

— Pardon... monsieur... mais... l'ordre de choses établi n'est établi que depuis avant-hier... je n'ai donc pas encore eu beaucoup le temps...

— Il me suffit... je vous arrête.

o °o o

Le lendemain, le dossier repartait avec cette chaude apostille :

« M. Frondinet, négociant en lingerie, très-dangereux, établi depuis quinze ans dans le quartier, s'est toujours fait remarquer à son café par ses opinions républicaines. — A prononcé un jour, en 1848, dans un club de la rue de Cléry, ces paroles épouvantables : *Tout pour la liberté et par la liberté.* — D'autant plus à craindre qu'il est très-estimé. »

o °o o

L'administration, après avoir lu cette note, ajoutait en marge :

CAYENNE.

Et le quartier du Mail était encore délivré d'un de ces buveurs de sang qui, sous le prétexte qu'ils travaillent beaucoup, font honneur à leurs petites affaires, payent régulièrement leurs impôts et leurs billets à échéance, s'imaginent qu'ils ont droit de troubler l'ordre en s'abonnant aux journaux de l'opposition et en disant ce qu'ils pensent des affaires publiques, ainsi nommées parce qu'il est défendu à tout le monde de s'en occuper.

o °o

A l'aide de ce système expéditif, qui ne rappelle que très-imparfaitement les trente-huit mois consacrés à

l'instruction de l'affaire Bazaine, on obtint en moins de huit jours, et rien qu'à Paris, une cueillette très-abondante de républicains de toutes nuances.

On les empilait dans les prisons et dans les forts. Et comme, pendant plusieurs jours, on oublia de leur donner à manger, on les entassait si serrés les uns contre les autres, qu'ils ne pouvaient même pas tomber d'inanition.

∘°∘

En revanche, les députés de la droite, arrêtés le 2, avaient été mis en liberté.

On se rappelle que ces messieurs avaient presque fait des bassesses pour qu'on les enfermât, afin de fournir à leur bouillante fièvre d'inaction le plus excellent des prétextes.

Quand on vint les avertir qu'ils étaient libres, il y en eut qu'il fallut mettre dehors de force.

Ils disaient aux agents, en claquant des dents :

— Le gouvernement est-il bien sûr de ne plus rien avoir à craindre de nous?... Vous savez... il vaudrait mieux nous renvoyer une quinzaine de jours trop tard que vingt-quatre heures trop tôt.

∘°∘

Quant aux représentants républicains, un décret spécial régularisa leur situation.

Quatre-vingts environ furent exilés.

Quelques-uns furent transportés à Cayenne. Ceux qui restaient le furent d'admiration.

Et, — chose plus grave, — attendirent avec impatience l'occasion de le faire voir.

o °° o

Ce fut aussi à cette époque qu'une circulaire ministérielle organisa les fameuses *commissions mixtes*, qui

furent à la justice ce que les balayeuses mécaniques sont au simple balai à manche.

Par toute la France, des milliers de républicains furent ramassés par cet engin d'un fonctionnement très-facile, qui les mettait en tas sur le bord des routes, de façon à ce qu'il n'y eût plus qu'à les charger sur les trois-ponts en partance pour les pays à la végétation et aux fièvres luxuriantes.

o o o

Jamais, depuis l'invention de la justice, on n'avait trouvé de moyen plus simple et plus expéditif pour juger les gens.

Il est vrai que les rouages de la jurisprudence avaient été simplifiés énormément.

Ainsi, par exemple, il avait supprimé l'interrogatoire de l'accusé, l'audition des témoins et l'avocat défenseur.

Célérité, économie!...

C'était le dernier mot du progrès dans ce genre.

Ou plutôt, l'avant-dernier, car après celui-là, nous ne voyons plus guère qu'un système encore plus simple d'instruction criminelle.

Ce serait de tirer au sort, après un coup d'État, les soixante mille citoyens qui devraient être envoyés au bagne dans l'intérêt du maintien de l'ordre.

Ce procédé aurait même sur l'autre cet avantage, que le hasard pourrait désigner quelques huissiers, quelques lecteurs du *Figaro* et quelques photographes.

o o o

Louis-Napoléon s'occupa aussi d'assurer la tranquillité de la province.

Trente départements furent soumis au régime militaire.

Mettre un pays en état de siége est encore ce que l'on a trouvé de mieux pour asseoir un gouvernement.

* * *

Mais cela ne suffisait point encore.

Un décret, rendu vers le 15 décembre, plaçait l'industrie de maître d'hôtel, cabaretier ou cafetier, sous le régime de l'autorisation préalable.

Cette mesure souleva de violents murmures. Les mécontents avaient tort.

Il était tout naturel que les établissements où se réunissaient les citoyens, *pour prendre quelque chose*, relevassent directement des gens qui nous avaient tout pris.

               o o o

Quant à l'armée, si quelques-uns de nos lecteurs avaient conçu des inquiétudes à son sujet, qu'ils se rassurent.

Elle reçut la récompense de son concours dévoué.

Ce fut, pendant un mois, une véritable averse de promotions et de décorations.

Les journées de décembre furent comptées comme campagnes, c'est-à-dire pour deux années de service, aux militaires qui y avaient pris part.

Là, encore, c'était un acte de haute justice ; et le contraire eût été une cruelle déception pour beaucoup de ces héros qui, pendant trois jours, avaient vu double.

               o o o

Louis-Napoléon n'oublia pas non plus le clergé. Un large crédit lui fut ouvert.

Il y puisa, — indépendamment de tout ce qui lui plut, — un enthousiasme à forte pression, qui se traduisit par des bénédictions si abondantes, répandues sur le coup d'État, que les arbres de liberté, que ce même clergé avait, deux ans auparavant, abreuvés de coups de goupillon convaincus, en tressaillirent de jalousie

dans les chantiers de bois à brûler où les avait relégués le zèle du préfet de police Carlier.

* * *

Mais ce fut la presse qui jouit, de la part de Louis-Napoléon, de la plus touchante sollicitude.

Toutes les feuilles publiques avaient été supprimées de vive force le 2 décembre.

L'ordre de ne pas tirer les journaux et de tirer sur le peuple avait été envoyé en même temps aux imprimeurs et aux généraux.

Il s'agissait de légaliser cette mesure.

Un décret au *Moniteur* fit la chose.

Toutes les feuilles républicaines furent supprimées. Le *Siècle* seul eut le triste honneur de survivre.

Encore lui fut-il ordonné de n'insérer que des nouvelles diverses.

o ° o

Il manqua même d'être suspendu pour avoir publié plusieurs récits de vol à la tire et d'attaques nocturnes à main armée, dans lesquelles le gouvernement susceptible de Morny avait vu des allusions.

o ° o

Peu à peu, on laissa quelques journaux reparaître ; mais le ministère prenait à l'égard de leurs fondateurs les précautions usitées par les gens qui s'approchent d'un chien enragé.

Il fallait, pour obtenir l'autorisation de fonder un journal, justifier :

Que le rédacteur en chef avait été vacciné ;

Que le titre ne contenait aucune des lettres qui entrent dans le mot : République ;

Que les porteurs portaient la moustache et la barbiche à la Badingue.

Il va sans dire que le timbre fut augmenté ;

Que les journalistes furent obligés de signer leurs articles, afin de faciliter le travail des employés de la

Préfecture, chargés de préparer les nouvelles fournées pour Cayenne;

Et que le cautionnement fut rétabli.

o°o

A ce propos, on parla même de faire faire à tout écrivain trente-six mois de prison à titre de cautionnement corporel, comme garantie des condamnations qu'il pourrait encourir par la suite.

Notre devoir nous impose l'obligation de reconnaître que ce n'était pas beaucoup plus bête, ni beaucoup plus injuste, que de faire consigner trente mille francs à un homme qui n'avait encore rien dit, pour assurer le payement des amendes auxquelles il pourrait s'exposer en parlant.

o°o

Et, partant de ce principe, nous ne verrions même aucun inconvénient à ce que l'on obligeât chaque citoyen, qui sort de chez lui le matin, à déposer dix-sept francs chez le commissaire de police de son quartier, sous le prétexte qu'il peut, en route, pisser dans une encoignure non contrôlée par l'autorité.

o ° o

Par le tableau que nous venons de tracer des libertés dont jouissait la France après le coup d'État, on comprendra sans peine que le plébiscite, auquel Napoléon l'avait conviée pour le 20 décembre, devait marcher comme un homard cuit depuis six semaines.

Une nation que l'on consulte par *oui* et *non* sur un fait qu'on lui défend d'examiner, est à peu près dans la

situation d'un acheteur à qui on laisserait le choix entre deux melons, en le menaçant de lui brûler la cervelle s'il faisait mine de prendre le meilleur.

o ° o

Le scrutin fut donc ouvert dans ces excellentes conditions.

Les opérations s'accomplirent au milieu de ce grand calme matériel qui indique qu'un peuple est florissant par la liberté ou vient d'être écrasé par l'artillerie.

○ ○ ○

Le résultat donna sept millions cinq cent mille OUI.
Et six cent quarante mille NON.

Un million cinq cent mille électeurs s'étaient abstenus et n'avaient pas jugé à propos de répondre à une question qui ne leur semblait pas posée assez clairement.

○ ○ ○

Cette majorité écrasante a depuis, pendant vingt ans, servi d'argument rayé à un grand nombre de personnes.

Notre devoir d'historien nous impose l'obligation de déclarer, à la face du suffrage universel, que ces huit millions de OUI ne font pas plus d'effet sur notre âme que n'en feraient les huit millions de bêlements de huit millions de moutons se noyant dans une grande mare, pour avoir tous voulu prendre le même chemin que le premier qui y est tombé.

Le système plébiscitaire a cela de bon, que la réponse étant connue d'avance, les gouvernements n'ont qu'à poser la question de façon à ce que cette réponse s'y adapte selon les besoins de leur cœur et de leur caisse.

A tout ce que lui demanderont ceux qui nomment les gardes champêtres, la masse moutonnière répondra toujours : Bê...ê...ê...ê... c'est-à-dire : OUI.

Si, au lieu de dire à la nation :
— Voulez-vous de moi comme président pour dix ans?...
Louis-Napoléon lui eût dit :
— Voulez-vous b...alayer mon c...orridor?
Sept millions et demi d'imbéciles eussent répondu :
— Bê...ê...ê..., comme un seul abonné de la *Patrie*.

o o o

Les plébiscites, — auxquels personne ne comprend jamais rien, — rappellent ce juré qui, appelé à se prononcer sur le sort d'un malheureux menacé d'être guillotiné, répondit avec conviction :
— Oui !...
Par bonheur, le président eut l'idée de lui demander :
— Oui, quoi?...
Et le juré répliqua :
— Parbleu!... Oui, l'accusé n'est pas coupable.

o o o

A nos yeux, toute la malice de Louis-Napoléon, en décembre 1851, a donc consisté à demander aux betteraves : *Voulez-vous que je reste?* au lieu de leur dire : *Voulez-vous que je m'en aille?*

∗ ∗ ∗

Le 31 décembre, le résultat du vote fut présenté solennellement à Louis-Napoléon, par M. Baroche, qui prononça ces mémorables paroles :

« Prince!...

« J'ai travaillé à démolir le suffrage universel en faisant la loi du 31 mai, vous l'avez rétabli en faisant votre coup d'État. Nous avons donc chacun des principes opposés ; et je devrais être à Cayenne, puisque vous êtes le plus fort ; mais comme Dieu, dans sa bonté infinie, a voulu que les hommes intelligents retombassent toujours sur leurs jambes, c'est moi qui ai été chargé de vous féliciter.

« Prince!... prenez ce pouvoir, digne récompense de vos vertus. La France attend tout de vous; et je m'inscris en tête pour un portefeuille. »

o °o o

Louis-Napoléon répliqua :

« La France a reconnu *que je n'étais sorti de l'honnêteté que pour rentrer dans le profit.* Je comprends toute la grandeur de ma mission. Mon courage sera proportionné à mon devoir, et je choisirai mes ministres parmi ceux de vous qui comprendront que mes appointements doivent être proportionnés à mes besoins. »

o °o o

La scène fut touchante. M. Baroche et le Président se précipitèrent dans les bras l'un de l'autre.

On fut obligé de les décoller avec de l'eau tiède.

CHAPITRE XI

LA PROVINCE APRÈS LE COUP D'ÉTAT.

Comme on le pense bien, Paris n'avait pas été le seul qui eût trouvé de mauvais goût la farce du 2 décembre.

Dans plusieurs départements, des citoyens avaient résisté.

Mais partout, comme à Paris, les mêmes mesures avaient été prises. Les émeutes furent réprimées.

Et il ne resta bientôt plus qu'à procéder, dans les provinces, au grand coup de râteau final, pour y ramasser les républicains.

o °o

On en jugea plus de dix mille; mais il est impossible de donner le chiffre énorme de ceux que l'on déporta sans jugement.

C'était un système.

On avait résolu de terrifier la France. Chaque préfet avait reçu l'ordre d'arrêter un nombre déterminé d'individus.

Il fallait que le compte y fût sous peine de révocation.

o o o

On raconte à ce propos que l'un de ces fonctionnaires, à qui le ministère avait fixé le nombre de six cent cinquante arrestations à faire, ne trouvant pas d'insurgés dans son département, dut donner ordre à ses agents de s'emparer de tous les abonnés au *Siècle*.

Quand tous les abonnés au *Siècle* furent arrêtés, on vint lui dire que ça ne faisait que trois cent soixante-seize.

o o o

Le préfet, d'abord un peu embarrassé, répondit :
— Arrêtez les citoyens qui ont les cheveux rouges!...

On arrêta les citoyens qui avaient les cheveux rouges; mais ça ne faisait encore, avec les abonnés au *Siècle*, que six cent trente-quatre.

Il manquait seize criminels.

Le préfet eut une sueur froide. Il y allait de sa place.

C'est dans les cas extrêmes que le génie se révèle.

Dominant son émotion, il dit à l'employé qui était devant lui :

— Eh bien!... complétez avec le premier omnibus complet qui passera devant la préfecture.

⁂

Nous croyons, par cet exemple, avoir suffisamment donné la mesure de la haute impartialité qui présida aux arrestations du coup d'État en province.

Nous n'y insisterons pas. Les choses se passèrent partout de la même façon.

o °o

Dans plusieurs départements, ces arrestations furent si nombreuses, que les bras manquaient pour les travaux de la campagne.

Le Var et les Basses-Alpes furent du nombre.

Dans le Midi, les olives ne purent être cueillies faute de travailleurs.

Et Louis Ulbach, qui voyageait justement dans ces contrées, n'échappa, que par une fuite précipitée, à la rage des habitants, qui voulaient le faire fondre pour préparer leur cuisine.

o °o

Cayenne et Lambessa furent inondés de déportés.

Ils étaient tellement serrés les uns contre les autres, que lorsqu'il y en avait un qui tirait son mouchoir de sa poche, tous ceux qui étaient sur le bord de la mer tombaient à l'eau.

o °o

LES SOUTIENS DE L'EMPIRE

DON LEROY DE SAINT-ARNAUD

Partout dans la province, les préfets qui avaient, d'ailleurs, été soigneusement choisis, déployèrent un zèle au-dessus de tout éloge pour le coup d'État.

Il est bon de dire aussi que les populations des campagnes, que l'on avait affolées depuis deux ans avec la perspective de 1852, en leur disant que les « partageux » n'attendaient que cette époque pour s'emparer de leurs bas de laine, prêtèrent leur intelligent concours aux véritables bandits qui venaient les délivrer de brigands imaginaires.

o°o

L'ordre fut donc bientôt rétabli, — nous parlons naturellement de cet ordre qui règne sous la gueule des canons chargés à mitraille. — Et chacun ne tarda pas à reprendre ses occupations sous la protection du miraculeux sauveur dont nous allons reprendre l'histoire.

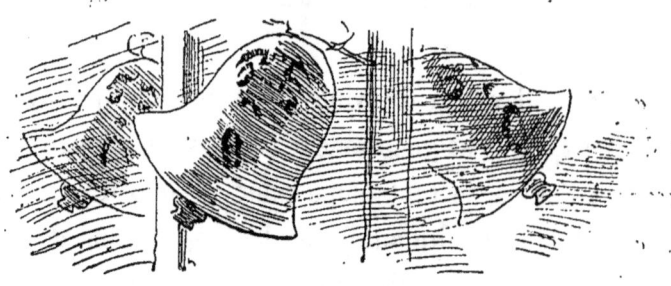

CHAPITRE XII

ENTRE DEUX PLÉBISCITES.

Le 1ᵉʳ janvier 1852 un *Te Deum* fut exécuté à Notre-Dame, pour remercier le ciel d'avoir permis que M. de Morny pût désintéresser ses créanciers aux frais de la France.

Le clergé en masse prêta son concours à cette solennité.

Il est à regretter que le Tout-Puissant n'ait pas l'habitude de répondre aux prières que les humains lui adressent en toutes occasions.

Nous aurions été bien heureux de savoir ce qu'il pensait d'un cantique dont les strophes pouvaient se décomposer ainsi :

o
o o

« Dieu juste et bon !... tu as permis qu'un misérable violât la foi jurée !... Gloire à toi !...

« Dieu juste et bon!... tu as permis qu'enivrant ses soldats, il les fît assassiner leurs oncles et leurs belles-sœurs!... Gloire à toi!...

« Dieu juste et bon!... tu as permis que trente-deux modistes, quinze commissionnaires et un pharmacien qui stationnaient sur le trottoir du boulevard Montmartre fussent hachés par des ivrognes chamarrés!... Gloire à toi!...

« Dieu juste et bon!... tu as permis que trente mille femmes et soixante mille enfants restassent sans maris et sans pères, pour que M. Bonaparte pût cuver tranquillement sa scélératesse!... Gloire à toi!...

« Dieu juste et bon!... exauce nos prières!... répands tes bénédictions sur les chenapans!... continue tes faveurs aux coquins, aux escrocs et aux filles!... protége le fort!... accable les innocents!... Que ton soleil n'ait de rayons que pour les infâmes, que ta foudre écrase les bons, les justes et les faibles!... Qu'une place soit réservée à ta droite, dans le ciel, pour y recevoir le vainqueur de la maison Sallandrouze, et que le représentant Baudin grille éternellement dans un brasier arrosé de vinaigre!... Gloire à toi!... Gloire à toi!... »

o ° o

Mais non... Le Tout-Puissant, comme un juge impartial et sévère, écoute, sans mot dire, nos louanges, nos plaintes et nos prières.

Il laisse en silence les honnêtes gens l'adorer, les ivrognes le blasphémer et les gredins le bénir.

Mais il prend ses notes.

On réglera au jugement dernier.

o °o

Le 14 janvier 1852, Louis-Napoléon créa le Sénat. Nonnoncle avait eu un Sénat; il lui fallait un Sénat.

C'était, d'ailleurs, une institution splendide.

Les sénateurs, « *gardiens du pacte fondamental*, » aux termes de l'article 25 de la Constitution, étaient nommés par Louis-Napoléon.

On voit d'ici la garantie qu'ils offraient à la nation. Les sénateurs gardaient le pacte fondamental ; mais c'était le président qui en avait la clef.

« Aucune loi ne pouvait être promulguée sans avoir été soumise au Sénat, » mais Louis-Napoléon conservait le droit de choisir les sénateurs parmi les gens incapables de lui refuser quoi que ce fût.

o o o

La France pouvait donc être tranquille.

A l'autorité de Louis-Napoléon était opposé, comme contre-poids, un contrôle aux ordres du même Louis-Napoléon.

Un pays qui ne se contenterait pas d'un système si libéral de pondération des pouvoirs serait le dernier des propres-à-rien.

o o o

Il y avait trois classes de sénateurs :

Les sénateurs à trente mille francs par an ;

Ceux à vingt mille et ceux à quinze mille.

Si quelques-uns de nos lecteurs ne comprenaient pas du premier coup pourquoi ces différences d'appointements, nous leur offririons l'explication suivante :

Les sénateurs étant inamovibles, pouvaient, à un moment donné, se permettre de devenir indépendants et ne plus répondre au chef de l'État, avec autant d'entrain : *Brigadier, vous avez raison !...*

Il fallait donc, pour s'assurer de la constance de leur zèle, faire constamment miroiter à leurs yeux des chaînes de saucisses de plus en plus épaisses et de grosseur proportionnée à leur attachement.

De là les sénateurs à vingt mille et à quinze mille francs.

Napoléon avait compris que l'on peut tout attendre des gens qui ont quelque chose à désirer.

o o o

Le prince Jérôme, ex-roi de Westphalie, fut nommé chef de claque, sous la rubrique de : Président du Sénat.

o o o

Le 23 janvier parurent trois décrets que l'histoire eût certainement regretté de ne pas voir figurer dans une existence aussi bien remplie.

Un Bonaparte ne serait pas complet sans quelques actes de ce calibre.

Ces décrets ordonnaient la confiscation de tous les biens de la famille d'Orléans.

o o o

Alors que les républicains du 24 Février, après avoir mis Louis-Philippe en fiacre, s'étaient tenus à quatre pour ne pas lui glisser dans la main quarante-cinq sous pour payer son cocher;

Alors que devant les grilles des Tuileries envahies,

ces mêmes républicains avaient fusillé une demi-douzaine de voleurs qui avaient mis quelques couverts en argent sous leur blouse;

Alors que, pendant quatre ans que la République avait existé, il n'était venu à l'idée d'aucun républicain de

porter la main sur le bien, mal acquis, de la royauté renversée;

Alors qu'un peuple avait été honnête et scrupuleux jusqu'à la niaiserie,

Il appartenait bien légitimement à un prince de forcer les armoires d'une famille qui, deux fois au moins, lui avait fait grâce de la potence.

Certes, nous n'avons point formé le projet d'apitoyer ici nos lecteurs sur le malheur et la ruine des princes d'Orléans.

Nous sommes, pour cela, trop convaincu que l'origine des fortunes royales se perd dans la nuit des temps, des vols et des rapines.

Mais ce que nous trouvons divertissant et digne de fixer l'attention, c'est le spectacle d'un Bonaparte se faisant le justicier d'un Louis-Philippe.

Pour ceux qui n'ont pas vu dans *le Courrier de Lyon* la scène où Choppard gourmande Fouinard d'avoir volé une serviette au restaurant, la lui reprend et la met dans sa poche au nom de la morale offensée, les trois décrets dont nous venons de parler doivent paraître une idée bien originale.

o o o

Et, quand nous aurons ajouté que vingt ans plus tard, ces mêmes biens, respectés par les républicains de 1848 et raflés effrontément par Louis-Napoléon, devaient être restitués aux princes d'Orléans par les républicains de 1872, il ne nous restera plus grand'chose à faire pour prouver une fois de plus que si les princes sont plus filous que les républicains, les républicains sont diablement plus bêtes que les princes.

Le 10 mai 1852, le prince-président distribua des aigles à l'armée.

A cette occasion, il prononça un discours dans lequel il disait :

« Soldats, ces aigles ne sont pas une menace contre l'étranger... »

Les républicains comprirent, mirent cela dans leur poche et leurs espérances par-dessus.

Alors l'illustré marchand de vulnéraire, sur qui reposaient désormais les destinées de la nation, recommença ses tournées par toute la France.

L'Est, le Centre, le Midi purent contempler ses traits augustes et l'entendre répéter cette phrase, devenue célèbre par une demi-douzaine de guerres imbéciles :.

« L'Empire, c'est la paix. »

○ ° ○

A son retour à Paris, on lui fit une rentrée de conquérant vainqueur.

Salves d'artillerie, musiques militaires, arcs de triomphe, etc., etc., accueillirent le héros qui avait, à la tête d'à peine soixante mille hommes, enlevé d'assaut quinze représentants du peuple en chemise de nuit.

Les cloches sonnèrent à toute volée, ce qui était en situation.

Et les grands dignitaires... du budget l'embrassèrent aux cris de : « Vive l'empereur!... »

C'était un ballon d'essai qui indiquait à courte échéance celui de la République.

○ ° ○

On raconte qu'un coiffeur de la rue Montmartre écrivit sur un transparent lumineux de sa boutique :

AVE CESAR!...

Le merlan fêtait le... protégé de miss Howart.
Entre confrères, il faut bien s'entr'aider.

o°o

Le gouvernement s'occupa alors des élections législatives.

Et le système des candidatures officielles fut inauguré.

Nos lecteurs savent trop bien ce qu'étaient les candidatures officielles pour que nous leur en donnions ici la définition.

Cependant, à cette époque, elles n'étaient pas encore ce qu'elles devinrent vers la fin de l'Empire, où un semblant de choix était encore laissé aux citoyens.

En 1852, le droit de réunion et la liberté de la presse avaient été mis dans un tel état qu'il était presque aussi impossible aux électeurs de parer un candidat officiel qu'un coup de sabre avec un cure-dents.

o °o

Le gouvernement disait aux votants :

« Voilà l'homme qui me convient ; donc c'est celui qu'il vous faut ; mais cependant... si vous voulez en désigner un autre, je suis tout prêt à réparer l'oubli que j'ai pu commettre en ne l'envoyant pas à Cayenne. »

o °o

On comprendra sans peine que, dans ces conditions, presque tous les candidats officiels passèrent, au scrutin, aussi facilement qu'un abonné de *la Patrie* pour un jobard.

Mais ce que l'on ne s'expliquera qu'avec beaucoup de difficultés, c'est que *le Siècle*, triomphant de tant d'obstacles, pût faire élire trois députés républicains : MM. Cavaignac, Carnot et Hénon.

o °o o

Du reste, cela ne servit pas à grand'chose ; car ces trois députés furent considérés comme démissionnaires, ayant refusé de prêter serment à Louis-Napoléon.

Beaucoup de gens ont trouvé exagérés les scrupules de ces trois représentants se faisant un cas de conscience de ne point lever la main pour jurer fidélité à l'homme qui leur faisait lever le cœur.

o °o o

D'autres, au contraire, les ont approuvés d'avoir conservé intactes les lois immuables de l'honneur.

Nous n'essaierons pas de trancher cette question bien épineuse.

Nous nous permettrons seulement une simple observation :

Outre qu'un serment prêté à un homme qui raccommode ses fonds de culotte avec les siens est beaucoup trop cocasse pour que l'idée vienne à personne de le prendre au sérieux, il nous semble que MM. Cavaignac, Hénon et Carnot pouvaient prêter celui-là en toute tranquillité d'âme.

Ils avaient un précédent.

Étant admis que le plébiscite avait absous Louis-Napoléon de son parjure, le vote qui envoyait au Corps législatif trois députés républicains, les absolvait à l'avance du leur.

✦

Mais enfin, laissons à chacun ses opinions à cet égard ; et ne marchandons pas nos éloges à ces citoyens intègres qui croient ne pouvoir lever la main devant le Christ sans que cela les engage à quelque chose, — même quand c'est pour rire.

Les hommes de cette trempe deviennent de plus en plus rares.

Honorons-les.

Ils sont les derniers et les précieux représentants de cette tradition chevaleresque qui ordonne à un homme

de payer, une fois libre, la rançon que des brigands lui ont fait promettre le poignard sur la gorge.

C'est bête ; mais c'est si beau !...

o°o

Le 29 mars, les grands corps de l'État et l'Assemblée furent installés.

Durant cette première session, le rapporteur du budget

ayant proposé une diminution de dix-huit millions sur l'armée et les gros traitements, fut reçu comme s'il eût offert aux facteurs de la poste aux lettres la suppression de leur débit d'almanachs au premier de l'an.

L'unanimité, moins une voix, fit à ce projet le bienveillant accueil que son auteur avait le droit d'attendre.

Proposer une réduction sur les gros traitements à des gens qui n'avaient travaillé au coup d'État que poussés par les impatiences de leurs porte-monnaie, c'était vouloir faire une concurrence déloyale au *Tintamarre*.

Le 21 juillet 1852, trois nouvelles et importantes recrues furent enrôlées dans les rangs de la haute pègre bonapartiste :

MM. Baroche, Rouher et de Parieu entrèrent au Conseil d'État ; le premier, en qualité de vice-président.

Nous devons présenter à nos lecteurs un de ces trois personnages qui joua un rôle important dans l'histoire que nous avons entreprise.

Nous extrayons du *Trombinoscope* les lignes suivantes :

« ROUHER (Eugène), homme politique franchais, anchien chénateur, né à Riom le 30 novembre 1814.

« Il s'était fait connaître avant 1848, comme avocat,

par quelques procès de presse dans lesquels il défendit la cause libérale, qui crut à son amour comme une vraie imbécile et lui rendit ses baisers.

« En 1848, le Puy-de-Dôme l'envoya à la Constituante, puis à la Législative, où il vota tout le temps avec la droite.

« Il n'avait pas caché longtemps son jeu.

« Cette remarquable élasticité de conscience ne tarda pas à attirer l'attention du président de la République, Louis-Napoléon, qui l'appela au ministère de la justice.

o°o

« Une fois au pouvoir, M. Rouher convertit hardiment en... mouchoir de poche son mandat démocratique, et déclara en pleine tribune que la révolution de Février était « *une catastrophe.* »

« Musset a dit qu'épouser sa maîtresse, c'est cracher dans son verre avant de boire.

« M. Rouher, plus malin, crachait dans son verre, mais après avoir bu.

o°o

« M. Rouher fut un des défenseurs de la loi du 31 mai qui supprimait le suffrage universel, auquel il devait tout.

« Cette fois, il ne se contentait pas de cracher dans son verre, il le brisait.

« Il est vrai que la haute situation qu'il avait conquise lui permettait désormais de boire à même la bouteille.

o°o

« De juillet à décembre 1851, M. Rouher quitta et reprit son portefeuille une demi-douzaine de fois.

« Le 22 janvier 1852, il donna sa démission à l'oc-

casion de la confiscation des biens de la famille d'Orléans.

« Ce décret *à la tire* répugnait à ses sentiments élevés.

« Plutôt que de s'en rendre complice, il préféra renoncer à son portefeuille... après s'être assuré que Louis-Napoléon lui donnerait de l'avancement.

« En effet, le prince président, touché de tant de délicatesse, posa, sur les scrupules encore saignants de son ex-ministre, le cataplasme adoucissant de la vice-présidence du Conseil d'État. »

o °o

A partir de ce moment, les événements se précipitèrent.

Les hauts fonctionnaires ciraient la planche à Louis-Napoléon avec un zèle de frotteurs qui ne fournissent pas l'encaustique.

Ils n'eurent aucune peine à convaincre le président de la République que le pays ne pouvait vivre trois mois de plus sans le rétablissement de l'Empire.

o °o

Ils lui montrèrent la nation suppliante, se traînant à ses genoux et l'adjurant de poser, sur son front déprimé, la couronne des Césars.

Cédant alors à la violence, il réunit le Sénat en novembre 1852, et lui tint ce langage :

« Messieurs !... Dieu m'est témoin que je voulais conserver la République !... mais la France réclame l'Empire. Je ne crois pas avoir le droit de résister aux vœux de la nation, d'autant plus que c'est moi-même qui les ai faits. »

o o o

Les dix millions d'appointements chargés de la garde du pacte fondamental s'inclinèrent comme un seul valet de chambre.

Et le 7 novembre, un nouveau plébiscite répondait par huit millions de : OUI contre deux cent cinquante mille NON à cette question, posée d'ailleurs avec toutes les précautions nécessaires :

« La France veut-elle, après un calme factice de quelques années obtenu par la force galonnée, l'immoralité des fonctionnaires, la prostitution des magistrats et l'abaissement du niveau moral, se voir engloutie un matin, rongée par le vice, l'égoïsme, le gras fondu, l'indifférence politique, les plaisirs faciles, la soif de toutes les jouissances honteuses et l'absence de tout sentiment du devoir? »

o °o o

Telle fut la question que l'on posa au pays, le jour où on lui demanda s'il voulait « l'Empire. »

Et le pays répondit : oui, sans savoir, comme l'enfant auquel on dit : Veux-tu des confitures? comme la femme à qui l'on propose de dire du mal d'une autre femme, comme l'employé à qui l'on offre une gratification, comme l'actionnaire des *Galions du Vigo* à qui l'on dit, — pardon... à qui l'on dirait : — Veux-tu toucher un dividende?

o °o o

Nous avons eu déjà l'occasion de dire ce que nous pensons des plébiscites en général, nous n'insisterons pas sur celui de 1852.

Nous répéterons seulement qu'il arriva cette fois encore ce qui était déjà arrivé et arrivera toujours en pareille circonstance.

Le gouvernement mit une plume entre les doigts du peuple, comme on le fait pour un petit enfant ; puis, lui tenant la main, il lui dit : Écris ce que tu voudras pour petit père !...

Le peuple tenait la plume ; c'était assez, non qu'il se figurât qu'il écrivait lui-même ; mais les préfets faisaient aller la main, et l'enfant traça ces mots : Bien gentil papa !...

Alors, soulevant la feuille de papier, Louis-Napoléon s'écria, la paupière mouillée et la voix émue :

— Vous voyez!... il a écrit tout seul : Bien gentil, papa!... Quel amour d'enfant!...

o °o o

Le 2 décembre 1852, l'Empire fut proclamé. La République avait encore une fois vécu.

Et le soir, en se mettant au lit, Louis-Napoléon, fidèle à sa coutume de se prosterner devant le Très-Haut, avant de s'endormir, chaque fois que le ciel avait favorisé ses desseins, s'agenouilla devant le portrait de la reine Hortense et adressa à Dieu cette action de grâce :

« Seigneur!... vous l'avez dit : La vertu trouve toujours sa récompense, soyez béni!... Vous avez dit aussi : Frappez, et l'on vous ouvrira. J'ai frappé la France et son budget m'est tout grand ouvert. Gloire à vous!... »

LIVRE TROISIÈME

L'EMPIRE

De 1853 à 1866

CHAPITRE I

RÉORGANISATION DU PAYS. — MISE EN PERCE DU BUDGET.

La France ayant été littéralement mise sur la paille (voir la collection de *la Patrie*) par quatre années de République, le premier soin de l'empereur, fut de travailler à lui rendre sa prospérité.

Aussi ne perdit-il pas un instant et constitua-t-il immédiatement la maison impériale.

Outre cent cinquante cuisiniers, cinq cents domestiques, une armée de chambellans, de suisses, etc., etc., il sut s'attacher, par des dotations bien senties, les serviteurs dévoués qui lui avaient tenu les membres de la France pendant qu'il lui ouvrait les veines.

Par suite de diverses combinaisons ingénieuses qui déjouaient toutes les prévisions du cumul le plus désordonné, le maréchal Magnan arrivait à émarger pour une somme de plus de 200,000 francs par an.

o°o

Saint-Arnaud, de son côté, touchait :

Comme grand écuyer.	100,000 fr.
Comme ministre.	130,000
Comme maréchal.	40,000
Comme sénateur.	30,000
Ce qui donnait un total de.	300,000 fr.

A peine, disait-il, de quoi n'être pas obligé pour vivre d'aller tenir le soir des comptabilités de commerçants à cinquante francs par mois.

o°o

Le reste était à l'avenant. La rage de l'accaparement des fonctions était telle qu'un jour que l'empereur avait renvoyé le concierge du pavillon de l'Horloge parce qu'il avait laissé monter chez lui un tailleur qui venait lui réclamer de l'argent, de Morny, Persigny, Magnan, Saint-Arnaud et trente-huit sénateurs de première classe demandèrent simultanément sa place.

Ils prétendirent que tout était si cher qu'ils avaient le plus pressant besoin des huit mille francs d'appointements qui étaient attribués à ce modeste emploi.

Partout c'est la curée qui commençait, âpre, tenace, éhontée.

Cela devint tellement scandaleux que la situation inspira aux rédacteurs du *Tintamarre* une parodie de *Ruy-Blas* où les personnages du drame de Victor Hugo étaient remplacés par les noms de plusieurs notables sangsues du nouvel Empire.

L'administration ne jugea pas à propos d'autoriser la représentation de cette pièce.

Et le *Tintamarre* dut la conserver dans ses cartons.

o*o

Nous offrons à nos lecteurs la scène principale de cette œuvre qui ne vit pas le jour. La scène des corbeaux-ministres qui précède le fameux : Bon appétit, messieurs !...

o*o

La scène se passe dans la salle du conseil des hauts dignitaires de l'Empire.

(*Riche ameublement.*)

Les hauts fonctionnaires viennent de discuter quelques projets de loi destinés à faire le bonheur de la France.

Ils paraissent tous fatigués de ces discussions peu intéressantes.

   DE MORNY, *frappant du poing sur la table.*

Or çà, messieurs!... au lieu de potiner ici
Sur des projets desquels nous n'avons nul souci,
Ne serait-il pas temps de régler, en deux mots,
L'emploi que nous ferons de nos nouveaux impôts?...
   (*Marques générales d'assentiment.*)

   SAINT-ARNAUD.

Moi, je viens d'acheter des Nord-Est de l'Espagne,
J'ai besoin d'un subside.

   DE MAUPAS.

      Et moi pour la campagne
Que je viens de meubler, je réclame un secours.

   MAGNAN.

De mon hôtel, je viens de paver les deux cours,
Et je suis très-gêné...

PERSIGNY.

Amanda me tourmente
Pour quelques diamants. Je voudrais de la rente.

DE MORNY.

Palsembleu!... mais messieurs... c'est unique vraiment!...
Vous ne me laissez rien; et, bien assurément,
Je suis le plus lésé dans le dernier partage;
Je demande les droits pris sur chaque héritage.

SAINT-ARNAUD.

Moi, ceux sur les tabacs.

MAGNAN.

Et moi, ceux sur les vins.

DE MAUPAS.

Moi les amendes que payent les écrivains
Et la concession des schakos pour l'armée.

DE MORNY.

Moi je n'ai rien, alors!... Je la trouve paumée!...

MAGNAN.

Comment, rien!... c'est trop fort! Il a vingt-huit pour cent
Sur l'octroi des savons. Il est étourdissant!...
Ma parole d'honneur!...

SAINT-ARNAUD.

Je réclame une dîme
Sur l'ail.

DE MAUPAS.

Moi je voudrais sur le poivre une prime.

LES SOUTIENS DE L'EMPIRE

LE PRINCE NAPOLÉON

TIRÉ D'UN ALBUM

DE MORNY, *avec autorité.*

Permettez, permettez... messeigneurs!... pas de bruit.
On viendrait aux gros mots!... c'est discuter sans fruit.
Entendons-nous, que diable!... A propos de monnaie,
Pourquoi nous chicaner?... c'est le peuple qui paie!...
  (*Tous les grands dignitaires applaudissent.*)

DE MORNY, *poursuivant.*

Faisons d'abord nos lots!... puis, s'il manque un milliard,
On frappera d'un droit quelque chose... au hasard!...

Nous avons tant d'objets que le fisc exonère!...
Les faux-cols! les lorgnons!... comme les yeux de verre!...
Et les dents à cinq francs et les jambes de bois!...
Palsambleu!... messeigneurs!... vous êtes aux abois
Pour peu de chose!... Et si les hommes de finance
Respectaient comme vous du panier public l'anse,
On n'en sortirait pas!...
  (*L'enthousiasme des grands dignitaires éclate.*)

DE MORNY, *avec chaleur*.

C'est à tort que l'on croit
Qu'un bon gouvernement sur ses recettes doit
Établir son budget et baser ses dépenses.
C'est l'opposé, messieurs!... Donc, avant nos vacances,
Nous devons, du trésor qu'on confie à nos soins,
Arrondir les impôts au gré de nos besoins.
(*Trépignements d'admiration.*)

DE MORNY.

Or, partageons... Maupas, vous prenez la recette
Des patentes. Magnan aura pour sa cassette
Le droit sur les pruneaux... Vous l'impôt sur les chats,
Vous la concession des croix et des crachats...

LE TINTAMARRE, *pâle et debout sur le seuil de la porte.*

Bon appétit, messieurs!... vous avez, sur ma tête!...
Ce qu'on peut appeler un beau coup de fourchette!...
Ministres vertueux!... vous ne rougissez pas!...
Découper le pays comme un vrai cervelas
Pour vous en partager, sans vergogne, les tranches!...
Mettre la France à sec pour galonner vos manches.
Pour vos rousses margots, vider nos coffres-forts,
Et gaspiller les fonds publics en huit-ressorts!...
Profiter du moment où nous sommes en dèche,
Où la récolte manque, où sur pied le blé sèche,
Où par vos coups d'État, le trésor obéré,
Ne peut en empruntant payer son arriéré!...

Et c'est en ce moment, ducs, princes, marquis, comtes !...
Que de la nation vous trifouillez les comptes
Pour leur faire suer des montagnes d'argent
Et vous manger le nez en vous les partageant !...

Et pourquoi ?... Pour solder le prix de vos ribotes !...
Entraîner des chevaux et payer vos cocottes !...

MAUPAS, *bas à Morny.*

En affaires, voilà ce qu'on nomme un gâteux.

SAINT-ARNAUD et MAGNAN, *rendant leurs portefeuilles au Tintamarre.*

Monsieur, permettez-nous de vous donner tous deux
Notre démission.

DE MORNY, *rendant aussi son fauteuil.*

Pour ce que ça rapporte!...

DE MAUPAS, *se retirant également.*

Ne plus rien prendre!... Oh! non!... Et nous prenons la [porte!...

LE TINTAMARRE, *impassible.*

A votre aise, messieurs!...

SAINT-ARNAUD, *prenant sa canne.*

C'est un gâte-métier.

DE MORNY, *sortant.*

Pour moi, c'est gouverner comme un vrai savetier!...

o °o o

Nos lecteurs n'ont pas perdu de vue que la scène qui précède est une pure scène de comédie, refusée par la censure du temps.

Il nous faut revenir à la réalité; car malheureusement les choses se passèrent tout autrement.

Les hauts dignitaires mangèrent avec une avidité au-dessus de tout éloge.

Mais personne n'osa risquer le : *Bon appétit, messieurs!...* qui trouble dans *Ruy-Blas* cette petite fête de famille.

Les serviteurs une fois gavés, la reconnaissance de l'estomac leur commandait de penser au repas du maître, et leur dictait le devoir de le lui servir copieux.

Aussi, le jour de Noël, le Sénat mit-il dans le sabot de l'Empereur l'acte qui lui conférait vingt-cinq millions d'appointements par an.

Plus un revenu de trois millions provenant des forêts de la couronne.

Exploitées par l'Empire, les forêts ne devaient pas tarder à rapporter plus que cela.

Cependant, l'Europe ne se pressait pas de reconnaître l'Empire.

Et Louis-Napoléon eut un instant la crainte de se voir traité par les familles régnantes du voisinage comme un marchand de bandages parvenu, qui demande à être présenté dans les salons du faubourg Saint-Germain.

⁂

En apprenant l'avénement au trône de France de cet écuyer pataud et bas sur jambes, les cours étrangères firent une mine aristocratique qui pouvait se traduire ainsi :

— Fi!... frayer avec cette espèce!...

⁂

Ce n'était certes pas que ces souverains bégueules fussent d'une moralité plus haute que le nouveau venu qui prenait place à côté d'eux.

Loin de nous cette pensée.

Nous sommes trop persuadé que tous les rois se valent pour établir à leur égard de puériles catégories de chanvre, et prétendre que les uns ou les autres ont le droit d'être pendus avec des cordes d'honneur.

Mais nous ne nous sentons pas non plus le courage de nous étonner du mouvement de dégoût que les canailles de bon ton éprouvent en se trouvant mêlées à des chenapans d'essence vulgaire et mal élevés.

o o o

Les nouveaux *cousins* de Louis-Napoléon durent donc

faire de violents efforts sur eux-mêmes pour prendre du bout de leurs doigts fins et gantés la main épaisse et crasseuse de ce détrousseur mal né.

Peu à peu pourtant, ils se décidèrent à lui faire un petit salut hautain et dégoûté, afin d'en être débarrassés, et rentrèrent bien vite chacun chez eux se passer au phénol pour se purifier de cette minute d'encanaillement.

⁂

Le *Moniteur officiel* de France n'en enregistra pas moins, avec un joyeux empressement, la reconnaissance de l'Empire par les différentes puissances.

Comme les gens interlopes qui, lorsqu'ils parviennent par surprise à s'accrocher au bras d'un honnête homme, causent très-fort en se promenant afin qu'on les voie avec quelqu'un de propre, l'Empire semblait crier au monde entier :

— Tenez, regardez donc!... voilà quelqu'un que je n'ai pas fait vomir!...

⁂

Cette complaisance des rois d'alentour fut le signal d'une véritable débâcle de pudeurs.

Petit à petit, beaucoup d'hommes influents de tous les partis acceptèrent les faits accomplis, et, reconnaissant qu'il serait naïf de leur part de bouder contre leur porte-monnaie, ils se rapprochèrent de l'Empire et tendirent leur main ouverte à Louis-Napoléon.

Ce geste à double entente, que l'on fait également pour offrir son amitié à quelqu'un ou pour lui demander de l'argent, fut parfaitement compris par l'Empereur.

Il accepta ces témoignages d'affection et reçut tous les enfants prodigues à caisse ouverte.

Seul, le comte de Chambord, cette splendide ganache, — mais au moins : ganache tout d'une pièce, — protesta crânement contre le triomphe scandaleux d'un coup de dés pipés.

Il lança un manifeste dans lequel il « maintenait son droit et déclarait qu'il conserverait jusqu'à son dernier soupir le dépôt de la monarchie héréditaire dont la Providence lui avait confié la garde. »

o°o

Avec un peu de musique d'Offenbach et des costumes dessinés par Grevin, cette protestation eût pu obtenir un immense succès aux Bouffes.

Mais, grotesque pour grotesque, il est impossible de ne pas préférer cet empaillé inoffensif qui attend patiemment le triomphe de son bon droit sans faire de mal à personne, à ce sinistre polichinelle juché sur un trône comme un singe sur un orgue de Barbarie.

CHAPITRE II

LE MARIAGE DE NAPOLÉON III.

Louis-Napoléon éprouva bientôt le désir d'avoir une compagne, — et naturellement un héritier.

Mais, où la trouver?... Là était le difficile.

Outre que le prétendu n'était ni beau, ni appétissant ; outre que son regard éteint et vitreux, son teint plombé et sa lèvre déjà baveuse ne promettaient guère à la jeune fille qu'il choisirait que des jouissances non cotées à la bourse de Cythère, il possédait une réputation à ne se faire ouvrir par M. de Foy que le registre des sous-maîtresses avariées, des jeunes filles rousses un peu compromises, et des figurantes sur le retour.

o o o

Mais, comme l'on n'a jamais conscience de ses infirmités, l'Empereur visait plus haut.

Pendant quelque temps, il promena son œil louche sur les diverses familles régnantes de l'Europe qui pouvaient avoir des filles à établir.

Des ouvertures discrètes furent faites à droite et à gauche par quelques amis dévoués, transformés pour les besoins du service en agents matrimoniaux.

Le faubourg Saint-Antoine, dans son langage pittoresque, les désignait sous le nom de : Voyageurs pour humeurs froides.

* * *

On ne peut guère penser au fils de la reine Hortense, cherchant une princesse pour femme, sans se rappeler la célèbre annonce des *Petites Affiches* du *Tintamarre* :

UN HOMME MUR difforme et laid ; mais de mauvaises mœurs, désirerait épouser une jeune fille noble, belle, sage et distinguée, qui pût lui jouer du piano pendant que le coiffeur le teint, et lui crever tout doucement chaque matin, avec ses ongles, les petits boutons blancs qui lui poussent autour des narines.

* * *

Quoi que fissent les courtiers en mariages de Napoléon III pour présenter leur client sous un aspect agréable, et en s'aidant de photographies effrontément retouchées, ils s'aperçurent bientôt qu'ils s'étaient chargés là d'un placement très-difficile.

Dans toutes les maisons royales où ils se présentaient avec leur album, on leur donnait des raisons dilatoires :

« Ma fille est encore un peu jeune... »

« Notre nièce est bien faible de la poitrine. »

« Nous ne voudrions pas marier notre aînée avant que la cadette eût fait sa première communion. »

« Le docteur nous conseille d'attendre encore. »

« Etc., etc. »

Souvent, pour se débarrasser de l'agent de Napoléon III, on lui disait :

— Je ne peux pas vous donner ma fille ; mais, si vous aviez une bonne lorgnette de théâtre, nous vous la prendrions tout de même.

o o o

Deux fois, pourtant, Napoléon III se crut sur le point de rompre la glace qui figeait ses relations avec les cours étrangères.

Il espéra épouser : d'abord la princesse Wasa de Suède, puis la princesse de Hohenzollern.

Mais ces projets échouèrent successivement, les deux papas ayant probablement eu la prudence de faire prendre des renseignements sur le futur.

o o o

Désespérant de vaincre une résistance qui décidément paraissait systématique, Napoléon III renonça à tendre sa main par-dessus toutes les frontières, à des jeunes princesses qui semblaient s'être donné pour consigne de prendre son bras pour une enseigne.

Il rappela ses agents matrimoniaux dispersés sur le

globe, régla leurs frais de route, reprit ses photographies, et se dit :

— Tous ces gens-là sont des poseurs!... Ils s'imaginent que je ne les vaux pas parce que je ne règne que depuis trois mois, quand la seule supériorité qu'ils aient

JEUNE HOMME A MARIER !!!

sur moi est d'avoir volé leur trône depuis plus longtemps!... Je me marierai bien sans eux.

Effectivement, le 22 janvier 1853, il fit part au Sénat du choix qu'il avait fait pour épouse de la comtesse de Montijo.

A ce nom obscur, tous les hauts dignitaires furent pétrifiés et se regardèrent entre eux comme un troupeau de bœufs à qui un passant demanderait son chemin pour aller passage du Saumon.

º

Ils avaient tous l'air de se demander :

— Montijo?... qu'est-ce que c'est que ça?...

Mais instantanément, le sentiment du devoir, fortement étayé du désir de ne pas perdre leur place, dicta à ces fonctionnaires dévoués la seule contenance que puissent se permettre des valets de chambre à qui leur maître daigne faire une confidence, même immorale.

Et tous s'écrièrent en chœur :

— Ah!... oui... oui... Montijo!... Très-bien... très-bien... charmant... adorable... Vive l'Impératrice!

º

Qu'était donc cette comtesse de Montijo qui surgissait tout à coup pour consoler Napoléon III des dédains de toutes les princesses de l'Europe?

Voici comment le *Trombinoscope*, livre Ier, n° 10, nous présente cette noble dame :

« EUGÉNIE (E.-Marie de Montijo), ex-impératrice des Français, est née à Grenade (Andalousie), le 5 mai 1826. Elle touche donc à cet âge redouté où les femmes devien-

nent respectables malgré elles, mais que les impératrices ont le privilége de dépasser sans l'atteindre.

« La noblesse de madame de Montijo n'a jamais été établie d'une façon bien péremptoire ; mais lorsque Napoléon III daigna la ramasser dans la foule pour l'élever jusque sur les élastiques du canapé impérial, les fabricants de vieux blasons se crurent obligés d'accomplir des prodiges pour lui fabriquer une généalogie à perte de vue, dont celle du pot-au-feu ne donnerait qu'une faible idée.

o ° o

« Vapereau qui, certainement, est de bonne foi, donne pour ancêtres à la Montijo, les Porto Carrero, les Guzman, les Fernandez, les La Cerda et autres noms illustres qu'il convient, à notre avis, de remplacer sans se gêner par ceux non moins célèbres des Farceira, des Cascadèz et des Blaguinos, dont l'assemblage peint beaucoup mieux l'état de notre âme en extase.

o ° o

« Mademoiselle de Montijo passa une partie de sa jeunesse à voyager sous le nom de comtesse de Téba et les jupons de sa mère.

« *Nota*. — Madame sa mère quittait ses jupons la nuit.

o ° o

« En 1851, elle parut aux fêtes de l'Élysée, qui devaient si vite la conduire à celui du pouvoir (pour les lecteurs du *Constitutionnel* : AU FAÎTE DU POUVOIR).

« Elle ne tarda pas à s'y faire remarquer par sa

grâce et le talent qu'elle avait de s'habiller avec presque rien.

o °
o

« Un soir, Napoléon III valsa avec elle ; elle était en corsage ; mais si peu.... si peu...

« Napoléon, comme toujours, portait une cotte de

mailles ; le petit dieu malin trouva une fissure, et le lendemain, Eugénie de Montijo était demandée en mariage par l'Empereur.

○
○   ○

« Elle avait alors vingt-sept ans.

« En face d'une pareille proposition, les convenances exigeaient qu'elle rougît et baissât les yeux.

« Elle y parvint en rappelant les souvenirs de sa plus tendre enfance.

○
○   ○

« L'Empereur devenant pressant, elle demanda à consulter sa mère.

« Et la chronique assure qu'elle eut assez de présence d'esprit pour refuser le denier à Dieu que l'Empereur lui demandait.

« De ce trait de génie dépendit, assure-t-on, son succès.

○
○   ○

« Son mariage fut célébré, le 30 janvier 1853, à Notre-Dame.

« La messe fut dite au maître-autel ; la chapelle de la Vierge étant en réparation.

« Le Conseil municipal vota une somme de six cent mille francs pour offrir une parure à la mariée.

« Elle refusa et voulut que ce crédit fût employé en charités, pensant, avec raison, qu'elle se rattrapperait plus tard.

« Elle s'installa brillamment aux Tuileries et à Saint-Cloud, commanda huit cent soixante-onze robes, trois mille deux cent cinquante-cinq chapeaux et le reste à l'avenant; se composa une cour de dames d'honneur et régla le cérémonial de sa maison sur un pied de trente millions par an.

o °o° o

« Enfin, la vertu avait trouvé sa récompense!...
« Cora Pearl et Rigolboche en crevaient de dépit!... »

o °o° o

Nous n'entreprendrons pas de faire le récit des fêtes qui précédèrent et qui suivirent le mariage de Napoléon III.

Tout se passa très-bien, et l'Impératrice elle-même sut tenir son sérieux.

o °o° o

Un simple échantillon donnera à nos lecteurs une idée suffisante de ce que put inspirer aux arts et aux artistes un acte aussi solennel.

Les chanteurs de l'Opéra exécutèrent une cantate de circonstance, dont les vers étaient de Méry et la musique d'Auber, et qui contenait cette perle :

« Espagne bien-aimée
« Où le ciel est vermeil,
« C'est toi qui l'as formée
« D'un rayon de soleil. »

Cette banale poésie de mauvais opéra comique est peu faite pour élever l'âme.

Et l'imbécillité dans l'éloge ne dispose guère à la foi dans la divinité de l'idole.

Il ne nous reste que la consolation de supposer que le tout était très-bien assorti, après nous être demandé, toutefois, qui est-ce qui se charge de mûrir les artichauts dans un pays où le soleil emploie ses rayons à former des impératrices rousses.

Au clair de la lu-ne, mon a-mi Pie-tri

CHAPITRE III

COMPLOTS DE L'HIPPODROME ET DE L'OPÉRA-COMIQUE.

Cependant, malgré toutes les rigueurs déployées contre le parti républicain, il se trouvait encore quelques citoyens pour qui l'avénement, sur le trône de France, d'une comtesse espagnole ne remplaçait qu'imparfaitement la liberté de la presse et les autres.

o o o

Privés des moyens de dire tout haut ce qu'ils en pensaient, il était presque naturel qu'ils recherchassent les occasions de s'en entretenir tout bas entre eux.

Au bout de quelques semaines, ils tombèrent d'accord sur ce principe, qu'il serait presque aussi insensé d'espérer renverser un gouvernement sans y toucher que d'essayer de démolir l'Arc de Triomphe rien qu'en lui montrant le poing.

Il fut donc convenu que l'on attendrait un soir l'Empereur à sa sortie de l'Opéra-Comique et, qu'une fois

qu'il serait à portée, on... ne lui demanderait pas sa contre-marque.

Tout était prêt, et le programme de cette représentation au bénéfice de la République avait été rédigé avec soin.

Mais la police impériale qui était déjà, à ce moment, d'une certaine force, il faut l'avouer, éventa la mèche et fit un grand nombre d'arrestations, au nombre desquelles celle de M. Ranc.

o °o o

L'Empire, il faut encore bien l'avouer, a toujours fait preuve d'un véritable talent à tirer parti des complots.

Il a même plus tard poussé cette science jusqu'à les fabriquer lui-même quand il en avait besoin; mais n'anticipons pas.

L'attentat avorté de l'Opéra-Comique devait nécessairement lui fournir une excellente occasion de se défaire d'un tas de gens mal notés.

Il ne la laissa pas échapper.

La police ramassa donc, avec un art vraiment supérieur, tout ce qui traînait depuis dix-huit mois dans les cartons de la Préfecture, en fait de rapports contre les républicains ayant pissé le long des murs ou secoué un paillasson par leur fenêtre.

Elle groupa le tout en un volumineux dossier, et, de sa plus belle main, écrivit dessus, en lettres magistrales :

COMPLOT DE L'OPÉRA-COMIQUE

37,576 accusés

HORRIBLES DÉTAILS!...

Il ne s'agissait plus que de trouver un président de

Cour d'assises assez malin pour amalgamer l'affaire de l'Opéra-Comique avec ces trois ou quatre douzaines de contraventions de simple police, et de transformer ce mélange en un complot formidable.

Ce président, l'Empire le trouva en la personne de M. Zangiacomi.

o ° o

ZANGIACOMI, Marie-Joseph-Prosper, était né à Paris, le 25 mars 1802, d'un baron du premier Empire, pair de France et président à la Cour de cassation.

Ce dernier, qui s'était rendu célèbre par sa résistance à la révision du procès Lesurques, avait dû naturellement élever son fils, qu'il destinait à la magistrature, dans ce principe qui suffirait à faire l'honneur d'un barreau... chinois :

— Il n'y a que les juges qui ne font rien qui ne se trompent pas.

o ° o

Zangiacomi fils profita de l'éducation paternelle, qu'il compléta en y ajoutant ce précepte auquel il dut sa fortune :

— Il vaut mieux condamner douze innocents que de risquer de laisser échapper un coupable.

Avec des dispositions pareilles, sa carrière était toute

tracée ; et, sous Louis-Philippe, il fut chargé des procès politiques les plus importants : celui des Droits de l'homme, des accusés d'Avril, de Fieschi, etc., etc., dans lesquels il déploya un zèle qui le fit remarquer.

Son adresse et son talent d'assimilation étaient tels, qu'il eût fait condamner à mort comme régicide un citoyen convaincu d'avoir accepté un cigare du bottier d'un agent de change, dont le concierge aurait été

surpris lisant un volume de Paul de Kock au moment où Fieschi entrait allumer son cigare dans un bureau de tabac quinze jours avant son attentat.

On comprend sans peine que ce magistrat était bien celui qu'il fallait à Napoléon III pour souder, au complot de l'Opéra-Comique, un tas de choses qui n'avaient pas plus de rapport avec celui-ci qu'un dividende des *Galions du Vigo* avec un porte-monnaie.

o °o o

Aussi, quand on apprit que M. Zangiacomi était chargé de diriger les débats de cette affaire, il n'y eut pas un seul marchand de coco sur tout le territoire français qui ne se dît avec effroi :

— Ah!... mon Dieu!... pourvu qu'il ne lui prenne pas l'idée de soutenir que j'étais du complot et que je n'ai agité ma sonnette que pour donner le signal du massacre.

o °o o

Les espérances que l'Empereur avait fondées sur M. Zangiacomi ne furent pas déçues.

Il présida les débats avec une rare impartialité.

L'auditoire en fut transporté d'admiration et tous les accusés à Cayenne.

o °o o

Son système d'interrogatoire avait surtout quelque chose de bienveillant, d'encourageant et de rassurant,

qui mettait l'accusé confié à ses soins dans l'agréable situation du marmot à qui l'on dit :

— Si tu avoues que tu as chipé des confitures, je te flanquerai une volée ; si tu n'avoues pas, je t'en flanquerai deux.

o°o

Nous ne pouvons résister au désir d'offrir à nos lecteurs un échantillon de ce procédé zangiacomique, aimable réminiscence des plus beaux temps de la sainte inquisition.

o°o

LE PRÉSIDENT. — Ainsi, vous reconnaissez avoir eu le dessein d'assassiner l'Empereur?

L'ACCUSÉ. — Moi... pas du tout.

LE PRÉSIDENT, *avec colère*. — Assez!... vous n'avez pas le droit de donner un démenti à la Cour.

L'AVOCAT DE L'ACCUSÉ. — Cependant, monsieur le président, je prendrai la liberté de vous faire observer...

LE PRÉSIDENT: — Défenseur!... votre client va être condamné à mort dans quelques instants ; en le soutenant, vous aggravez sa situation. (*A l'accusé.*) Quand l'on vous a arrêté, vous avez vivement craché par terre quelque chose que l'on n'a pu retrouver?

L'accusé. — C'était ma chique, dont je me débarrassais pour pouvoir parler poliment aux agents.

Le président. — A d'autres!... C'était une bombe fulminante que vous vouliez lancer sous la voiture de l'Empereur, en faisant semblant d'éternuer.

L'accusé. — Je vous assure, monsieur le président...

Le président. — Misérable!... allez-vous vous taire?...

L'avocat de l'accusé. — Pourtant, monsieur le président, il faut bien que cet homme se défende...

Le président. — Défenseur!... prenez garde!... votre zèle à soutenir votre client pourrait bien vous jouer un mauvais tour, et vous faire passer du banc de la défense à celui des accusés...

L'avocat. — Ah!... c'est trop fort!...

Le président. — Il n'y a pas de : C'est trop fort!... On connaît vos antécédents déplorables; votre père a été vu sur les boulevards, en 1848, criant : « La réforme!... » Votre femme de ménage a un cousin qui a été tué à bout portant, en décembre 1851, au moment où il dormait sur un banc du boulevard, en face la maison Sallandrouze!... Vous voyez que nous savons qui vous êtes!... Ménagez donc vos expressions...

On conçoit facilement qu'un procès politique dirigé avec autant d'intelligence, devait être couronné d'un nombre satisfaisant de condamnations.

En effet, deux douzaines d'accusés, sur lesquels il y en avait bien vingt-deux qui, à la fin de l'instruction, ne savaient pas un mot de ce que cela voulait dire, furent condamnés à la déportation.

○ ○

Ce fut à cette occasion que le gouvernement impérial inaugura son système de grossissement des complots, qui lui rendit depuis tant de services.

Avec l'affaire de l'Opéra-Comique, on fit un bruit infernal à l'aide des feuilles officieuses.

En moins de quinze jours, la province fut absolument convaincue qu'il ne s'en était pas fallu de l'épaisseur d'un cheveu que la France ne fût précipitée dans le plus profond des abîmes.

○ ○

Cette manœuvre avait le double avantage de ne pas laisser les citoyens perdre de vue que l'Empire avait surtout pour spécialité de sauver la France au moins trois fois par jour, et de permettre en même temps aux préfets de faire en province quelques nouvelles fournées d'arrestations, sous prétexte de connivence avec la terrible société secrète qui avait formé le projet de

miner le Champ de Mars, pour engloutir d'un seul coup l'Empereur et toute l'armée française un jour de revue.

o°o

Effectivement, à la suite de cette terrible affaire si habilement mise en lumière par la magistrature intègre de la lune de miel de l'Empire, un grand nombre de citoyens furent jetés en prison dans tous les départements.

C'étaient, pour la plupart, des hommes dangereux sur qui la police avait l'œil depuis longtemps, et qui avaient été surpris plusieurs fois lisant le *Moniteur officiel* en riant.

o °o

Comme on ne voulait pas les jeter sur les pontons sans jugement, on leur faisait subir un interrogatoire très-minutieux, dont nous avons été assez heureux pour nous procurer un spécimen.

o °o

D. — Vos noms, âge et profession ?

R. — Ratissot, Jean-Claude, coiffeur, quarante-trois ans.

D. — Nous le savons bien. Vous êtes noté pour vos opinions déplorables.

R. — Permett...

D. — Assez... Vous savez qu'un vaste complot, que la Providence a heureusement déjoué, était organisé pour attenter à la vie de l'Empereur ?

R. — Je l'ign...

D. — Assez... On vous a vu souvent, le soir, sur la place du Théâtre, causer mystérieusement avec Godillac le pharmacien?

R. — Nous sommes vois...

D. — Assez!... Godillac est également très-mal noté... Il a dessiné un jour, en charge, sur une table du café du Commerce, le nez auguste de notre souverain.

R. — Je ne vois pas ce...

D. — Assez!... Tout, dans votre genre de vie, indique assez amplement que vous étiez affilié au complot de l'Opéra-Comique... Vous recevez le *Siècle* et vous le sous-louez à trois personnes...

R. — Je ne croyais pas que cette écon...

D. — Assez!... Le gouvernement avisera... Mais votre résistance à faire des aveux le disposera peu en votre faveur. Gardes!... emmenez l'accusé.

o o o

Bref, le gouvernement impérial sut tirer un tel parti du danger qu'avait *failli être menacé de courir* l'Empereur.

Il sut si bien souffler dans cette conspiration en baudruche, d'abord grosse comme un œuf, et lui donner les proportions colossales d'un complot monstrueux,

Qu'il parvint à en faire frémir les gouvernements voisins; et que ces derniers, pris d'une panique folle, se mirent à expulser de chez eux les républicains français qui s'y étaient réfugiés après le coup d'État.

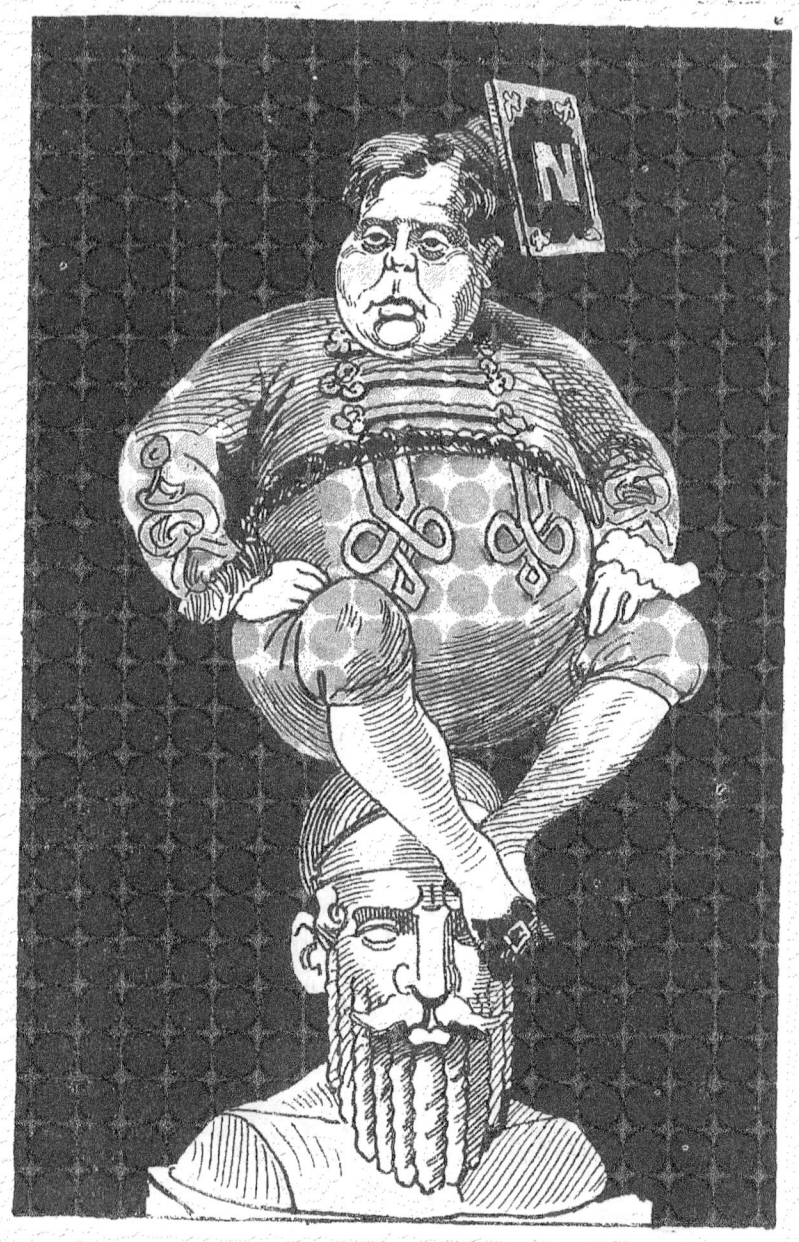

LES SOUTIENS DE L'EMPIRE

COLONA WALEWSKI

MINISTRE DE LA MAISON ET DES BEAUX-ARTS

CHAPITRE V

PREMIÈRES INQUIÉTUDÈS.

L'année 1853 s'écoula sans qu'aucun événement digne de remarque vînt troubler la lune de miel à trois qui unissait Eugénie, Napoléon et la France.

Les deux premiers par l'amour.

Les deux autres par le casse-tête.

A part le complot de l'Opéra-Comique et quelques poursuites contre des sociétés secrètes sans importance, mais dans lesquelles une magistrature... spéciale avait soufflé pour les grossir, rien ne semblait obscurcir l'horizon bleu où se perdait avec délices l'œil atone et louche du nouvel empereur.

Le comte de Chambord avait bien lancé quelques manifestes dans lesquels il protestait contre les événements accomplis.

Ces manifestes, écrits consciencieusement en vieux français, avec des Y pour des I et des F pour des S, avaient bien motivé l'arrestation de quelques personnalités de onzième ordre,

Mais, ces prétentions gothiques, — et qui ne se produisaient en somme que d'une façon toute platonique,— n'étaient pas de nature à inquiéter sérieusement les soutiens d'un gouvernement qui puisait sa force dans une artillerie puissante et convenablement alcoolisée.

Napoléon III ne pouvait donc prendre aucun souci des timides tentatives du parti légitimiste, dont la situation était alors assez précaire, ainsi que cela est exposé dans le *Trombinoscope* n° 5, auquel nous empruntons le passage suivant :

❁

« Après la Révolution de 1848, le comte de Chambord et ses partisans avaient pensé que leur moment était arrivé. Mais, confiants dans la divinité de leur droit, ils n'avaient pas bougé sensiblement, et s'étaient dit :

« — Ne nous dérangeons pas, la nation va certainement nous rappeler.

« Ils avaient même appuyé la candidature de Napoléon à la présidence, ne mettant pas le moins du monde en doute que cette *planche* ne dût les mener à leurs fins.

« On raconte que les vieilles perruques qui servaient à ce moment de conseillers au duc de Bordeaux lui répétaient sans cesse :

« — Laissez faire, Sire !... ce maraud n'en a pas pour
« trois semaines. »

« On sait le reste, ce « *maraud* » en a eu pour vingt-deux ans, et les toiles d'araignée qui, dans l'antique bahut de Frohsdorf, reliaient tous les vieux attributs de la légitimité, purent s'épanouir dans une abondance telle, qu'il fallut plus tard employer la dynamite pour avoir raison de leur inextricable entrecroisement, comme a dit Victor Hugo.

○ ○ ○

« Quelques temps après, à Wiesbaden, des serviteurs zélés avaient tenté cette interlope opération de mastiquage vulgairement connue sous le nom de fusion.

« Il s'agissait, comme on sait, de rapprocher les deux branches de la maison de Bourbon, qui, séparément, ne faisaient pas leurs frais.

« Cette négociation entre les fils de Louis-Philippe et l'*enfant du miracle* avait échoué constamment par quelque misérable point de détail. Sur le fond, on était bien d'accord ; s'associer contre la France afin que le coup fît balle, parbleu !... cela allait tout seul ; mais la question des emblèmes, surtout, venait toujours à la traverse.

« Les d'Orléans ne voulaient pas renoncer à leur drapeau tricolore ; le duc de Bordeaux, alors, repliait son drapeau blanc en seize, le remettait dans le bas de son armoire à glace, en disant d'un ton pointu :

« — Il n'y a rien de fait.

○ ○ ○

« Un autre jour, le petit-fils de Louis-Philippe voulait que la rentrée aux Tuileries se fît, le parapluie de son aïeul à la main ; l'empaillé de Frohsdorf ne voulait pas entendre parler de ce meuble, ou tout au moins exigeait

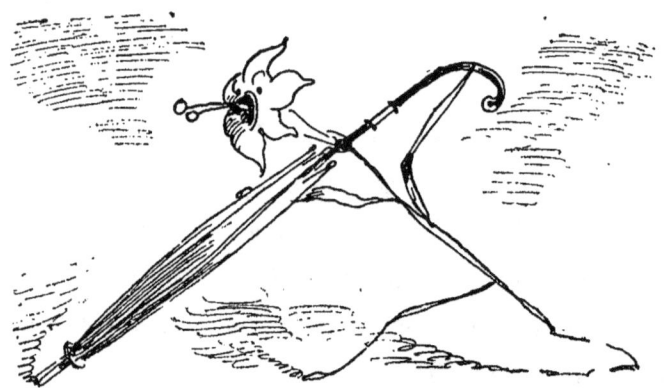

que le manche en fût remplacé par un sceptre à fleurs de lys.

« Enfin, on n'avait jamais pu s'entendre. »

o o o

On voit par le tableau que nous venons de retracer que l'empereur, — du côté des légitimistes, du moins, — pouvait dormir les fenêtres ouvertes.

La majesté de leurs abdomens rendait l'escalade tout à fait impossible.

o o o

Mais, malheureusement, le parti auquel la France a le bonheur de devoir M. de Villemessant n'était pas le seul que l'empire gênât.

Et vers le commencement de 1854, l'empereur parut redouter d'autre part quelques tentatives contre son auguste peau.

o o o

Les mesures de précaution redoublèrent :

Et de cette époque datent les importants progrès qui amenèrent peu à peu la police française à un point de perfection tel que, dix ans plus tard, il ne pouvait pas se faire, sur le point le plus éloigné du territoire, un pet de travers qui ne se repercutât immédiatement dans le cabinet du préfet de police de Paris, au moyen d'un appareil électrique d'une sensibilité et d'une précision admirables.

o o o

Nous avons été assez heureux pour nous procurer un exemplaire d'une petite brochure de poche que portait à cette époque sur lui, chaque agent de la police secrète.

Ce cahier contenait les instructions élémentaires relatives à la surveillance spéciale à exercer sur le passage de l'empereur.

Nous en offrons quelques extraits à nos lecteurs.

o°o

« Quand l'empereur doit passer dans une rue ou sur un boulevard, se placer en haie sur le bord des trottoirs,

sans avoir l'air de le faire exprès et ne laisser passer personne devant soi.

o°o

« Un peu avant le passage de Sa Majesté, se faufiler dans la foule et, feignant d'être très-serré, s'appuyer sur tous les promeneurs afin de sentir s'ils n'ont pas quelque chose de dur sous leurs vêtements : le manche d'un poignard, la crosse d'un revolver ou une bombe.

∘ ∘ ∘

« Au moment où l'empereur passe, si l'agent aperçoit dans la foule un homme qui garde ses mains dans ses poches, il s'approchera de lui et, faisant semblant de le reconnaître, il lui tendra les deux mains en lui disant :

« — Tiens, ce cher ami !... comment va ?

« De cette façon, il forcera l'individu suspect à sortir ses mains de dessous ses vêtements et pourra s'assurer qu'il ne prépare aucune tentative d'assassinat.

« A la moindre hésitation, conduire l'individu au poste en criant qu'il vient de vous faire tout bas une proposition honteuse.

∘ ∘ ∘

« RECOMMANDATION EXPRESSE. — Quand l'empereur doit passer quelque part, se promener dans les groupes, examiner les physionomies.

« Si l'on aperçoit une figure suspecte, un homme enfin que l'on suppose être affilié à une société secrète, passer tout près de lui et lui faire une grimace quelconque.

« S'il se retourne pour vous regarder ; c'est que vous êtes tombé sur le signe de ralliement.

« Alors le faire empoigner de suite. »

o o o

Les défiances de la police devinrent telles que beaucoup de gens avaient pris le parti de faire un détour de

deux kilomètres plutôt que s'exposer à passer quelque part où l'on attendait l'empereur, dans la crainte qu'un agent ombrageux devinât dans leur nœud de cravate des intentions régicides.

o o o

En moins de huit mois, plus de quarante agents secrets furent décorés pour avoir arrêté à temps le bras de citoyens dangereux qui, au moment où passait l'empereur…. avaient vivement levé leur canne en l'air pour faire signe au conducteur d'un omnibus dans lequel ils désiraient monter.

o °o o

Lorsque l'empereur était en voyage, les précautions n'étaient pas moindres.

Sur tous le parcours, les aiguilleurs étaient remplacés par des employés de la Préfecture.

Le wagon impérial était blindé du haut en bas.

A chaque station, deux domestiques hissaient à la portière un mannequin en caoutchouc qui figurait l'empereur.

Et, par derrière, ils lui balançaient la tête pour lui faire saluer les populations, pendant que Napoléon III fumait des cigarettes dans le fond du compartiment.

o °o o

Quand l'empereur devait arriver dans une ville, l'administration s'arrangeait de façon à éloigner les citoyens que l'on jugeait susceptibles de ne pas illuminer.

C'est ainsi que pendant le séjour de Napoléon III à Dieppe, M. Pagnerre, ex-secrétaire du gouvernement provisoire, fut invité à quitter la ville afin de ne point gêner l'expansion d'une population enthousiaste qui

n'attendait pour pavoiser ses fenêtres, sur le passage de César, que d'y être contrainte par les sergents de ville.

о°о

Pour donner à nos lecteurs une juste idée de la confiance que Napoléon III avait en son peuple, nous terminerons en relatant ici une circulaire que reçurent tous les commissaires de police par les bons soins de M. de Rancé.

Cette pièce curieuse contenait le passage suivant :

« A partir d'aujourd'hui, vous m'adresserez le 1ᵉʳ et le 15 de chaque mois un rapport dans lequel vous me ferez connaître les noms, demeures, professions, signalement, habitudes, couleur du gilet, façon de se moucher, degré de force au piquet, etc., etc... de tous les individus qui, par des actes, des écrits, par leur manière de se tailler la barbe, la forme de leurs pantalons, par leurs relations de toutes sortes, leurs paroles ou même par.... leur silence, manifesteront envers la personne du chef de l'État, des opinions hostiles, des intentions malveillantes ou même une indifférence provoquante. »

∘ ∘ ∘

On devine aisément qu'en faisant dresser ces listes, l'intention du gouvernement impérial n'était pas positivement d'y trouver des conseillers d'État en cas de vacances dans ces emplois.

Aussi, on en arriva assez vite, au moyen de ces mesures, à provoquer entre tous les citoyens une telle confiance et un tel abandon qu'ils n'osaient plus se serrer la main quand ils se rencontraient dans la rue, dans la crainte d'être couchés sur le carnet d'un mouchard avec cette mention :

« Boudarlot, Antoine, quincailler, rue des Fossés-Montmartre, à surveiller de très-près. — On l'a vu

mercredi, en plein jour, causer à voix basse, sur un trottoir de la rue du Mail, avec un individu portant un chapeau mou et une barbe de socialiste. »

CHAPITRE VI

COMMENCEMENT DE LA GUERRE DE CRIMÉE.

Dès le début de son règne, et pour engager les citoyens à prendre des actions dans l'entreprise, Napoléon III avait dit, en mettant sur son cœur celle de ses mains qui n'était pas dans nos poches :

« L'Empire, c'est la paix !... »

Aussi, ceux qui avaient voté : NON, mais ceux-là seulement, ne furent-ils pas étonnés de voir une guerre se préparer dès le commencement de l'année 1854.

* * *

L'empereur annonça cette guerre au Corps législatif et en exposa les motifs.

Ils étaient d'ailleurs fort légitimes et provoquèrent en France, — comme tout ce qui est généreux, — un grand enthousiasme.

La nation ne saisit peut-être pas, jusque dans leurs moindres nuances, les raisons politiques qui poussaient la France, et l'Angleterre son alliée, à déclarer la guerre à la Russie à propos d'un incident turc.

Mais ce que le peuple comprit et approuva, c'est qu'un gros voulait en étrangler un petit, et que les zouaves allaient se mettre du côté du plus faible.

Pour les Français, cela fut et cela sera toujours très-simple et très-compréhensible.

Et si les finesses de la diplomatie, les exigences, souvent très-obscures du fameux « équilibre européen » ne peuvent pénétrer dans tous les esprits, il est une phrase qui chez nous trouve de l'écho dans tous les cœurs, c'est celle que le faubourg traduit avec cette rudesse bien expressive :

— Grand faignant!... t'es pas honteux!... touches-y donc à c't'enfant!...

o °o o

La guerre fut donc acceptée et un emprunt de deux cent cinquante millions, qui avait été proposé, fut rapidement souscrit.

Ce qui fit dire au *Tintamarre* dans un de ses rares accès de chauvinisme :

« Quand le temps est couvert c'est qu'il va pleuvoir.
« Quand un emprunt l'est, c'est qu'il a plu. »

o °o o

Cependant, les débuts de la guerre ne furent pas aussi brillants que l'empereur l'eût désiré.

Les flottes anglaise et française avaient bien commencé leurs opérations dans la Baltique, mais n'avaient pas encore eu le temps d'attaquer Bomarsund.

Et Napoléon III, chez qui, dans les circonstances les

plus graves, perçait toujours un côté *banquiste* très-accusé, se désolait de voir arriver sa fête du 15 août, sans avoir une victoire à offrir à la population.

o°o

Les généraux connaissaient si bien ce faible de leur monarque que, d'après Taxile Delord, Canrobert et

Saint-Arnaud, qui commandaient en Crimée, eurent dans le courant du mois de juillet, la conversation suivante :

CANROBERT. — Les troupes se plaignent de leur inaction et du choléra.

SAINT-ARNAUD. — J'y pensais.... et j'y pensais d'autant plus, qu'il faut absolument que nous souhaitions la fête au patron par un bulletin glorieux.

CANROBERT. — Que faire?

Saint-Arnaud. — Voyez-vous, dans les environs, une borne-fontaine russe, non gardée, que nous pourrions faire prendre d'assaut par vingt-cinq mille hommes?

Canrobert. — Non... mais j'ai aperçu dans la Dobrutscha un paysan russe qui était en train de sarcler ses pommes de terre, on pourrait lui donner la chasse avec trois régiments de cavalerie légère et trente pièces d'artillerie.

Saint-Arnaud. — Parfait!... donnez des ordres en conséquence.

Canrobert — Seulement, je prendrai la liberté de vous faire observer que la Dobrutscha est un désert marécageux et pestilentiel, et que la prise du paysan russe pourra nous coûter trois ou quatre mille hommes.

Saint-Arnaud — Ça... c'est un détail... ils nous faut une victoire à présenter à l'Empereur pour le 15 août!... allez!

* * *

Rien ne put tenir naturellement devant des considérations aussi élevées, et la campagne de la Dobrutscha fut ordonnée.

Sur dix mille cinq cents hommes engagés dans les marais, quatre mille cinq cents seulement revinrent.

Le reste mourut de maladies.

Quant au paysan russe, on ne le vit même pas, il avait détalé la veille.

Mais la question n'est pas là.

L'éclat des illuminations du 15 août aux Champs-Élysées fut rehaussé par cette éclatante victoire.

C'était l'essentiel.

* * *

Pendant ce temps, Bomarsund était détruit dans la Baltique par la flotte anglo-française.

Les Russes avaient mis vingt années à construire cette forteresse qu'ils croyaient imprenable.

Notre armée la prit, le 15 août, avec bravoure, et l'empereur de Russie, le 16, avec mauvaise humeur.

o °o o

Ne négligeons pas de consigner qu'avant l'ouverture de cette campagne, Napoléon III n'avait pas laissé passer l'occasion de singer son oncle dans la mesure de ses faibles moyens.

Il avait rétabli la garde impériale.

C'était un véritable tic qu'avait ce génie puissant, d'imiter, en toute circonstance ce qu'avait fait Napoléon Ier... en fait toutefois de choses faciles.

Il dut regretter bien souvent que l'histoire n'eût pas indiqué la façon dont son oncle..... éternuait, afin qu'il pût donner à la France ébahie le spectacle grandiose d'une imitation parfaite des rhumes de cerveau du grand capitaine.

o °o o

Il avait donc voulu, lui aussi, avoir sa garde.

La garde impériale était, d'ailleurs, une institution superbe, et surtout essentiellement démocratique, en ce qu'elle établissait de légitimes nuances entre l'uniforme et la solde de pauvres diables appelés à mourir pour la même patrie et pour le même drapeau.

Nous ne pouvons nier, non plus, que de telles distinctions ne fussent très-encourageantes pour la partie de l'armée moins bien équipée et moins bien payée que l'autre, sans qu'elle sût pourquoi.

Il est toujours flatteur, pour un brave soldat qui fait bien son devoir et se tient prêt à donner sa vie pour

son pays, de toucher un sou par jour, de se promener dans les rues avec des pantalons trop courts, des capotes trop grandes, et de voir d'autres militaires, ni plus honnêtes, ni plus braves que lui, recevoir un prêt quatre fois plus gros, et porter des souliers quatre fois plus fins.

Rien n'est mieux fait pour porter au patriotisme que cette égalité bien entendue dans une armée vraiment nationale.

Et il y aurait vraiment de quoi s'étonner bien fort, si le sentiment sacré du devoir diminuait un jour d'intensité chez quelques égarés assez coupables pour se demander au nom de quels principes on traite différemment des hommes de qui l'on n'attend que le même sacrifice.

○ ○ ○

Le rétablissement de la garde impériale porta ses fruits naturels jusqu'à la chute de l'empire.

Il entretint constamment dans l'armée française cet esprit de corps et de fraternité qui ne peut guère être mieux comparé qu'à la touchante harmonie régnant dans les théâtres entre les doublures et les vedettes.

La garde disait : La ligne !...

La ligne disait : La garde !...

Avec cette intonation pleine de bienveillance et d'aménité qui rappelle les gommeux parlant des « *voyous* » et les voyous parlant des « *gommeux* ».

○ ○ ○

Du reste, — il est à peine besoin de le dire, — la pensée intime de Napoléon III, en ressuscitant la garde, avait été beaucoup moins d'avoir de bons soldats pour l'extérieur que de s'assurer, en cas de besoin, la... collaboration à l'intérieur de cent mille chassepots d'élite dont les scrupules fussent moins à craindre que ceux de l'armée plébéienne.

L'empereur, en décembre 1851, avait fait une trop sérieuse expérience de ce que l'on peut obtenir avec quelques mètres de galon doré, pour négliger d'ériger en système permanent cette influence de la passementerie sur la valeur militaire.

○ ○ ○

Le 20 septembre, les troupes franco-anglaises remportèrent la fameuse victoire de l'Alma qui les amena devant Sébastopol.

Le succès de cette journée fut dû à une combinaison stratégique du général Bosquet.

Aussi, M. de Saint-Arnaud, qui commandait en chef, l'en récompensa en disant dans son rapport à l'empereur que le général... Canrobert s'était couvert de gloire.

Ce dernier avait reçu une légère blessure, et les journaux officieux du temps publièrent qu'il devait son salut miraculeux à une médaille bénite que lui avait donnée l'impératrice.

La presse spéciale commençait à jeter les bases de la réputation de madone pour laquelle madame Montijo montra toujours un faible.

Comme espagnole, elle était dans son droit, en distribuant des amulettes aux généraux de l'armée française.

Mais, comme impératrice d'un pays où les souverains

passent plutôt pour donner de nouvelles écrouelles que pour guérir les anciennes, on s'accorde généralement à reconnaître que cette imitation de tireuse de cartes n'ajoutait guère à son prestige.

∘ ° ∘

Le 5 novembre, une nouvelle victoire, celle d'Inkermann, consolida nos positions devant Sébastopol, dont le siége devait se prolonger d'une façon si inattendue.

Ce siége fut meurtrier pour l'armée française : la diarrhée, le scorbut, le choléra firent plus de victimes dans ses rangs que les canons russes.

Nos soldats y passèrent un hiver terrible ; et comme déjà, à cette époque, l'administration impériale préludait à ces chefs-d'œuvre d'organisation dont nous finissons à peine de solder la note, les troupes françaises reçurent leurs premiers sabots, leurs premiers vêtements d'hiver et leurs premiers chaussons de laine, vers les premiers jours du..... printemps suivant.

∘ ° ∘

Nos soldats ne purent résister à une telle sollicitude, et beaucoup d'entre eux ne voulurent même pas attendre l'arrivée des premiers convois de vareuses de laine, pour mourir d'une bronchite ou d'une pneumonie.

o °o o

On raconte qu'un capitaine d'infanterie, au risque de tuer son avancement, osa risquer la lugubre plaisanterie suivante :

Comme on lui avait envoyé du ministère de la guerre l'ordre de spécifier quelles étaient les maladies qui faisaient le plus de ravages de sa compagnie,

Il écrivit dans la colonne destinée à recevoir la réponse :

« Peu de scorbut, presque pas de choléra, fièvres rares ; mais beaucoup d'intendances chroniques très-cruelles. »

Voilà quelle était la situation de l'armée française en Crimée, à la fin de 1854.

Voyons maintenant ce qui s'était passé en France pendant le début de cette campagne.

CHAPITRE VII

1854-1855.

En 1854, une nouvelle tentative de fusion eut lieu entre le comte de Chambord et la branche d'Orléans.

Elle eut le même sort que les autres.

Cependant, cette fois, on s'était tenu à fort peu de chose.

* * *

Les deux familles étaient à table ; on s'était fait mille amitiés et tout paraissait arrangé, quand, tout à coup, le duc de Nemours vida son verre aussitôt après avoir mangé son potage, sans voir que le comte de Chambord n'avait pas encore bu.

Celui-ci posa sa serviette sur la table d'un air pincé et se retira en disant :

— Je ne souffrirai jamais, moi l'aîné des fils de saint Louis, qu'un d'Orléans boive devant moi avant que j'aie soif…. tout est rompu !…

En vain les convives essayèrent-ils d'arranger la chose. En vain Nemours s'excusa-t-il en alléguant qu'il avait cru voir boire le Roy cinq minutes auparavant.

Il alla même jusqu'à proposer d'avaler séance tenante une éponge attachée à une ficelle pour reprendre ce qu'il avait bu.

Henry fut inexorable ; et le bonheur de la France fut encore dessoudé une fois.

○ ○ ○

En juillet 1854, Napoléon III voulut faire un vrai cadeau à sa bonne ville de Paris.

Il nomma M. Haussmann préfet de la Seine.

○ ○ ○

Nous empruntons au Trombinoscope les lignes suivantes sur cet homme précieux qui, pendant quinze années, ne cessa de doter Paris de voies assez droites et assez spacieuses pour que les omnibus en temps de calme et les boulets de sept en temps d'émeute pussent toujours prendre le plus court :

o°o

« HAUSSMANN, Georges-Eugène, baron. — Administrateur français, Parisien de naissance, Limousin de vocation, né le 27 mars 1809.

« Il est le petit-fils d'un conventionnel qui a figuré sur la liste de ceux qui ont voté la mort de Louis XVI ; mais en 1815, l'aïeul de M. Haussmann protesta, donna la preuve qu'il y avait eu erreur de nom au procès-verbal, et qu'il n'avait pas voté cette loi.

« Reste à examiner si ce n'est pas surtout après cette justification que le grand-père de M. Haussmann aurait le plus besoin d'être justifié.

« Les opinions sont libres ; mais, pour nous, c'est tout vu.

o°o

« En 1830, M. Haussmann fut un peu journaliste, et signa, comme rédacteur du *Temps*, la protestation contre les ordonnances de Juillet qui ladmiraultisaient la presse.

« C'était un bon mouvement ; mais M. Haussmann était à peine majeur ; là est son excuse.

o °o o

« De 1830 à 1848, il fut sous-préfet de Nérac, de Saint-Girons et de Blaye. En 1847, il a été promu officier de la Légion d'honneur.

« La Révolution de 1830 avait commencé la fortune de M. Haussmann, celle de 1848 devait lui donner une nouvelle impulsion ; et le coup d'État de 1851 était destiné à la compléter.

« M. Haussmann fut donc successivement préfet du Var, de l'Yonne et de la Gironde ; et enfin, distingué par l'empereur, il fut nommé préfet de la Seine et commença cette fameuse transformation de Paris, qui depuis, fait chaque été la fortune des marchands de parasols blancs doublés de vert.

o °o o

« Voici le résumé des travaux de M. Haussmann :

« Il a percé plus de trente lieues de rues dans Paris, mais ce qu'il a fait de trous à la lune est incalculable ;

« Il a créé deux cents lieues de trottoirs. Il n'y pouvait pas suffire ; les mœurs impériales les garnissaient au fur et à mesure.

« Il a voûté cent cinquante lieues d'égouts, sans compter celui qu'il n'a cessé de nous inspirer et qui était le plus profond.

○ ○ ○

« Au physique, M. Haussmann est très-grand et très-gros. L'élégance de ses formes rappelle celle d'une colonne Rambuteau.

« Il est lourd, épais et vulgaire. On dirait qu'il a été bâti sur un de ses plans.

« Il affectionnait les théâtres, mais ne prenait pas ses billets au même guichet que le public. Il aimait à causer art et surtout à entretenir les artistes. »

○ ○ ○

Le portrait qui précède est assez complet pour que nous n'ayons pas besoin d'y revenir.

Nous ajouterons seulement que M. Haussmann était bien le préfet de la Seine des rêves impériaux.

Convaincu que les Parisiens qu'il était chargé d'administrer en bon père de famille avaient tous fait quelques années de bagne, il les considérait, — et ne négligeait pas de le dire, — comme un amas de malfaiteurs nomades qu'il fallait toujours se tenir prêt à balayer avec de l'artillerie.

De là cette création de boulevards rectilignes destinés à rapprocher étroitement l'armée du peuple dans les moments de troubles.

                *
             *   *

L'année 1854 vit aussi s'accomplir un événement de la plus haute importance.

Sa Sainteté Pie IX érigea en dogme l'Immaculée-Conception, en déclarant que :

« Marie, seule des filles d'Ève, a été exempte du péché originel et a été conçue immaculée dans le sein de sa mère. »

Ce décret eut un énorme retentissement ; et le *Tintamarre*, qui s'est toujours fait un devoir de répandre les vérités utiles dans les classes laborieuses sous une forme attrayante, consacra le fait par cette nouvelle à la main pleine de verve :

    PRIÈRE DU SOIR D'UNE FIGURANTE
        DES FUNAMBULES.

« O Marie!... qui avez conçu sans pêcher!... Faites-moi la grâce de pêcher sans concevoir!... »

o ° o

Du dogme de l'Immaculée-Conception, nous n'avons rien à dire.

Nous l'acceptons avec respect, et les yeux fermés, — la seule manière possible, croyons-nous, d'accepter ces choses-là.

Si nous sommes mis dedans, nous avons la satisfaction d'y être en bonne compagnie; car le conseil d'État autorisa la bulle du pape en France, — le jour même où la vente sur la voie publique était interdite au *Siècle*.

Et plus tard, en 1856, on fit des fêtes inouïes dans tous les diocèses pour célébrer cette justice tardive rendue à une honnête femme calomniée, qui pendant dix-huit siècles et demi avait passé pour avoir fait un enfant dont elle connaissait le père.

o ° o

Napoléon III ne se contenta même pas de fournir de l'argent pour ces fêtes ; il décida qu'une partie des canons pris à Sébastopol serviraient à faire une statue de Notre-Dame du Puy.

Le commencement de l'année 1855 fut marqué par un événement douloureux qui eut pu avoir les plus heureuses conséquences.

L'empereur de Russie, à la suite d'une revue, fut atteint d'un refroidissement dont il mourut.

Mais, il avait un fils qui lui succéda immédiatement sous le nom d'Alexandre II.

Et le peuple russe n'eut pas même le temps d'entrevoir dans cet affreux malheur l'espoir qu'il était frappé d'une affliction de ce genre pour la dernière fois.

Il versa d'abondantes larmes ; et les journaux monarchistes constatèrent avec joie qu'il pleurait de chagrin d'avoir perdu un roi, sans avoir le moins du monde l'air de penser que ce pût être de douleur d'en avoir trouvé un autre.

On pensait généralement en Europe que la mort du czar allait amener la fin de la guerre entre la Russie et la France.

Le jeune empereur,— comme tous les jeunes empereurs,

— passait pour avoir les idées plus libérales que son père,

Et les fonds publics montèrent dans toutes les bourses étrangères.

Mais cet espoir fut vain. La guerre continua.

Ainsi fut accomplie, pour la dix-millième fois, cette parole de l'Évangile :

○ ○ ※

« DE LA GUERRE COMPARÉE AU DUEL. »

« Dans un duel, Chose et Machin s'en veulent.

« Ils vont sur le pré avec deux pistolets et quatre témoins.

« A un moment donné, les témoins qui ne s'en veulent pas, disent à Chose et à Machin qui s'en veulent :

« ALLEZ !...

« Pour la guerre, au contraire !...

« Chose Ier et Machin II s'en veulent.

« Ils choisissent une grande plaine.

« Ils y amènent chacun quatre cent mille témoins.

« Et à un moment donné, Chose Ier et Machin II qui s'en veulent, préparent les armes et disent à leurs huit cent mille témoins qui ne s'en veulent pas :

« ALLEZ !... »

Le 29 avril 1855, le nommé Pianori tira sur l'empereur, aux Champs-Élysées, un coup de pistolet.

Il le manqua.

Arrêté et traduit en Cour d'assises, il répondit que, républicain italien, il avait cru de son devoir de venger la République de son pays étouffée par Louis-Napoléon.

Ce n'était pas positivement flatteur pour les républicains français, s'ils avaient voulu peser soigneusement cette réponse.

Ce fut M⁰ Benoit-Champy qui fut choisi d'office pour défendre Pianori.

M. Benoit-Champy était connu pour un ancien républicain, ami de Lamennais et ayant montré une grande sympathie pour l'Italie.

Aussi, tout le monde s'attendait à une plaidoirie chaleureuse.

Et quelques personnes mêmes avaient parié qu'il trouverait le moyen de faire condamner Napoléon III à cinq mille francs de dommages-intérêts.

Les débats s'ouvrirent.

Quand M. Benoist-Champy prit la parole pour défendre l'accusé, il se fit un grand silence.

Tout à coup, il débuta à peu près en ces termes au grand ébahissement de l'assistance.

« Messieurs les jurés... L'accusation vient de traiter l'homme que vous avez devant vous comme un infâme gredin !... mais elle ne vous a pas tout dit !... à mes yeux, cet homme est le dernier des misérables!... Et vous ne sauriez trop vous défier du sentiment de pitié qui peut tous vous envahir au moment de prononcer sur son sort. »

Les jurés interloqués par cette défense d'un nouveau modèle se regardaient d'un air stupéfait.

M. Benoist-Champy continua pendant deux heures trois quarts sur le même ton.

Il s'appliqua à donner du relief aux parties les plus dangereuses de l'accusation, à colorer les endroits du réquisitoire qui lui avaient paru un peu ternes.

Il démontra en termes éloquents que Pianori était un assassin vulgaire et qu'il n'avait essayé de tuer l'empereur que pour lui voler son porte-monnaie.

Bref, l'accusé fut tellement enchanté de la défense que lorsque le président lui demanda à la fin des débats, s'il avait quelque chose à ajouter, il répondit :

— Mon Dieu, non, monsieur le président !... je trouve tout cela très-bien. Je demande seulement que le jury veuille bien se servir de la plaidoirie de mon défenseur comme réquisitoire et prendre le réquisitoire de M. l'avocat impérial pour le plaidoyer de mon avocat.

o o o

M. Benoist-Champy eut gain de cause.

En dépit des douceurs de l'acte d'accusation, les rigueurs de la défense l'emportaient.

Pianori fut condamné et exécuté.

o o o

Quant à M. Benoist-Champy, exclu du conseil de l'ordre des avocats à son renouvellement par l'élection, il reçut de l'empereur la croix d'officier de la légion d'honneur et le fauteuil de président du tribunal de 1re instance de la Seine.

C'étaient d'assez beaux honoraires, seulement on devrait bien inventer un autre mot pour ces cas-là.

o o o

Peu après, un cordonnier nommé Bellemare conçut le projet d'assassiner Napoléon III.

Il tira un coup de pistolet, à l'entrée des Italiens, sur une voiture qu'il croyait occupée par l'empereur, et dans laquelle ne se trouvaient qu'un chambellan et trois dames d'honneur.

Il n'atteignit personne.

o o o

On arrêta Bellemare et l'on reconnut qu'il était fou. C'est notre avis ; car pour s'être trompé de voiture !...

o o o

On profita, bien entendu, de l'occasion pour arrêter

M. Ranc qui avait alors la péc.alité d'être mis au poste chaque fois qu'un passant regardait l'empereur de travers.

C'était un tic du préfet de police.

Quand un agent allait lui dire :

— Il y a quelque chose de louche du côté de la place de la Concorde. Un marchand de robinets de fontaine a fait ce matin un couac en jouant son air ; ce doit être un signal, que faut-il faire ?

Le préfet de police répondait invariablement :

— Commencez toujours par arrêter Ranc, nous verrons après.

Ce fut vers cette époque aussi que l'on trouva sous un rail du chemin de fer du Nord, une boîte de fer qui devait éclater sous le train de l'empereur, entre Lille et Calais.

Les frères Jacquin, auteurs de cette machination épouvantable, purent fuir en Belgique.

○ ○
 ○

Nous ne négligerons certainement pas cette occasion de laisser déborder toute notre indignation.

A quelque parti que l'on appartienne, on doit flétrir vigoureusement une tentative qui pouvait détériorer beaucoup de matériel.

∘ ∘ ∘

Entre deux attentats, Napoléon III fit un petit voyage en Angleterre avec l'impératrice.

L'entrevue fut touchante.

La reine Victoria attacha elle-même la jarretière au genou de l'empereur et lui passa le collier en l'embrassant.

Et pendant que le lord-maire remettait à Napoléon III le diplôme de bourgeois de la cité de Londres, sans que personne comprît pourquoi, la reine et l'impératrice causaient ensemble de leur ménage, de leurs toilettes et de leurs conserves.

Par la même occasion, on cassa naturellement du sucre sur le dos des voisines :

— Oh! ma chère!... avez-vous remarqué comme la reine des Belges est fagotée ?... une vraie passementière.

— Et puis vous savez qu'il n'a pas toutes ses aises avec sa femme, Léopold!...

— Ah bah!... contez-moi donc ça.

— Oui... c'est elle qui tient la bourse!... Quand il

veut une paire de gants, il est obligé d'aller lui demander cinquante-cinq sous.

— Il paraît que madame Alexandre a un ratelier.

— Pas possible!... Tiens, ça me fait penser... Vous ne savez pas ce qu'on m'a dit hier de la petite François-Joseph ?...

— Non.

— Eh bien... elle fait teindre ses robes.

— Oh! quelle horreur!... il n'y a donc pas de budget dans ce pays-là.

— Si... mais l'Assemblée grogne quand on lui demande des suppléments.

— En voilà un trou!... C'est Louis qui ne se laisserait pas faire comme ça.

o°o

Quelque temps après, la reine Victoria vint en France rendre visite à ses hôtes.

On se réembrassa aux Tuileries avec ivresse.

Et l'impératrice fit visiter sa galerie des chignons, qui excita une vive admiration chez la reine d'Angleterre.

o°o

L'année 1855 s'écoula sans autre incident.

Ah! cependant, n'oublions pas de dire qu'elle donna le jour à un nouvel impôt dont il avait été question depuis longtemps :

L'impôt sur les chiens.

Le Corps législatif les frappa d'une taxe de dix francs.

Tous les impôts sont bêtes, parce qu'ils ne pourront jamais être justes qu'à la condition d'être réunis en un seul qui frappe chacun dans la proportion de son avoir.

Mais l'impôt sur les chiens avait en outre l'avantage d'être cruel en ce qu'il frappait pour ainsi dire sur une affection.

De plus, et comme tous les impôts, il assommait le pauvre et effleurait à peine le riche.

Ici, *Zéphyr* ne privait pas son maître d'une seule cigarette.

Là, *Médor* coûtait trois journées pleines de travail, six journées même, si son maître était une maîtresse.

o o o

On commençait à s'impatienter de la longueur du siége de Sébastopol.

Enfin, le 8 septembre 1855, après plusieurs assauts infructueux livrés par le général Canrobert, qui s'étonnait de trouver les remparts de Malakoff plus durs à enfoncer que les devantures des magasins du boulevard Montmartre, cette place fut attaquée et tomba en notre pouvoir.

o°o

La nouvelle en fut reçue en France avec une grande joie.

On apprit en même temps que le succès de cette journée était dû au général Mac-Mahon.

Aussi, ne fut-on point étonné de voir donner le bâton de maréchal, en récompense de cette action d'éclat, au général........ Pélissier.

o°o

On était, sous l'empire, tellement habitué à cette manière de reconnaître les services, que le premier citoyen venu à qui vous seriez venu dire :

— Le commissionnaire du coin de la rue Favart vient de sauver la vie à cinq personnes en arrêtant un cheval emporté,

Vous aurait tout de suite répondu :

— Alors de Morny va bien sûr être augmenté de trente mille fr !....

o o o

Le 2 décembre 1855 (touchant anniversaire), les troupes de Crimée faisaient leur rentrée triomphale dans Paris sous la conduite du brave général Canrobert, qui avait pris Sébastopol.... pour quelque chose de facile à prendre, et s'était trompé.

o o o

Les troupes défilèrent brillamment sur les boulevards.

Et Canrobert, en passant devant la maison Sallandrouze, essuya furtivement un pleur d'attendrissement. Il venait de se souvenir que c'était là, qu'il avait si impétueusement, quatre ans auparavant, culbuté des vitrines et perforé cent cinquante passants inoffensifs avec de simples canons chargés à mitraille.

CHAPITRE VIII

1856. — 1857. — 1858.

Le commencement de l'année 1856 fut marqué par un événement que quelques gros fonctionnaires bien appointés firent semblant de croire du plus haut intérêt pour la France.

Madame de Montijo donna un fils à l'empereur, le 16 mars 1856.

o o o

De ce pauvre petit être, qui n'avait pas demandé à naître, nous n'avons rien à dire.

En plusieurs occasions, nous avons affirmé notre respect, sous bénéfice d'inventaire, pour les fils de gredins à tous les degrés de l'échelle sociale.

Nous avons dit, et nous y persévérons :

— Les enfants ne sont point responsables des crimes de leur père... jusqu'au moment où ils prétendent en profiter.

o o o

Nous n'aurons donc, pour le fils de l'homme dont nous écrivons l'histoire, aucun mot désagréable.

Ce pauvre enfant, en venant au monde, a trouvé dans son berceau des écrouelles et un trône, le tout héréditaire.

Ce n'est pas sa faute si le trône n' s pas aussi sûr que le reste.

o o o

Pendant les premiers jours de son enfance, le prince impérial ne fit rien de remarquable.

Cependant, le lendemain de sa naissance, tous les corps constitués, en défilant devant son berceau, remarquèrent qu'il portait le ruban de la Légion d'honneur.

Un vieux sénateur, en cette circonstance, manqua de présence d'esprit et laissa échapper, en voyant ce signe d'un honneur précoce, un léger mouvement de surprise.

L'empereur s'en aperçut, et, s'approchant du haut dignitaire, lui dit, en fronçant le sourcil :

— Vous semblez étonné que Louis soit décoré, monsieur le baron ?

Le sénateur comprit qu'il avait fait une bêtise et pâlit.

Avoir paru mettre un instant en doute le mérite d'un prince du sang âgé de vingt-deux heures, il n'en fallait pas davantage pour s'exposer à une disgrâce complète.

o °o o

Aussi, le vieux courtisan eut-il un éclair de génie qui sauva la situation.

— Sire!... répondit-il en s'inclinant jusqu'à terre, je suis profondément surpris, en effet... mais c'est de voir que Son Altesse n'est encore que commandeur.

o °o o

Le prince impérial fut baptisé le 14 juin 1856.

Nous ne ferons pas à nos lecteurs le récit détaillé des fêtes et largesses qui eurent lieu à l'occasion de cette cérémonie.

Ces générosités coûtèrent 898,000 francs.

Beaucoup de faveurs furent aussi distribuées.

Les généraux Canrobert et Bosquet trouvèrent le bâton de maréchal sous leur serviette, en dînant aux Tuileries.

Et il y eut comme une inondation de croix d'honneur.

Les grands boulevards, à l'heure de la promenade, ressemblaient à un champ de coquelicots.

Quelques jours après le baptême, le Pape envoyait à l'impératrice la fameuse rose d'or.

Moi, je veux bien.

Pendant ce temps, les négociations pour la paix avec la Russie avaient été suivies, et le traité fut conclu.

Tout semblait donc présager, pour la France, une ère de richesse et de tranquillité.

Plus de guerre, un petit empereur de rechange sur la

planche, Cayenne bondée de républicains, d'excellents casse-têtes excellemment emmanchés, une liste civile très-confortable et un Sénat, pour y ajouter toutes les rallonges désirables, une armée de fonctionnaires dressés comme des chiens savants.

Tout enfin indiquait, à n'en pas douter, que la France allait entrer dans une de ces périodes de calme et de gras fondu qui font la joie et la tranquillité des gouvernements, et lient infailliblement les peuples qui en sont atteints, à moins qu'une terrible maladie ne vienne à temps les secouer, les épurer et les faire maigrir.

o°o

Effectivement, le pays entra bientôt dans une phase de prospérité usuraire et factice, qui put faire illusion pour certains myopes, mais qui ne fut jamais, pour ceux qui avaient de bons yeux, que le trompe-l'œil d'une fausse et malsaine félicité.

o°o

Le luxe et l'agiotage prirent effrontément possession.

Sous un gouvernement de saltimbanques et de faiseurs véreux, ils se sentaient comme chez eux.

C'est à cette époque que l'on vit apparaître les premières de ces fameuses affaires financières, qui ne cessèrent depuis d'émailler le règne de Napoléon III.

L'âpreté et la bêtise des actionnaires furent si énormes, que les lanceurs de papier bariolé n'avaient plus besoin de se gêner le moins du monde.

Tout devint prétexte à émission.

o °o

On n'avait qu'à promettre des dividendes de vingt-huit pour cent, les souscripteurs affluaient, la chose mise en action au capital de soixante-quinze millions fût-elle une carrière de colle à bouche au citron !

o °o

Tous les matins, dans les colonnes d'annonces des journaux et sur les murs, on lisait des petites agaceries au public, que le *Tintamarre* résuma un jour dans le placard suivant :

SOCIÉTÉ PHILANTHROPIQUE
DU GUANO INDIGÈNE TORRÉFIÉ

Capital : 1 *million* 125,000 *francs.*

ÉMISSION DE 2,500 ACTIONS A 500 FRANCS.

CONSEIL DE SURVEILLANCE

Gaston de Puffinski, Président, ✸✸✸, ex-professeur de bilboquet de la reine Sélika.

Amable de Pouffamart, ✸✸.

Baron Pochasee, ✸.

Marquis de Macayrac, ✸.

Comte Oscar de Coulisstrig   ✸.

BONIMENT

Depuis longtemps l'agriculture française était tributaire de l'Amérique pour cet excellent engrais.

Les fondateurs de la Société anonyme du guano indigène ont résolu de remédier à cet état de choses, par l'élevage sur une grande échelle et dans de grandes cages des serins, qui sont si nombreux dans nos climats.

Les prévisons les plus modestes permettent d'espérer les résultats suivants.

D'après Buffon, dont on ne récusera pas la compétence, un serin de mœurs convenables peut donner bon an, mal an, un litre de guano.

La société ayant dans ses cages en moyenne trois millions de serins, le produit annuel, à raison de 1 kilog 500 grammes par litre de guano, sera donc de 4,500,000 kilog.

Ce qui donne à 25 centimes le kilo un produit de 1,125,000 francs.

C'est à dire que le dividende, dès la première année, atteindra le capital versé.

Les frais d'administration seront largement couverts par la vent la progéniture des serins.

ON SOUSCRIT :

Aux Bureaux du *Tintamarre*.

—

VERSEMENTS :

495 francs en souscrivant ;
5 francs le lendemain matin, de 10 à 11 heures.

Le Président honoraire fondateur :
ONÉSIME BALOCHARD, ✺✺✺✺✺✺✺✺ (bis).

La prospérité éclatante ne tarda pas à se traduire par une crise financière des plus corsées.

La viande et le sucre devinrent très-chers, et les ouvriers ne furent pas longtemps à s'apercevoir que les embellissements de Paris n'étaient pas très-nourrissants pour eux.

o °o

Ajoutons à cela que M. Haussmann s'appliquait à rendre la vie tout à fait agréable aux travailleurs parisiens en démolissant tous leurs logements de 180 francs, pour élever à la place des appartements de mille écus.

Ce fonctionnaire philanthrope avait le plus profond amour pour le peuple.

Son rêve était de faire de la capitale un vaste paradis et de pouvoir dire.

— Grâce à moi, il n'y a plus un seul ouvrier mal logé dans Paris.... Ils sont tous dans la banlieue.

o °o

La pénurie de locaux devint telle que le gouvernement fut obligé de publier une note rassurante dans le *Moniteur*.

Il était dit dans cette note que le nombre des maisons construites dépassant celui des démolies, une baisse prochaine ne pouvait manquer de se produire sur les loyers.

Les Parisiens firent encadrer cette phrase séduisante :

M. Haussmann, c'est la vie à bon marché.

Et ça leur fit un joli pendant avec :

L'Empire c'est la paix !

o ° o

Pendant ce temps les tripotages financiers marchaient à ravir.

Il y avait même un progrès :

Mercure avait pris pour collaborateur Cupidon et, à eux deux, ils faisaient de charmantes petites opérations dont l'exemple suivant, que nous trouvons dans Taxile Delord, donnera la mesure.

o ° o

Lors de la répartition des actions du chemin de fer de Lyon, deux des principaux banquiers de Paris présentèrent une liste de personnes favorisées qu'ils voulaient gratifier d'un certain nombre d'actions au pair.

Le banquier anglais Baring, en voyant les noms de femmes figurer en majorité sur cette liste, manifesta son étonnement.

On lui répondit en riant qu'il venait de faire connaissance avec les plus célèbres courtisanes de Paris.

Le financier puritain les raya aussitôt, prétendant que ses deux collègues, ayant l'un 25,000 actions et l'autre 10,000, pouvaient très-bien être généreux envers ces dames pour leur compte.

○ ○ ○

Les banquiers français rirent beaucoup, dit-on, de la rigidité de mœurs de leur confrère d'Angleterre.

Règle générale : Sous l'empire, il n'y avait rien de plus risible qu'un honnête homme.

○ ○ ○

Nos lecteurs se souviennent sans doute que l'année précédente le Corps législatif avait voté un impôt sur les chiens.

En 1856, il décida que les chevaux et les voitures de luxe seraient frappés d'une taxe municipale.

Mais le Corps législatif avait compté sans le Sénat, chargé d'examiner la loi en dernier ressort.

o °o o

Les sénateurs, qui ont presque tous chevaux et voitures, firent une très-laide grimace quand on leur proposa de saigner eux-mêmes leur porte-monnaie.

Et finalement repoussèrent la loi.

Cela, jusqu'ici n'a rien de surprenant.

Mais ce qui devient épique, c'est la raison qu'ils alléguèrent pour rejeter cette taxe.

Ils prétendirent. — Tenez-vous bien, cher lecteur! — Ils prétendirent que cette loi était une dérogation flagrante au grand principe de l'égalité proclamée en 1789.

o °o o

Les vieux sénateurs tout disjoints de l'Empire faisaient aux immortels principes de 89 un rempart de leurs corps en ruine, c'est d'un réussi!.....

Bref, la taxe sur les voitures de luxe ne fut pas votée parce qu'il parut profondément égalitaire au Sénat que les pauvres diables qui prennent un fiacre à trente-quatre sous ou un omnibus, continuassent à payer la part d'impôt qui frappe ces véhicules, pendant que les sénateurs à trente mille francs par an s'étendaient mollement sur des huit-ressorts exonérés de toute taxe.

Quand les immortels principes de 89 entendirent qu'on leur mettait ça sur leur dos, ils se mirent à rire comme des gens à qui on a donné un billet de faveur pour aller voir une pièce d'Albert Millaud, et qui l'ont laissé perdre.

Une circonstance grave devait bientôt fournir au Sénat l'occasion de prouver son utilité.

La naissance d'un prince impérial avait rendu nécessaire une loi de régence.

Le Sénat, bien heureux de trouver une occasion d'avoir l'air de faire quelque chose, mit immédiatement cette loi sur le chantier.

⁂

Après avoir discuté pendant quinze jours aussi sérieusement que s'il se fût agi d'une chose utile, on décida que, dans le cas où l'empereur viendrait à mourir sans avoir pris de dispositions, son fils mineur régnerait sous la régence de l'impératrice.

Celle-ci, pour parer à toute éventualité, se mit immédiatement à prendre quelques leçons de français, afin de ne point être exposée à ouvrir la séance du conseil par ces mots qui lui échappaient assez naturellement :

« Messieurs... j'ai-z-à vous soumettre un projet par laquelle, etc., etc.

⁂

Comme nous ne voudrions pas être accusé de déconsidérer systématiquement madame de Montijo en lui reprochant à faux d'avoir été capable de mettre deux H dans : *saumon au gratin*, nous prions nos lecteurs de se reporter au texte de certaines lettres de l'Impératrice publiées, en 1870, dans les *papiers trouvés aux Tuileries*.

Il fut convenu aussi, dans la loi sur la régence, que le fils de Napoléon III serait majeur à dix-huit ans.

Quelques sénateurs trouvèrent que c'était un peu jeune et prétendaient qu'à dix-huit ans un jeune homme n'a pas encore l'esprit formé.

C'est peut-être vrai ; mais dans l'espèce cela n'avait aucune importance, puisqu'il a été reconnu depuis que le prince impérial, sujet tout à fait exceptionnel, avait acquis, dès l'âge de trois semaines, un complet développement intellectuel.

∘ ∘ ∘

L'année 1856 fut marquée par le retour d'un fléau redoutable.

Entraînés par l'exemple de beaucoup de dames d'honneur de la cour, le Rhône et la Loire sortirent de leur lit.

Les inondations furent terribles.

Les savants, comme d'habitude, en recherchèrent les causes et ne tardèrent pas à reconnaître qu'elles provenaient de l'abondance des pluies et de la fonte des neiges.

Mais plusieurs évêques n'acceptèrent pas cette explication et attribuèrent carrément le fléau à... la non-observation du dimanche.

o o o

Nous ne voudrions pas prendre la responsabilité de nous prononcer entre deux systèmes aussi opposés.

Cependant, pour en avoir le cœur net, nous proposerions l'épreuve suivante :

On choisirait sur le cours d'un fleuve, deux villages où ce fleuve déborde au même degré.

Pendant cinq années consécutives, les habitants du premier village iraient tous prier le bon Dieu à l'église le dimanche, depuis l'heure où ils se lèvent jusqu'à celle où ils se couchent.

Pendant les mêmes cinq années, tous les habitants du second village se mettraient chaque dimanche à la pelle et à la pioche. Ils canaliseraient la rivière, l'endigueraient, élèveraient des talus pour protéger leurs champs, etc., etc.

o o o

Au bout de ces cinq années, on attendrait le premier débordement.

Alors, si le village qui avait été à la messe restait sec et que l'autre fût mouillé, c'est que les évêques avaient raison et que les inondations provenaient bien de la non-observation du dimanche.

o°o

En proposant ce moyen d'éclairer le débat, nous ne croyons pas qu'il soit possible de prouver moins de parti pris et plus de désir de faire la lumière sur une question controversée.

Et nous ne dissimulerons pas que nous attendons du Vatican, une douzaine d'indulgences, qualité extra-fine, en récompense de notre belle action.

Cela vaut bien ça.

o°o

Dans le courant de l'année 1857, le renouvellement des élections au Corps législatif ayant produit une certaine agitation dans les esprits, un petit complot contre la vie de l'empereur était devenu nécessaire, pour faire dire le soir dans les loges de concierges :

— Oh!... ma chère!... ces socialisses!... quelle imbomination !...

○ °○

La police impériale, qui ne mentit jamais aux promesses de son prospectus :

COMPLOTS D'ÉTAT SUR COMMANDE

ON LIVRE EN SIX HEURES.

mit sur ses jambes, en moins de temps qu'il n'en faut pour faire un vol-au-vent, une affaire Tibaldi-Mazzini-Bertolotti-Grilli-Ledru-Rollini.

On saisit chez Tibaldi une demi-douzaine de couteaux à dessert et trois lettres d'un de ses amis qui lui donnaient des nouvelles de sa famille.

Dans ces trois lettres, la Cour d'assises trouva tout ce dont elle avait besoin.

Dans l'une il y avait : *Guérir le malade ;* le tribunal reconnut sans difficulté que cela voulait dire : *Assassiner l'empereur*.

Dans une autre, on lisait : *Mon oncle* ; les experts en écritures déclarèrent sur leur honneur qu'à la façon dont les o étaient bouclés, *mon oncle* signifiait évidemment : *Mazzini*.

○ °○

Accablés sous le poids de ces preuves irrécusables, tous les accusés furent condamnés à la déportation,

Et la France fut encore une fois sauvée.

o○o

L'excellence du système de traduction des lettres adopté dans l'affaire Tibaldi n'aura sans doute pas échappé à nos lecteurs.

En tous cas, nous ne le leur signalons que comme un immense progrès et une grande simplification apportés dans l'instruction des affaires criminelles politiques.

Bonassin, je suppose, est accusé d'avoir voulu assassiner son roi.

Pour le convaincre de ce crime, rien de plus simple.

On arrête Bonassin (sur le mandat d'amener, on met : Bonassini pour lui donner un air plus dangereux).

o○o

On le fouille et l'on trouve sur lui cette lettre :

« Mon cher ami,

« J'espère que tu viendras dîner demain chez nous, avec ta femme ; nous nous mettrons à table à six heures et demie.

« A toi d'amitié,

« Durand. »

Il faudrait qu'un procureur impérial fût bien maladroit pour ne pas tirer un parti superbe de ce billet, en disant :

— Messieurs !... qu'avons-nous besoin de rechercher de nouvelles preuves ?... Cette lettre que l'on a trouvée sur l'accusé ne les contient-elle pas toutes ?... A qui fera-t-on croire que ces mots : *Tu viendras dîner demain*, ne signifient pas : *Tu égorgeras le despote* ?... Et cette phrase qui affecte un calme innocent : *Avec ta femme*, on sait ce qu'elle signifie en langage de conspiration ; elle signifie : *Avec un revolver à huit coups* !... Non, messieurs !... non !... vous ne vous y laisserez pas prendre !... tout le complot est dans ce billet en apparence inoffensif !... Jusqu'à l'heure de l'attentat, à 6 *heures et demie*, qui y est fixée effrontément !... Je ne vous apprendrai rien de neuf en vous disant que le : *A toi d'amitié*, qui termine cette lettre, veut dire : *Mort au tyran* !... C'est le pont aux ânes des conspirateurs ; vous ne voudrez pas, messieurs, qu'un aussi épouvantable attentat... etc... etc...

C'est en 1857 que Mgr Sibour, archevêque de Paris, fut frappé à mort par un prêtre nommé Verger.

Les journaux figaristes du temps furent excessivement vexés d'être obligés de donner du retentissement à un crime horrible qui n'avait pas été commis par un ouvrier de Belleville.

o°o

A peu près vers cette époque, le Corps législatif, pour récompenser le général Mac-Mahon d'avoir assuré la victoire de Sébastopol, vota une dotation annuelle de 100,000 francs au maréchal Pélissier, qui en touchait déjà à peu près autant de l'État.

o°o

C'est de 1857 que datent les fameuses candidatures officielles, une des fausses-clefs les plus remarquables de l'administration impériale.

L'urne pipée et les bulletins de vote biseautés, qui furent créés plus tard, n'allèrent jamais à la cheville de cette pince-monseigneur que l'on nommait : *Candidature officielle.*

Voici de quelle façon s'employait cet engin.

Le gouvernement indiquait au ministère les candidats qu'il lui serait agréable de voir passer.

Le ministre transmettait ces noms aux préfets, qui les répétaient aux maires, qui les serinaient aux gardes champêtres, qui les faisaient apprendre par cœur aux électeurs.

On ferait une douzaine de volumes d'une gaieté folle avec les circulaires confidentielles adressées aux fonctionnaires à l'occasion de ces élections fantaisistes.

Nous nous bornerons à en offrir le type à nos lecteurs.

« Monsieur le maire de Crétigny-les-Bonnes-Boules,
« J'apprends que dans votre circonscripton deux candidats sont en présence pour les élections de dimanche prochain :

« L'honorable M. Soupléchine, député sortant, appuyé par le gouvernement.

« Et ce va-nu-pieds de Chaffanel, qui s'est tristement distingué en décembre 1851, en se faisant envoyer à Cayenne.

« Je n'ai pas besoin de vous rappeler que Sa Majesté Napoléon III entend que partout la liberté d'action de tous les candidats soit respectée au même degré ; et je compte sur vous pour que l'on ne puisse pas dire que les électeurs ont été influencés dans leur choix par l'administration.

« Vous aurez donc en conséquence à faire imprimer à un grand nombre d'exemplaires la profession de foi de M. Soupléchine de façon à en avoir assez pour les coller instantanément par-dessus celles que M. Chaffanel fera apposer sur les murs. Ces dépenses vous seront remboursées.

« Vous devrez également annoncer que si M. Soupléchine est nommé, il obtiendra aisément du chemin de fer une station à Crétigny-les-Bonnes-Boules ; et vous ferez habilement circuler le bruit que c'est M. Chaffanel qui a mis le feu dans les champs aux meules qui ont pu être incendiées par la foudre cet été.

« Je vous recommande surtout une grande quantité de bulletins de vote au nom du candidat officiel.

« Le jour du scrutin, vous pourrez aussi faire conduire au poste, sous un prétexte quelconque, que votre dévouement à l'empereur ne saurait manquer de vous inspirer, le citoyen qui se sera chargé de distribuer à la porte de la mairie des bulletins de vote au nom de M. CHAFFANEL. Vous lui feriez confisquer son paquet d'imprimés jusqu'au lendemain ; cela suffirait.

« Je vous le répète, le gouvernement de l'empereur veut, à tout prix, assurer l'intégrité des élections et ne veut rien devoir qu'à la justice et à l'amour de ses sujets.

« Recevez, monsieur, etc...

« *Le Préfet*,
« MACAIRINI. »

Il faut le dire : Préfets, sous-préfets, maires, gardes champêtres, appariteurs, tambours de ville, manœuvrèrent avec un ensemble admirable ; et, à sept ou huit élections près, tous les candidats officiels passèrent.

Paris seul s'était frotté un peu les yeux et envoya au Corps législatif cinq candidats qui n'avaient pas l'estampille : MM. Carnot, Goudchaux, Emile Ollivier, Darimon et Cavaignac.

Le gouvernement impérial était encore tranquille pour six ans ; le gouvernement de la claque avait donné des résultats très-satisfaisants.

En juillet 1857, mourut Béranger, l'illustre chansonnier chauvin qui avait été si populaire.

Paris se souvint certainement que le poëte avait rudement étrillé Loyola et ses fesseurs. Il lui fit de belles funérailles.

Mais pas telles pourtant qu'on eût pu le croire quelques années auparavant.

La population parisienne avait déjà trop goûté du second empire pour glorifier outre mesure la mémoire de celui qui avait beaucoup trop chanté le premier.

Toutes les larmes et tous les pleurs furent pour l'amant de *Lisette*, la part du chantre du triste « grand homme » fut mince.

C'était justice.

Mais les vieux grognards de la Bérésina eurent bientôt une compensation.

Napoléon III créa pour eux, en août 1857, cette fameuse médaille de Sainte-Hélène, d'un goût si affreux et d'un aspect si navrant que Gavroche la baptisa immédiatement : Contre-marque pour le Père-Lachaise.

o °o

En septembre 1857 furent inaugurés les premiers kiosques à journaux sur la voie publique.

Ces kiosques devaient plus tard jouer un rôle très-important dans le système de liberté de presse inventé par l'empire.

Quand un journal avait commis une faute légère qui ne méritait pas la suppression radicale, on lui retirait la vente dans les kiosques.

Les kiosques constituant seuls la voie publique pour les journaux, les leur retirer, c'était leur faire grâce de la mort violente en les faisant mourir d'inanition.

L'empire était excessivement riche en indulgences de ce calibre.

o °o

En octobre 1857, le général Cavaignac mourut.

En apprenant cette nouvelle, Napoléon III s'en nettoya les ongles de joie, tant il éprouvait peu le désir de porter le deuil d'un homme dont la présence sur terre n'avait jamais pu faire faire de comparaison avantageuse pour lui par les honnêtes gens.

o°o

Nous avons raconté la façon loyale dont le général Cavaignac était descendu du pouvoir en 1848.

Un trait plus intime, que nous empruntons à Taxile Delord, montrera mieux encore ce qu'était cet homme intègre à qui la France, dans un moment d'aberration, avait préféré le commandité de miss Howard.

o°o

	(Nous avons laissé ce côté de page en blanc, afin que nos lecteurs puissent y consigner, en parallèle, les traits analogues qu'ils pourraient trouver dans la vie de Napoléon III ou même de de Morny.)
Lorsque les affaires de son beau-père, banquier à Paris, s'embarrassèrent, M. Cavaignac voulut que la dot de sa femme fît retour aux créanciers.	
Un matin, deux visiteurs se présentent chez lui :	

— Général!... dit l'un, je me nomme Dupoty. J'ai prêté 35,000 francs à votre frère pour soutenir la *Réforme*, il devait me les rendre à la mort de sa mère; voici X***, que vous connaissez et qui vous certifiera la chose.

Le général Cavaignac ouvre son secrétaire et remet les 35,000 francs à Dupoty.

C'était le produit de la vente récente d'une maison à Bordeaux.

Il ne lui restait plus rien de l'héritage maternel.

∗∗∗

Nous retrouvons dans nos notes un renseignement que nous avions omis à propos des candidatures officielles.

Le journal la *Presse*, qui s'était permis de trouver que le suffrage universel ainsi préparé rappelait un peu trop le lait pur que l'on fait avec de la craie délayée et de la cervelle de veau, fut suspendu pendant deux mois.

Depuis ce temps-là, nous avons souvent eu comme tout le monde occasion de voir des restaurateurs vendre de la colle de pâte pour de la sauce blanche.

Mais jamais nous n'avions osé le dire dans la crainte d'attraper six mois de prison.

o°o

L'année 1858 débuta par un nouvel attentat contre la vie de l'empereur.

Le 14 janvier, au moment où Napoléon III se rendait à l'Opéra, trois bombes furent lancées sous sa voiture et éclatèrent sans l'atteindre, tuant ou blessant 141 personnes autour de lui.

Napoléon III était assis dans le fond de sa voiture au moment de l'explosion.

Son chapeau fut traversé par un projectile.

Du reste, même avant ce jour-là, nous avions toujours trouvé l'empereur sensiblement trop petit.

o°o

Les auteurs de cet attentat : Orsini, Piéri et Rudio furent arrêtés.

Les deux premiers furent condamnés à mort, Rudio aux travaux forcés à perpétuité.

La défense d'Orsini fut d'une vigueur remarquable.

Fanatique de la liberté de l'Italie, sa patrie, il avait vu un homme la détruire et il s'était dit : Il faut détruire cet homme.

Il n'existe certainement pas de bonnes raisons pour justifier l'assassinat.

Mais, nous doutons que Napoléon III en eût trouvé une meilleure, si on l'eût traduit en Cour d'assises pour répondre du meurtre du député Baudin ainsi que de l'égorgement des cent cinquante promeneurs du boulevard Montmartre en décembre 1851.

o ° o

Orsini et Piéri moururent fièrement.

Orsini, à ses derniers moments, déclara se repentir d'une tentative qui avait coûté la vie à tant de gens inoffensifs.

On ne saura jamais si Napoléon III à son lit de mort a manifesté quelque regret d'avoir fait mitrailler des nourrices allaitant leurs bébés, assises sur les marches du Gymnase Dramatique.

o ° o

L'attentat Orsini fut naturellement le prétexte à de nouvelles rigueurs contre les républicains français qui n'y étaient pour rien du tout.

Mais c'était passé en habitude.

Chaque fois qu'il y avait un feu de cheminée quelque part, le lendemain, on envoyait vingt-cinq républicains à Cayenne.

º º º

Les premiers coups portèrent sur la presse.

Le *Spectateur* et la *Revue de Paris* furent supprimés.

Le premier, pour avoir fait aux institutions de l'empire *une guerre sourde et constante déguisée sous les formes les plus adroites*, ce qui était presque aussi subtil que de comprendre qu'un homme vous souhaite la mort en vous disant : Dieu vous bénisse !...

L'autre, pour s'être fait le centre d'une *sorte « d'agitation »* contre le gouvernement.

Pas même une vraie agitation !... « Une sorte d'agitation ! »

Le bonhomme La Fontaine fut sur le point d'envoyer réclamer des droits d'auteurs à l'empire.

Depuis longtemps sa fable du *Loup et l'Agneau* n'avait servi si carrément.

．⁰ ⁰

Il fut même un instant question d'imposer le serment aux gérants de jouraux et de spécifier les sujets qu'ils pourraient traiter.

Voici le projet de loi sur la presse qu'un ministre déposa, sans rire, en plein conseil.

Article Ier.

Tout citoyen peut librement publier un journal à la condition d'en obtenir l'autorisation du gouvernement.

Art. II.

La loi qui oblige les journaux à déposer un cautionnement de 25,000 francs est abrogée.

Art. III.

Elle est remplacée par la disposition suivante :
Aucun journal ne pourra paraître avant d'avoir déposé au Trésor une somme de 188,000 francs.

Art. IV.

Afin de faciliter aux directeurs de journaux l'emprunt de la somme nécessaire pour leur cautionnement, le

Trésor, qui payait jusqu'ici un intérêt de trois pour cent, n'en payera plus aucun.

Au contraire, il lui sera dû une commission de huit pour cent pour les risques qu'il court en gardant de l'argent qui ne lui appartient pas.

Art. V.

La qualité de journaliste entraîne de plein droit la radiation des listes électorales.

Un journaliste ne pourra non plus :
Servir de témoin pour un mariage,
Ni témoigner en justice.

Art. VI.

Aucun locataire n'est tenu au payement de ses loyers s'il prouve que son propriétaire a loué à un journaliste dans le même immeuble.

Art. VII.

Aucun journal ne peut être imprimé que sur papier timbré à deux francs cinquante la feuille.

Art. VIII.

Tout journal transporté par la poste doit être affranchi au poids comme les lettres.

Et, dans ce cas, le destinataire doit payer à l'arrivée, comme s'il ne l'était pas.

Art. IX.

Pour éviter la fraude à laquelle ne manqueraient pas de se livrer les propriétaires de journaux, en faisant sécher leur papier afin de payer moins de port, les employés de la poste devront tremper dans l'eau, avant de les peser, les numéros qui leur seront remis.

Art. X.

Tout abonné à un journal quotidien payera à l'État une contribution annuelle, comme suit :

Villes au-dessus de 10,000 âmes, 15 francs.
》   25,000 》 24 》
》   50,000 》 47 》

Art. XI.

Tout numéro vendu isolément doit être revêtu d'un timbre d'acquit de dix centimes, payé en sus par l'acheteur.

Art. XII.

Tout individu qui aura frustré le fisc en prêtant un journal lu, en le laissant traîner sur la voie publique, ou même sur les meubles privés, sera puni d'une amende de cinquante francs.

Art. XIII.

Dans les établissements publics, un journal pouvant

passer sous les yeux d'un grand nombre de lecteurs, le maître de l'établissement payera, en sus de sa patente, trois cent vingt francs par an pour le journal auquel il sera abonné.

Cette somme sera payable par périodes de sept années, et d'avance.

Art. XIV.

Aucun numéro ne pourra paraître avant d'avoir été soumis à la censure et accepté par elle.

Pour faciliter le service des journaux quotidiens, le bureau de la censure ne sera ouvert qu'un jour par semaine, de onze heures trois quarts à midi moins un quart.

Art. XV.

Indépendamment du cautionnement destiné à garantir le payement des amendes, chaque journaliste devra, à titre de cautionnement corporel, faire dix-huit mois de prison pour répondre des peines qu'il pourrait encourir par la suite.

Art. XVI.

Aucun journaliste ne peut quitter son département sans une autorisation du ministère de l'intérieur.

Il doit porter ses cheveux taillés en brosse, afin d'être facilement reconnu et arrêté dans les moments de troubles.

Art. XVII.

Il est expressément défendu, sous peine de cent francs d'amende, de lire une feuille publique à haute voix pour frauder le fisc.

Tout voyageur qui, en omnibus, aura tenu son journal ouvert de façon à ce que ses voisins puissent en lire l'envers, sera puni de la même peine et de huit jours d'emprisonnement.

Art. XVIII.

Le transport des papiers destinés à l'impression des feuilles publiques sera interdit, sur toute l'étendue du territoire, trois mois avant l'ouverture de toute période électorale, et ne sera repris que trois mois après.

Art. XIX.

La fabrication de l'encre d'imprimerie est prohibée à tous industriels autres que les pharmaciens.

Le prix en est fixé à 140 francs les 25 grammes.

Art. XX.

Chaque année, seront désignés par un tirage au sort, pour la déportation dans une enceinte fortifiée :

25 maîtres imprimeurs,

650 typographes,

1,500 rédacteurs de journaux,

30,000 abonnés.

o o o

Le gouvernement impérial était tellement furieux d'avoir vu sa police prise sans vert lors du dernier attentat, que, non content de redoubler de surveillance à l'intérieur, il éleva la prétention de forcer les États voisins à lui ouvrir leurs portes, afin qu'il pût regarder sous leurs meubles s'il ne s'y cachait pas de républicains.

o o o

M. Walewski, alors ministre des affaires étrangères, envoya, dans ce sens, une dépêche très-menaçante en Angleterre.

Par ce document dans lequel perçaient une rage sourde et une colère aveugle, il demandait assez impérieusement que l'Angleterre lui livrât tous les réfugiés politiques, que le gouvernement français pourrait éprouver quelque plaisir à poursuivre.

o o o

L'Angleterre, comme on le sait, n'est pas un pays comme un autre.

Elle a certainement ses travers, dont le plus gros est de tolérer une reine.

Mais elle possède, nous avons déjà eu l'occasion de le constater, un sentiment très-vif du respect du droit des gens.

A ce jeu-là, ainsi qu'à la boxe, nous sommes bien forcés de l'avouer, l'Anglais le plus épais et le plus bouché rendrait carrément vingt-huit points de trente au plus parfumé et au plus verni de nos gommeux.

Aussi, en recevant la dépêche de M. Walewski, l'Angleterre eût-elle toutes les peines à réprimer un mouvement de dégoût dont nous avons le respect de reconnaître que notre patrie faisait assez justement les frais.

Elle ne se donna même pas la peine de discuter une semblable réclamation.

Elle tourna le dos.

L'empereur eut bien un instant la velléité de faire de ce refus hautain un *casus belli*.

Mais il réfléchit qu'il lui serait beaucoup plus commode de passer sa mauvaise humeur sur les républicains qu'il avait sous la main.

Et il commanda une loi de sûreté générale, ainsi nommée parce qu'elle avait pour but de détruire la sécurité de tout le monde.

○ ○ ○

Cette loi fut fabriquée en un tour de main.

C'était un attirail très-complet de tous les engins qu'un cerveau bien organisé peut imaginer, pour que le mot ou le geste le plus innocent du plus inoffensif des citoyens, tombe en plein sous un article prononçant la peine de mort.

On y remarquait un certain article II, qui était à lui seul une vraie bavaroise de douceur et de velouté :

« Est puni d'un emprisonnement d'un mois à deux ans, et d'une amende de cent à deux mille francs, tout individu qui, dans le but de troubler la paix publique ou d'exciter à la haine ou au mépris du gouvernement de l'empereur, *a pratiqué des manœuvres ou entretenu des intelligences* soit à l'intérieur, soit à l'étranger. »

○ ○ ○

Nous avons vu dans notre vie beaucoup de bretelles très-élastiques.

Mais, jamais nous n'en avons vu une paire qui prêtât autant que cet article de loi.

L'article II devint proverbial.

Les citoyens les plus débonnaires en avaient une frayeur atroce.

C'est que, en effet, *pratiquer des manœuvres et entretenir des intelligences*, était si aisé, même sans le vouloir, que l'on n'était jamais sûr de ne point s'être exposé à la déportation dans une enceinte fortifiée en cherchant des puces à son chien.

* * *

On raconte qu'un brave bourgeois, très-effrayé de ce terrible article II, qui l'empêchait de bouger de chez lui, de recevoir du monde à dîner, et de se servir de foulards de couleur, voulut une bonne fois en avoir le cœur net.

Il alla trouver un avocat célèbre et lui donna deux mille francs pour lui traduire clairement ce redoutable article.

— Je veux savoir, disait-il, ce qui m'est défendu et ce qui m'est permis ; ce que le gouvernement comprend par *pratiquer une manœuvre*, et ce qu'il entend par *entretenir des intelligences*.

o°o

L'avocat prit les deux mille francs et pria son client de repasser le lendemain, lui promettant que l'article II serait traduit de façon à faire cesser toute espèce de malentendu.

Et le lendemain, il dit au brave bourgeois :

— J'ai examiné très-soigneusement le texte que vous m'avez apporté. Voici comment doit être lu l'article en question :

« Est puni de l'emprisonnement et de l'amende, au gré du gouvernement, tout individu qui, dans le but de troubler la paix publique, — ou même dans un autre but, — ou même sans aucun but, — a une figure qui ne plaît pas au commissaire de son quartier ou à toute autre personne à qui ce fonctionnaire peut devoir de l'argent. »

o°o

Quoi qu'il en soit, une fois armé de cet article à tout faire, l'empire put s'endormir sur les deux oreilles et terminer son année 1858 l'âme sereine, et baignée voluptueusement dans cette confiance que donne aux filous la douce pensée que c'est à eux que les imbéciles ont confié le commandement de la gendarmerie.

o °o o

Le 1ᵉʳ février 1858, l'empereur conféra expressément la régence à l'impératrice.

L'attentat du 14 janvier précédent l'avait inquiété, et il s'était dit :

— Si j'avais été tué, qui donc eût continué à tourner le robinet du budget !...

Un bon prince ne doit jamais s'exposer à mourir sans avoir assuré... les impôts de ses sujets.

°o
o o

Nous avons parlé plus haut de la loi de sûreté générale. Elle fut aussi vivement exécutée qu'elle avait été votée.

Le 7 février 1858, le général Espinasse était nommé ministre de l'intérieur et de la sûreté générale.

○ ○ ○

Espinasse était un homme d'une quarantaine d'années, qui avait tout ce qu'il fallait alors pour arriver à de hautes destinées ; c'est-à-dire aucun mérite, et un dévoûment sans bornes au côté CAISSE de la politique.

D'une physionomie de marchand de contremarques et d'une intelligence à lire *la Patrie* à l'envers sans s'en apercevoir, il était sorti de l'école de Saint-Cyr avec un numéro si volumineux, qu'il crut un instant qu'il venait de le recevoir au bureau d'omnibus de la Madeleine un jour de pluie.

○ ○ ○

Il alla en Afrique, prit part à plusieurs expéditions, et se fit surtout remarquer par la façon brillante dont..... le duc d'Aumale lui sauva la vie au combat de Médiounez.

En vertu de cet axiome si juste, développé par Labiche et Édouard Martin dans leur *Voyage de M. Perrichon*, que l'on aime beaucoup mieux les gens à qui l'on a fait du bien que ceux qui vous ont rendu service, le duc d'Aumale s'attacha au capitaine Espinasse, devint son protecteur, et le fit nommer chef de bataillon aux zouaves en 1845.

O profondeurs tortueuses du cœur humain !...

Si c'eût été Espinasse qui eût sauvé la vie au duc d'Aumale, celui-ci lui eût peut-être offert tout simplement cent sous.

Morale :

Il y a deux manières de faire son chemin avec les grands :

La première, c'est de sauver la vie à un prince : cela rapporte un bureau de tabac ;

La seconde, c'est de lui emprunter un parapluie par une grosse averse et de le lui rendre en criant bien haut que, sans lui, vous étiez mort d'une fluxion de poitrine : cela peut conduire à un ministère.

o o o

Après la Révolution de 1848, le commandant Espinasse, privé de la protection du duc d'Aumale, avait cherché un appui auprès du général Cavaignac, et ensuite auprès de Louis-Napoléon.

Celui-ci le fit, coup sur coup, lieutenant-colonel, colonel ; puis, et pour récompenser sa collaboration au coup d'État, le nomma aide de camp avec trente mille francs d'appointements et le grade de général de brigade.

Cet avancement exorbitant inspira à un moraliste du temps la pensée suivante :

« L'homme ambitieux est un ballon dont la conscience est le lest : plus il en jette, plus il s'élève. »

o o o

Après le 2 décembre, Espinasse avait été désigné pour

réviser les dossiers des citoyens condamnés par les commissions mixtes.

Les condamnés, en apprenant que leur sort était remis entre les mains d'un des principaux collaborateurs du coup d'État, éprouvèrent cette vive satisfaction qui envahirait un malheureux dont les vêtements sont enflammés, si l'on venait lui dire :

— Rassurez-vous !... on va vous inonder avec une pompe chargée d'un excellent pétrole.

o °o

Leur espoir, en effet, ne fut pas déçu.

Sur quinze mille condamnations qui lui furent soumises, le général Espinasse trouva le moyen de prononcer deux cents commutations de peine.

o °o

Cet acte de haute clémence devait naturellement attirer sur son auteur l'attention de l'empereur.

Et, dès que le fameux ministère de la sûreté générale dont nous avons parlé plus haut fut créé, Napoléon III n'eut pas de peine à trouver un titulaire.

Il se dit :

— Un homme qui trouve si peu de gens innocents ne doit pas être embarrassé pour trouver tout le monde coupable.

Et, comme nous l'avons dit, il nomma le général Espinasse ministre de la sûreté générale.

o*o

Celui-ci entra immédiatement en fonctions et débuta par un coup de maître qui ne laissa plus aucun doute sur ses aptitudes.

Il manda de suite tous les préfets à Paris, et eut avec eux quatre-vingt-neuf entretiens particuliers d'une telle ressemblance entr'eux, que nous prendrons la liberté de n'en relater qu'un seul, qui servira de type.

o*o

LE MINISTRE. — Vous êtes préfet?

LE PRÉFET. — Oui, Excellence.... pour vous servir.

LE MINISTRE, *avançant vers le préfet une tête de Turc qui était dans son cabinet et représentait un républicain.* — Voyons la poigne.

Le préfet tapait de toutes ses forces officielles sur le dynamomètre.

Selon qu'il annonçait le 300, le 500 ou le 800, le ministre prenait des notes.

Le ministre. — De quel département êtes-vous?

Le préfet. — De la Creuse.

Le ministre, *consultant un tableau qu'il avait sur son bureau.* — Nous disons Creuse... Creuse.... Creuse..... Ah! voilà!... Eh bien... vous avez six cent vingt-huit arrestations à faire dans les quarante-huit heures!...

Le préfet, *s'inclinant.* — Son Excellence voudra-t-elle me donner les noms des personnes que je dois faire arrêter?

Le ministre, *avec mauvaise humeur.* — Comment!... les noms!... Vous êtes un fonctionnaire peu intelligent!... Les noms!... les noms!... Est-ce que nous pouvons nous occuper de ces détails-là?...

Le préfet. — Cependant, Excellence...

Le ministre, *hors de lui.* — Il n'y a pas de : cependant!... Votre département est noté pour six cent vingt-huit arrestations, c'est à vous de les trouver. D'ailleurs, les calculs de l'administration reposent sur des bases absolument équitables. Le nombre d'arrestations est proportionné à celui des habitants qui savent lire et écrire ; on ne peut rien trouver de plus juste!... allez!...

o °o

Et le préfet se retirait souvent fort embarrassé de la façon dont il allait s'y prendre pour choisir ses six cent vingt-huit coupables ; mais bien décidé, plutôt que de s'exposer à perdre sa place, à les prendre par ordre alphabétique sur les listes des contributions.

o °o

Ce procédé expéditif fut couronné d'un plein succès.

Un ou deux préfets seulement firent la grimace en se voyant chargés d'une pareille besogne.

On les révoqua et l'on mit de suite leur place en adjudication par voie de soumission cachetée.

o °o

Chaque postulant devait déposer sous pli une proposition ainsi conçue :

« *Si la préfecture du département de..... m'est accordée,*

je m'engage à opérer dans le délai de trois jours..... arrestations de démocrates.

Celui qui proposait le chiffre le plus élevé était nommé.

o °o o

Avec un pareil personnel, le nettoyage de la France devait marcher d'un bon train.

Aussi tous ceux qui étaient soupçonnés d'avoir été républicains furent-ils arrêtés.

Dans beaucoup d'endroits, on arrêta même ceux que l'on croyait susceptibles de le devenir.

o °o o

On raconte qu'un M. Georges Tilliers, homme de lettres, fut enfermé à la Roquette pendant que sa mère et sa femme étaient jetées dans la prison de Nevers.

M. Georges Tilliers fut revêtu du costume des condamnés, et il fallut qu'il attendît le départ de onze forçats avec lesquels il fut conduit à Marseille.

Beaucoup de gens s'indignèrent de ce procédé. Il faut rendre à chacun la justice qui lui est due; ils s'étaient trop pressés d'accuser le gouvernement impérial.

Il a été prouvé depuis que l'empereur, ayant appris qu'un écrivain avait été accouplé à des forçats, s'en montra très-contrarié et dicta immédiatement à son secrétaire le billet suivant :

« Monsieur,

« Quoique frappé par la justice, vous ne deviez pas être exposé à des humiliations sanglantes. J'apprends avec regret que vous avez été mêlé et confondu avec une catégorie de criminels qui n'est pas la vôtre ; je crois qu'il est de mon devoir de vous en exprimer mes regrets. Des ordres sont donnés pour qu'à l'avenir on ne vous encanaille plus.

« Napoléon. »

Quand cette lettre fut dictée, l'empereur dit à son secrétaire :

— Faites copier à onze exemplaires et adressez aux onze forçats.

Notre conscience d'historien nous faisait un devoir

de ne point passer sous silence cet acte de haute justice.

Il faut savoir mettre de côté l'esprit de parti et s'incliner devant une belle action, fût-elle de ses adversaires.

o o o

Pendant quelques semaines, la France fut donc sillonnée de convois de prisonniers qui se dirigeaient de tous points sur Marseille, et de là, sur les colonies d'Afrique et autres lieux de plaisance à climats si riches, que les ananas et républicains y viennent à profusion.

o o o

Nous avons trop indiqué la manière dont furent faites ces arrestations, pour essayer maintenant de rassurer nos lecteurs, en leur disant qu'il n'y eut aucune erreur, ni aucune injustice commises.

Seulement, ce que nous croyons pouvoir leur affirmer, c'est que si quelques citoyens furent arrêtés sans avoir jamais commis d'autre délit politique que de déplaire à quelqu'un qui plaisait au préfet, ce cas ne se présentera pas plus de dix-neuf fois sur vingt en moyenne.

Pendant que se passaient ces événements, pendant que les déportations avaient lieu en si grand nombre, que l'on en était arrivé à se demander s'il n'y aurait pas économie sur les transports, à envoyer les honnêtes gens fonder une colonie modèle à Cayenne, en laissant la France aux républicains comme lieu de prescription, des circonstances graves se produisaient à Paris.

o °o o

Trois députés de cette ville étaient à élire, en remplacement de Cavaignac, mort, et de MM. Goudchaux et Carnot, considérés comme démissionnaires, pour avoir pouffé de rire quand on leur avait demandé de prêter serment à l'homme du 2 décembre.

Les électeurs avaient été convoqués pour le 27 avril 1858.

Le gouvernement avait proposé ses candidats officiels; mais les Parisiens n'avaient pas plus l'air d'y faire attention que si leurs professions de foi, placardées sur les murs, eussent été des prospectus de bandagistes.

o °o o

Il était déjà assez aisé de voir que Paris, revenu de son étourdissement, commençait à ébaucher à l'adresse des institutions impériales et de leur noble représentant, ce geste plein de déférence dans lequel Gavroche met toute son âme quand il veut honorer les idoles qui commencent à le faire suer.

En effet, MM. Jules Favre et Ernest Picard furent élus députés.

Ces deux hommes ont joué plus tard dans une période terrible de notre histoire, un rôle trop important pour que nous ne les présentions pas dès aujourd'hui à nos lecteurs.

Voici comment nous avons tiré dans le *Trombinoscope* la silhouette de ces deux hommes d'État célèbres, qui passèrent pour de si bons cuisiniers jusqu'au jour où ils furent mis devant les fourneaux.

« JULES FAVRE, Claude-Gabriel, avocat et homme politique français, né à Lyon le 21 mars 1809.

« A peine majeur, il sauta à pieds joints dans la politique, en demandant, le 29 juillet 1830, l'abolition de la royauté.

« Vint en décembre 1835 défendre les accusés d'avril devant la Cour des pairs, et commença sa plaidoirie par ces mots : *Je suis républicain!...* qui, prononcés en pleine monarchie, produisirent sur les ruraux de l'époque l'effet d'un pétard tiré dans une nichée de marmottes.

o o o

« Nommé représentant du peuple en 1848, il prend une part active aux travaux de l'Assemblée, appuyant tantôt la gauche, tantôt la droite, s'abstenant quand le cas lui semblait trop compromettant.

« Dans ses votes de cette époque, on trouve à boire et à manger.

« Il se prononça pour la suppression des journaux et l'abolition de la peine de mort; mais il vota la restriction du droit de réunion et contre la liberté absolue des clubs. L'évolution commençait.

o o o

« Mis en disponibilité par le coup d'État du 2 décembre, il reprit ses fonctions d'avocat, et, en 1858, défendit brillamment Orsini, qui en mourut.

o o o

« Il fut alors envoyé par Paris au Corps législatif, où il fit partie des fameux *cinq* qui jetèrent tant de poudre à gratter sur les traversins de l'empire.

« Pendant plusieurs années, les *cinq* en question firent, à tous les ministres de Napoléon III, une guerre aussi suivie qu'anodine.

« La douce opposition-revalescière avec laquelle ils s'étaient fait une facile et avantageuse spécialité, eût pu se perpétuer pendant des siècles sans grand danger pour le pouvoir, et l'on raconte que M. Billault aurait un jour dit à l'empereur :

« — Sire, ces gens-là sont très-embêtants, c'est vrai; mais il ne faut pas oublier qu'ils tiennent la place d'autres qui pourraient l'être bien davantage.

o o o

« M. Jules Favre est d'assez haute taille. Il était très-laid étant jeune ; les cheveux blancs lui vont mieux.

« Il parle avec onction, il bave avec amour. On dirait un robinet huile sainte et fiel mêlés.

º º º

« PICARD, Louis-Joseph-Ernest, avocat et homme politique français, né à Paris le 24 décembre 1821.

« Comme il venait au monde la veille de Noël, ses parents mirent immédiatement son sabot dans la cheminée ; et, le lendemain matin, Noël y avait déposé un charmant petit fouet, avec cette maxime incrustée dans le manche :

« Cingler jusqu'à ce qu'on émarge. »

« M. Picard devait se servir toute sa vie de ce fouet de Noël. Il en renouvela bien de temps en temps la mèche ; mais il conserva toujours le manche, et resta surtout fidèle à la maxime.

º º º

« Il fut reçu avocat en 1844 et docteur en droit

en 1846. Il fut promu gendre de M. Liouville, premier bâtonnier de l'ordre, et devint membre du conseil de surveillance du journal *le Siècle*.

« En juin 1858, il fut élu député au Corps législatif par la quatrième circonscription de la Seine, qui n'en est pas encore consolée.

« Quoiqu'il se fut présenté comme candidat de l'opposition, il prêta serment à l'empereur avec l'aplomb d'un homme qui se dit :

« — Le serment politique est comme l'argent ; il faut absolument le prêter à quelqu'un pour qu'il rapporte quelque chose.

« Il entra donc à la Chambre où, pendant toute la législature, il fit partie des *cinq*.

« Ces *cinq*-là, on s'en souvient, passaient leur temps à houspiller l'empire qu'ils adoraient au fond, comme le gymnasiarque adore le tremplin qui fait valoir sa légèreté.

« Les *cinq* réussirent, pendant pas mal de temps, à accomplir ce petit exercice de salon, qui consistait à sauter assez haut pour émerveiller la galerie, tout en ne sautant pas assez haut pour casser le tremplin qui était leur gagne-popularité.

« La galerie fut longtemps dupe de leur fausse hardiesse. A la Chambre, ils prenaient des élans magnifiques, des élans à enjamber d'un seul coup l'empereur et toute la boutique, et ils sautaient... sur une chaise.

« Sauter sur une chaise à ce moment-là paraissait très-beau, et le public s'y laissa attraper; il ne devait apprendre que plus tard, par Rochefort, comment on saute quand on veut vraiment sauter; et comment, lorsque l'on est décidé à escalader quelque chose le lundi, on doit remettre au mardi la crainte de se casser les reins.

« Ce ne fut que longtemps après, — et il était trop tard, — que les candides admirateurs des *cinq* reconnurent qu'ils avaient pris de la colle durcie pour du marbre, et que le faubourg modifia ainsi, en faveur des *cinq*, sa chanson populaire :

> « Ils étaient quatre
> « Qui voulaient se battre,
> « Autant que l'cinquième
> « Qui ne l'voulait pas.

*
* *

« Ernest Picard, plus particulièrement, avait conquis les sympathies des Parisiens. Parisien lui-même, il avait le mot, le trait, la présence d'esprit; toutes qualités qui ne sont rien, si elles ne sont pas doublées avec du cœur. Ernest Picard ne les doublait qu'avec du ventre.

*
* *

« Au physique, Ernest Picard est bien le même homme qu'au moral. On ne gagne rien à entrer dedans : tout est à la porte.

« Il est gras, il est rond, il est ventru, il est lippu.

« L'œil est enjoué et malin ; mais on voit tout de suite que le peuple ne doit compter sur les hommes de cette trempe-là que le jour où les gouvernements se renverseront en jetant un calembour dessus. Nous n'en sommes pas là. »

* * *

L'année 1858 se termina sans incident remarquable.

A l'occasion de l'inauguration des travaux du port de Cherbourg, à laquelle la reine d'Angleterre vint assister, l'empereur prononça un discours des plus pacifiques.

Les gens qui étaient un peu habitués à la politique impériale, comprirent tout de suite que c'était la guerre assurée pour l'année suivante.

La réception faite à la reine Victoria fut des plus cordiales.

Pendant son séjour, on l'accabla de dîners, de fêtes et de politesses en tous genres.

Puis, lorsque l'on fut las de festoyer, on la mena visiter nos arsenaux, où on lui fit admirer nos canons et nos artilleurs.

o°o

Il paraît que la reine Victoria était ravie.
Nous? beaucoup moins.
Rien ne nous fait froid dans le dos comme ce genre de politesses entre potentats.

o°o

Il nous semble toujours les entendre se dire en riant :

— Regardez-moi donc mes zouaves!... Hein!... est-ce solide?... Est-ce râblé?...

— Oui... Mais quand vous viendrez me voir, je vous montrerai mes grenadiers; vous verrez comme ils sont bâtis!...

— Avec plaisir... Dites-donc, si vous voulez, un jour nous les ferons cogner ensemble pour voir.

— Tiens!... c'est une idée!...

⁂

Nous entendons d'ici des gens s'écrier que cela ne se passe pas ainsi.

Qu'ils nous prouvent que chaque fois que deux souverains ont fait s'entretuer cinquante mille de leurs soldats, c'était pour le bien de leurs peuples; et nous faisons des excuses à la monarchie en masse.

⁂

Nous avons dit plus haut que les électeurs de Paris avaient envoyé au Corps législatif des candidats assez avancés.

Le gouvernement ne fut pas enchanté de ce résultat ; mais les feuilles officieuses, comme cela arrive d'ordinaire, essayèrent d'atténuer la défaite.

⁂

C'était prévu.

Ces élections, comme toutes les élections possibles, avaient deux catégories d'heureux :

Ceux qui l'étaient,

Et ceux qui faisaient semblant de l'être.

* * *

En prenant dans le tas deux journaux de nuance opposée, dans l'un on lisait ceci :

« Sont-ils assez enfoncés les impérialistes!... Quatre républicains sur cinq candidats!..... Quelle veste!..... La France affirme de plus en plus... etc., etc. »

* * *

L'autre feuille s'exprimait ainsi :

« Nous l'avions bien prévu... le pays rentre enfin en lui-même!... Les élections dernières prouvent surabondamment qu'il s'éloigne de plus en plus des idées démocratiques et reconnaît qu'il n'a plus de chances de salut que dans les véritables principes de l'autorité qui s'avance... té qui s'avance!...

« Il est vrai que, sur cinq députés que Paris avait à nommer, il en a choisi quatre qui passent pour rouges.

« Au premier abord, cela semble signifier quelque chose ; mais, au fond, cela ne prouve rien ; au contraire.

« Nous allons l'établir clairement au moyen de chiffres comparés :

« En additionnant les totaux des suffrages de l'opposition de dimanche dernier avec le nombre d'années des cent cinquante plus vieux électeurs, nous trouvons un chiffre de 154,827.

« Or, si nous rapprochons ce total de celui que donne le nombre de minutes écoulées depuis la prise de la Bastille, augmenté des abstentions électorales de 1852 et 1858, nous trouvons qu'il y a encore un excédant, même sans tenir compte du nombre de parapluies perdus dans les restaurants depuis le 2 décembre 1851.

« Or, il est incontestable que si ces deux résultats comparés se traduisent de cette façon en juin 1858, alors qu'en 1852 il a, au contraire, été établi que le chiffre des votes favorables au gouvernement, divisé par le nombre de gardes champêtres et multiplié par celui des cas de dyssenterie, donnait juste un total égal à celui des pièces de deux sous qui tiendraient dans un omnibus, divisé par le nombre des démocrates qui changent quelquefois de chemise, il est incontestable, disons-nous, que les dernières élections prouvent un retour très-réel de l'opinion publique vers les idées saines.

Et voilà comment, en 1858, tout le monde était content du résultat des élections.

La joie débordait également des colonnes des feuilles libérales et de celles du *Constitutionnel*.

Si bien que, hors celui qui n'eût pas été rompu à ce genre de comédie, il eût été très-difficile, au milieu des hurrahs que poussaient les deux camps, de distinguer les blackboulés des vainqueurs.

o ° o

Pour nous, qui connaissons au juste la valeur de ces bulletins de victoire, destinés à calmer les paniques et à rallier les fuyards, il nous est plus aisé d'apprécier ce que pèse ce cliché à toutes sauces : *Nous couchons sur les positions.*

Les officieux renouvelaient en cette circonstance l'histoire bien connue du fameux prisonnier. Ils s'écriaient :

— Nous tenons les républicains.

Seulement les républicains ne voulaient pas les lâcher.

o ° o

Quoique le gouvernement fît bonne contenance devant l'échec que lui avait infligé la population parisienne, il n'en prit pas moins de nouvelles sûretés.

Et, comme toujours, ce fut la presse qui en fit les premiers frais.

❊

On avertit, on suspendit, on condamna, on supprima les journaux hostiles avec une facilité qui tenait du prodige.

On inaugura même un nouveau système de suspension très-original et très-commode.

C'était de permettre aux juges de suspendre un journal et de décider que cette suspension aurait son effet de suite, en dépit de l'appel que le journal condamné pouvait toujours interjeter.

❊

Il avait semblé jusque-là à toutes les âmes naïves que si l'on avait institué des tribunaux d'appel, c'était que l'on avait admis qu'ils pouvaient juger autrement que les autres.

Et il sautait aux yeux mêmes des enfants de huit ans,

que tant qu'un homme pouvait être reconnu innocent, il y avait injustice à lui faire subir une peine quelconque.

o °o

Mais les hommes de l'empire, qui n'avaient pas l'âme naïve et qui avaient plus de huit ans, ne l'entendaient point ainsi :

Ils disaient à un journal gênant :

« A partir d'aujourd'hui vous ne paraîtrez plus ; vos rédacteurs, vos compositeurs, vos porteurs, tout votre personnel est sur le pavé.... Maintenant, vous pouvez appeler du jugement qui vous condamne ; mais commencez d'abord par mourir.... vous vous défendrez ensuite. Si le tribunal supérieur vous acquitte et trouve que nous avons mal jugé, il vous renverra des fins de la plainte, et vous ne serez plus que ruinés. Voilà tout ce que l'empire peut faire pour vous.

o °o

Nous avouons que la logique d'une pareille législation nous a toujours complétement échappé.

Peut-être arriverions-nous à la saisir le jour où nous lirions dans le Code pénal la disposition suivante :

« LES CONDAMNÉS A MORT PEUVENT SE POURVOIR EN CASSATION ; MAIS ILS SONT EXÉCUTÉS NONOBSTANT APPEL PENDANT QUE LA COUR EXAMINE LEUR POURVOI. »

o o o

On se montra très-sévère aussi pour les cris séditieux.

Le résultat des élections avait produit un peu d'effervescence chez la population parisienne.

On avait parlé un peu haut sur les trottoirs.

Le préfet de police coupa court à ces manifestations en prohibant les cris séditieux.

Seulement, comme les agents subalternes se laissaient aller à faire du zèle et à considérer comme cris séditieux les interjections les plus inoffensives, il arriva que plusieurs citoyens furent traînés dans les fers pour avoir appelé un vitrier ou un marchand d'habits dans la rue.

Tout dépendait de la disposition d'esprit du sergent de ville qui passait par-là.

o o o

Alors les promeneurs, terrifiés et craignant d'encourir les rigueurs de la justice en criant après leur chien pour l'empêcher de pisser sur les mottes de beurre d'une fruitière, n'osaient plus ouvrir la bouche dans la rue.

o°o

Un instant, il fut question de créer une feuille quotidienne paraissant le matin, sous ce titre :

GUIDE DES CRIS DANS PARIS

Les fondateurs de cette feuille se proposaient d'informer régulièrement le public des vivats officiels à l'ordre du jour, ainsi que des exclamations séditieuses et compromettantes.

Ainsi, par exemple, on devait y lire des avis dans ce goût :

« Aujourd'hui à deux heures aura lieu l'inauguration du nouveau boulevard qui va des Buttes-Chaumont au Trocadéro. Les gens bien pensant qui assisteront à cette cérémonie crieront :

« Vive M. Haussmann!...

« Les personnes mal inspirées qui s'aviseraient de crier : *Vive la diminution des droits d'octroi!* se verraient arrêtées immédiatement. Les cris de : *A bas le macadam !* seront sévèrement réprimés: »

o °o

Avec un tel journal, les habitants de Paris n'eussent peut-être pas été absolument certains de manifester leur vraie opinion.

Mais au moins ils ne fussent plus exposés à passer cinq nuits à Mazas pour avoir risqué le cri de : Vive la Pologne! un jour où il fallait crier : Vive Bismark!

o °o

Le *Tintamarre*, lui, proposa un autre moyen :

C'était de prendre pendant six semaines des leçons de ventriloquie.

« Une fois que l'on se sentirait suffisamment fort, disait-il, on irait se fourrer dans un rassemblement, et on pousserait — du ventre — tous les cris les plus séditieux que l'on pourrait trouver.

« Et comme tout le monde se regarderait ébahi, effrayé, se demandant quel est l'audacieux qui peut proférer de telles énormités, on arriverait sans peine, avec un peu d'aplomb, à persuader à la foule que c'est un agent de police placé à dix pas de là. »

∴

Enfin, le gouvernement impérial prescrivait à ses préfets de se montrer très-sévères pour les banquets commémoratifs ou autres dont la mode semblait reprendre depuis quelques mois.

Napoléon III n'avait point oublié que Louis-Philippe était tombé par les banquets, et il voulait à tout prix conjurer ce désagrément.

∴

Des circulaires administratives, savamment rédigées, interdirent donc formellement dans toute la France, non-seulement les gigots publics, mais encore tout ragoût de mouton ou plat de macaroni « *qui, sous le dehors d'un plat de famille et privé, semblerait avoir un caractère politique et public.* »

∴

Les plus savants jurisconsultes de l'époque se creusèrent pendant trois mois le cerveau pour arriver à comprendre comment un fricandeau à l'oseille pouvait être assez perfide pour affecter une forme privée, afin d'en dissimuler une autre.

Ils ne purent y parvenir.

o o o

Nous honorons d'un trop profond respect les décisions prises par des gens de bien... qui ont de l'artillerie à leur disposition, pour nous permettre de critiquer la défense qui fut faite aux Français de manger des omelettes de plus de deux œufs.

Seulement, nous aussi, nous avons cherché comment avaient pu faire les préfets de l'empire pour reconnaître les plats de bœuf à la mode qui, *se dissimulant sous une forme privée, avaient bel et bien un caractère public.*

o o o

Sonder les intentions secrètes d'un rôti nous avait paru énormément difficile, surtout sans points de repère précis.

Ces points de repère, il nous paraissait impossible que le ministère de l'intérieur ne les eût pas donnés à ses préfets par une circulaire confidentielle.

Car, sans cela, ces fonctionnaires eussent dû être très-embarrassés pour distinguer les aloyaux sur lesquels ils devaient apposer les scellés, des canards aux olives dont ils pouvaient sans danger autoriser la consommation.

o°o

Nous avons donc fait des fouilles historiques spéciales pour découvrir ce document secret dont nous devinions l'existence.

Nous l'avons trouvé.

Voici la petite instruction intime qui accompagne la circulaire officielle :

MANIÈRE SURE
DE RECONNAITRE UNE CHOUCROUTE GARNIE PRIVÉE
QUI N'EN A PAS MOINS UN CARACTÈRE PUBLIC.

« Monsieur le Préfet,

« Vous vous rendrez aisément compte de la pureté des intentions d'une choucroute garnie, ainsi d'ailleurs que de celles de tous autres plats que vos administrés mangeront, — à l'aide du principe suivant :

« Un dîner emprunte son caractère privé ou public bien moins à la nature et à la quantité des mets qui sont sur la table qu'au tempérament et aux opinions politiques des convives qui sont autour.

« Vous savez ce qui vous reste à faire.

« Veuillez agréer, Monsieur le Préfet, etc. »

« LE MINISTRE. »

* * *

Ce fut aussi vers cette époque que le gouvernement impérial songea à envelopper les débats du Corps législatif du doux mystère du *compte rendu analytique obligatoire* pour tous les journaux.

Les députés de la droite, furieux contre les sténographes des journaux de l'opposition, qui n'avaient jamais la politesse de leur prêter un mot drôle, unirent leurs efforts à ceux du ministère pour imposer aux journaux le compte rendu officiel fourni par le gouvernement, en un mot, un compte rendu qui *ne fût pas au coin du quai.*

* * *

Beaucoup de gens se demandèrent à ce propos si le public serait beaucoup mieux renseigné, quand il n'aurait plus à lire que le compte rendu officiel.

Et ils répondirent assez généralement qu'il était bien difficile d'entendre deux sons en ne frappant que sur une seule cloche.

° ° °

Nous n'avons pas la prétention de vouloir calomnier les sténographes en général, ni ceux du *Journal officiel* en particulier.

Mais on nous accordera bien que ceux-ci peuvent, aussi bien que les autres, avoir des distractions, entendre de travers, ne pas entendre du tout, etc., etc.

C'est si vrai, que presque tous les débuts de séances parlementaires sont émaillés de demandes de rectifications sur le procès-verbal de la veille.

Un député dit :

— L'*Officiel* prétend que j'ai répondu hier à mon honorable collègue *** : *Vous n'êtes qu'un républicain en carton bitumé*, quand j'ai dit réellement : *l'impôt sur les sucres nuira à la consommation du café au lait.*

° ° °

Un autre réclame sur la couleur de son bulletin.

Un troisième prétend qu'il figure à tort comme ayant voté, mais qu'il était à l'enterrement de son beau-père.

Un quatrième se fâche parce que le procès-verbal ne constate pas qu'il a crié à l'orateur : *Plus haut, l'on n'entend rien !*

Etc., etc.

o °o o

Il est donc parfaitement avéré que le compte rendu officiel n'est pas toujours d'une exactitude irréprochable.

Et que les sténographes les plus intègres ne peuvent avoir la précision d'un appareil photographique.

D'où nous sommes presque disposé à conclure que les sténographes *officiels* et les *parallèles* pouvant avoir l'oreille plus ou moins dure, il convient de laisser le public puiser la vérité dans la contradiction.

o °o o

En effet, on a remarqué souvent que, par un de ces effets d'acoustique dont la passion politique surtout est très-prodigue, les sténographes sacrés et les sténographes profanes n'étaient sourds qu'à tour de rôle.

Ce que les uns n'ont pas entendu « c'est fort rare — chose étrange » — que les autres ne l'aient pas perçu très-distinctement.

Où le reporter de *la Patrie*, par exemple, n'a distingué que des : *Applaudissements prolongés*, celui du *Siècle* a presque immanquablement entendu des : *Murmures violents sur un grand nombre de bancs.*

Et *vice versa.*.

o °o o

Il paraît donc assez sage de conserver le compte rendu libre, qui seul peut combattre le trop fameux cliché : *M. un tel prononce quelques mots qui n'arrivent pas jusqu'à nous*, dont les comptes rendus officiels font souvent un usage immodéré.

o °o o

Vers la fin de l'année 1858, on signale une grande abondance de miracles.

Cela avait commencé dans *l'Univers* par l'histoire d'un

petit paysan aveugle qui avait recouvré la vue en buvant de l'eau de la Salette.

A partir de ce moment les colonnes des journaux ultramontains regorgèrent de miracles.

Et le *Tintamarre* lui-même ne voulut pas rester en arrière.

⁂

Il en publia une série très-nourrie dans laquelle nous puisons les suivants :

MIRACLE n° 4827. — Hier, dans la matinée, devant l'église de la Trinité, un invalide se promenait mélancoliquement.

Il réfléchissait que son nez en métal blanc commençait à se désorganiser et qu'il voudrait bien avoir cent sous pour le faire remettre à neuf.

Machinalement, il entra dans l'église et s'agenouilla pour y faire une fervente prière.

Au moment où il faisait le signe de la croix, il ressentit comme une secousse électrique au milieu du visage.

Il porta immédiatement la main à son nez et le dévissa pour voir s'il n'y aurait pas dedans une torpille.

Quelle ne fut pas sa stupéfaction en voyant son nez complétement réargenté.

Il remercia le Seigneur et s'en alla, bien décidé à trouver un café qui voulût bien lui sous-louer *l'Union*.

o °o o

MIRACLE 8375. — Jeudi, dans l'après-midi, un vieux beau entrait à Notre-Dame de Lorette pour examiner les peintures.

Comme il passait devant le donneur d'eau bénite, celui-ci lui tendit son goupillon.

Le vieux beau feignit de ne point s'en apercevoir et entra dans l'église, comme s'il fut entré dans un bureau d'omnibus.

Ce manque de respect fut immédiatement puni.

Les assistants virent très-distinctement un ange fondre sur l'impie, lui enlever sa perruque et son chapeau et s'envoler avec.

Il fut obligé de traverser Paris dans cet état pour rentrer chez lui au Gros-Caillou.

o °o o

MIRACLE 9336. — Dimanche matin, un monsieur passait sur le trottoir de la rue de la Vrillière, lorsqu'au détour de celle des Petits-Champs, il aperçut un vénérable ecclésiastique qui arrivait à lui.

A Paris, on le sait, peu de gens — trop peu de gens — saluent les prêtres qu'ils rencontrent.

Personne ne se découvrait devant celui-ci.

Mais le passant dont nous parlons ôta son chapeau au moment où il croisait le ministre de Dieu.

Au même instant une persienne mal accrochée tomba du cinquième étage sur le chapeau qu'il tenait respectueusement à la main, et foudroya ce meuble sans égratigner son propriétaire.

Inutile d'insister sur ce fait où l'on distingue très-bien le doigt de la Providence.

En effet, si, au lieu d'avoir son chapeau à la main, le passant l'eût eu sur la tête, il était tué raide.

P. S. *Au moment où nous mettons sous presse, nous apprenons que le monsieur n'avait ôté son chapeau que pour s'essuyer le front.*

o o o

Nous avons parlé plus haut du voyage que fit Napoléon III à Cherbourg pour y recevoir la reine d'Angleterre.

En feuilletant les papiers publics de l'époque, nous

avons trouvé que l'Empereur avait été reçu dans cette ville avec un grand enthousiasme.

« Les matelots, — dit une relation officielle que nous avons consultée, — ont crié sept fois avec un ensemble admirable : *Vive l'Empereur !* ainsi, d'ailleurs que ce cérémonial est réglé par le décret du 11 août 1856. »

○ °○

Nous avions jusqu'ici ignoré absolument que l'enthousiasme de la marine fût réglé par un décret.

Et nous ne savons pas encore au juste si nous sommes bien heureux de l'avoir appris.

Nous comprenons très-bien que pour une ouverture d'opéra ou une symphonie de Beethoven, l'ensemble de l'exécution soit presque indispensable.

Dans cette circonstance, il peut même être jusqu'à un certain point utile que tous les musiciens se fassent un devoir de partir à la fois au signal de leur chef d'orchestre, et que la première clarinette ne commence pas trois minutes avant pour avoir fini plus tôt que les autres, pendant que le second trombone se dit de son côté :

— Je vais prendre le temps de me moucher ; je les rattraperai bien.

Mais lorsqu'il s'agit d'acclamer un souverain, nous sommes taquiné à la pensée qu'un chef d'attaque, dissimulé derrière quinze cents matelots, leur dit en sourdine :

— Attention!... Une mesure pour rien!... et de l'ensemble!... Une... deux... trois... Vive l'Empereur!...

Et comme cela sept fois!...

Pas neuf fois... Pas huit fois!...

Non... sept fois...

Si les renseignements que nous avons recueillis jusqu'ici sur la valeur du mot : *Vivat* sont justes, le vivat est une acclamation d'applaudissement et de joie.

Or, comment accepter que le jour où, transporté d'admiration et de plaisir, nous éprouvons le besoin d'acclamer quelqu'un, on vienne nous dire :

— Attendez un peu... on va vous battre la mesure!... et votre cœur débordera d'enthousiasme au quatrième temps!...

Nous ne deviendrons peut-être jamais roi, — ni les autres non plus, c'est ce qui nous console ; — mais si nous le devenions jamais et que nous allassions faire un tour de promenade au milieu de nos sujets, nous serions très-agréablement chatouillés de les entendre nous acclamer librement, sans rhythme, sans mesure, en *ré* naturel, en *mi* bémol, en trois-quatre, en dix-huit, selon leur tempérament à chacun.

Et dussent nos oreilles souffrir un peu de cette cacophonie, nous préférerions de beaucoup ce beau désordre au plaisir douteux d'entendre notre peuple nous crier :

— Vive le roi!...

Sur un mouvement de polka.

CHAPITRE IX

1859-1860

Dès les premiers jours de 1859, un vent de *conjungo* semble souffler sur toutes les cours de l'Europe.

On parla de plusieurs alliances entre princes du sang et filles de têtes couronnées.

Il fut aussi question de fiançailles précoces, et quoique le petit prince impérial n'eût encore atteint que cet âge heureux où l'amour immodéré du sucre d'orge est la passion la plus féroce de l'homme, on n'en parlait pas moins très-sérieusement de le fiancer à une des nièces du roi de Prusse, qui venait de naître le mois précédent.

Cette plaisanterie sera toujours drôle!

Que de précautions, que de prévoyance!... Tant de soins à assurer l'avenir seraient dignes d'un meilleur sort.

Car — il ne faut ni se le dissimuler, ni s'en chagriner,

— un beau jour tous ces projets, conçus de longue main pour placer ces enfants sur des trônes, doivent forcément échouer par le plus simple des incidents :

— C'est qu'il n'y aura plus de trônes.

o o o

Et les infortunés princes, fiancés au berceau, mariés après leur première communion, en seront réduits à se dire :

— Sapristi!... si j'avais su... c'est moi qui aurais pris une femme à mon goût!...

o o o

Ces fiançailles furent l'objet d'une masse de commentaires.

On disait, entre mille autres choses, que ce mariage n'était que le premier d'une bonne dizaine d'autres préparés entre plusieurs souverains de l'Europe pour assurer le fameux équilibre européen.

o o o

On alla même jusqu'à faire circuler dans le monde le texte du traité secret qui devait être signé entre la Prusse, la Russie et la France, à la fin du dîner des *accordailles*.

Nous avons pu nous procurer une copie authentique de ce projet de traité.

Il est du domaine de l'histoire.

o o o

. Nous l'offrons à nos lecteurs :

Entre les soussignés :

1° Guillaume, roi de Prusse, habillé pour la circonstance en major russe ;

2° Alexandre, empereur de Russie, ayant revêtu tout exprès un uniforme de colonel de zouaves ;

3° et Napoléon III, empereur des Français, attifé à cette occasion d'un costume de colonel des cuirassiers jaunes d'Augusta ;

A été solennellement — et jusqu'à ce que cela gêne l'un des trois — convenu ce qui suit :

o o o

Article Ier.

Les contractants se garantissent mutuellement l'intégralité de leurs territoires respectifs.

En conséquence, chacun des trois s'engage sur l'honneur à ne défendre que le sien dans le cas où celui des deux autres serait attaqué.

Art. II.

Voulant se donner réciproquement une preuve de confiance sans bornes, les trois souverains s'engagent à ne tenir constamment leurs armées que sur le pied de guerre le plus formidable.

Art. III.

Pour sauver les apparences, il sera annoncé simultanément, dans *l'Officiel* des trois pays, que ce déploiement de forces est nécessité par l'attitude menaçante du roi d'Araucanie.

Art. IV.

Le roi de Prusse consent à ce que la France s'agrandisse; mais seulement aux dépens de la Russie.

Art. V.

Alexandre permet également à Guillaume d'étendre ses frontières, à la condition que ce soit du côté de la France.

Art. VI.

Et Napoléon III accorde à ses deux frères l'autorisation de se prendre tout ce qu'ils pourront,

Ne se réservant que la faculté de se l'approprier ensuite, s'il le peut.

Art. VII.

En ce qui concerne les mesures à prendre pour combattre le véritable ennemi commun : l'esprit révolutionnaire, un pacte est également conclu entre les soussignés.

Ils s'engagent à entretenir à frais communs, une cabale internationale contre l'idée démocratique.

Art. VIII.

Si l'un des trois souverains venait à être renversé par son peuple, les deux autres accourraient immédiatement à son secours avec toutes leurs forces disponibles.

Art. IX.

Si le même malheur arrivait à tous les trois en même temps, un bésigue à vie, fraternel et consolateur, les réunirait dans l'exil.

Art. X.

Pour resserrer encore les tendres liens qui les unissent, les trois empereurs s'engagent à marier leurs enfants entre eux, dès l'âge le plus tendre.

Art. XI.

En conséquence de l'article qui précède, chacun des trois contractants fournira à l'association, dans le délai de vingt mois au plus, deux enfants nouveau-nés, savoir :

Napoléon III : deux garçons ;
Alexandre : deux filles ;
Guillaume : un garçon et une fille.

Art. XII.

Aussitôt sevrés, ces six enfants seront amalgamés par des fiançailles vives et animées, de façon à ce que pères et beaux-pères, mères et belles-mères, brus et gendres, forment un écheveau inextricable qui deviendra l'effroi des socialistes et la tranquillité des gouvernements.

DISPOSITIONS GÉNÉRALES.

Art. XIII et dernier.

En conséquence des conventions ci-dessus, les parties ne s'honorant mutuellement d'aucune confiance, chacune d'elles, en rentrant à son logis, prendra contre les deux autres toutes les dispositions que commande une entente de cette nature.

Fait triple et de bonne foi, etc., etc.

Suivaient les signatures.

o o o

Vers le 10 janvier 1859, la France apprit avec une grande surprise que le prince Napoléon allait épouser la princesse Clotilde, fille de Victor-Emmanuel, de roi Piémont.

Autant que cela peut être possible à un souverain, Victor-Emmanuel passait pour un honnête homme.

Et l'on trouvait bien extraordinaire qu'il choisît un gendre dans une famille aussi mal notée.

o o o

Cependant, ces bruits étaient parfaitement fondés.

Les besoins de la politique, — les mêmes que ceux que nous venons d'exposer plus haut, — avaient déterminé le roi d'Italie à prendre son gendre dans un milieu où il n'eût certainement pas consenti à prendre son frotteur.

Le 17 janvier, le prince Napoléon partait pour Turin,
Et le 30 janvier son mariage était chose faite.

o °o o

De la jeune mariée, nous n'avons absolument rien à dire.

Elle passait pour une excellente petite personne, bonne, charitable et simple.

Ce ne fut qu'un cri de douleur lorsque l'on apprit le malheur auquel l'avaient condamnée des exigences diplomatiques.

o °o o

Quant au marié, le moment est venu de le présenter de pied en cap à nos lecteurs.

Il doit par la suite jouer un rôle assez marquant dans l'histoire que nous avons entreprise, pour mériter les honneurs d'une description spéciale.

Le *Trombinoscope* nous facilitera d'ailleurs la tâche.

o °o o

« NAPOLÉON Joseph-Charles-Paul Bonaparte,

prince français et général (???...!!!...???) de division, est né le 9 septembre 1822, de l'ex-roi Jérôme et de la princesse de Wurtemberg.

« La légende prétend qu'il devait venir au monde la veille de sa naissance ; c'est-à-dire le 8 ; mais qu'ayant entendu un grand orage, qu'il prit pour une violente canonnade, il préféra retarder son entrée.

« On voit que tout jeune, il possédait ces principes solides qu'il devait plus tard appliquer avec tant de persévérance.

o°o

« Le prince Napoléon n'est que le second fils du roi Jérôme.

« Fidèle à sa règle de conduite ; déjà il s'obstinait à ne pas vouloir passer le premier.

o°o

« Les premières années de sa vie s'écoulèrent comme les premières années de la vie de tout le monde : à faire toutes sortes de confidences intimes à ses fonds de culotte.

« La seule chose qui le distingua du commun des mortels, c'est qu'il ne s'en déshabitua pas complétement.

o °o

« Jusqu'en 1849, il voyagea beaucoup.
« A cette époque, il obtint du ministre Guizot l'autorisation de séjourner à Paris.
« Il s'y fixa et prit le nom de comte de Montfort.
« Sous le nom de l'héroïque paladin, il put circuler librement, personne ne le reconnut.

o °o

« Le 24 juin 1848, le prince Napoléon accourut tout chaud à l'Hôtel de ville.
« Nous ajouterions bien que le combat était terminé, mais ce serait un pléonasme.

o °o

« Il se porta candidat à la Constituante par une profession de foi si républicaine, que celle du père Raspail à côté, parut trempée dans de la pommade de concombre.

 ⁂

« A peine élu, il vota en vrai démocrate, avec la droite, l'expédition d'Italie, destinée à étayer le pape et le maintien de la peine de mort.

« Nommé le 10 février 1849 ministre plénipotentiaire à Madrid, il fut presque aussitôt révoqué pour avoir quitté son poste précipitamment une nuit qu'il avait entendu craquer un meuble dans sa chambre à coucher.

 ⁂

« A la suite du coup d'État, il se retira dans la vie privée.

« Mais, lors de la restauration de l'empire, il fut désigné pour l'emploi de prince du sang, qu'il accepta après s'être informé si c'était dangereux.

 ⁂

« Il fut fait grand'croix de la Légion d'honneur à titre

d'avances sur les services qu'il pourrait rendre par la suite, et nommé, sans avoir encore servi dans l'armée, au grade de général de division.

« Beaucoup de gens s'étonnèrent qu'on lui donnât un avancement aussi rapide avant qu'il eût fait ses preuves comme militaire.

« Nous pensons que l'empereur fit bien, car c'eût été encore plus difficile après.

o °o o

« En Crimée, il commanda une division d'infanterie.

« Est-il nécessaire d'ajouter : *de réserve ?*

o °o o

« La chronique prétend que ce ne fut pas lui qui prit Malakoff.

« Mais elle ajoute cependant, si l'on en croit la collection du *Tintamarre* de cette époque, que pendant cette campagne, il fit autant que s'il eût été vaincu.

o °o o

« Peu de temps après, la faiblesse de sa constitution (*six pieds de haut sur trois de large*) le fit rappeler à Paris.

« Il quitta, ou plutôt, on l'arracha de son commandement.

« Et Napoléon III, qui ne voulait pas le frapper trop cruellement dans ses goûts belliqueux, lui confia..... la présidence de la commission impériale de l'Exposition universelle.

o o o

« En 1857, il entreprit une expédition dans les mers du Nord, et renonça définitivement à porter des bretelles qui lui faisaient perdre beaucoup trop de temps depuis une maladie peu dangereuse, mais très-gênante, qu'il avait gagnée en assistant aux batailles de l'Alma et d'Inkermann.

o o o

« Du 24 juin 1858 au 8 mars 1859, il fut mis à la tête du ministère de l'Algérie et des colonies.

« C'est pendant cette période qu'il épousa la princesse Clotilde-Marie-Thérèse de Savoie, fille du roi Victor-Emmanuel.

« Vapereau, qui n'a pas son pareil, comme potinier, prétend que cette union fut déterminée par des intérêts politiques réciproques de la France et du Piémont.

« Nous nous sentons tout disposé à l'admettre, ne fût-ce que pour faire excuser la princesse Clotilde.

o o o

« Pendant les guerres d'Italie et de Prusse, qui suivirent son hymen, le prince ne joua aucun rôle et se borna à observer les événements avec une rare énergie.

« Il en eut même trois enfants : deux garçons et une fille.

« Cette dernière fut frappée, encore au berceau, d'un cruel accident : on ne sait quel ami de la maison proposa et fit accepter pour elle le nom de Lætitia.

o o o

« Au Sénat, le prince Napoléon se fit une assez grande réputation comme orateur.

« Il prononça plusieurs discours à sensation, l'un entre autres, le 22 février 1861, où il menait le pouvoir temporel du pape par un petit chemin vicinal qui ne devait pas avoir été réparé depuis Pharamond.

« Nos lecteurs voudront bien se souvenir, à cet égard, qu'en 1848, le prince avait voté l'expédition de Rome.

« Mais, à cette époque, il n'avait pas de beau-père à placer.

o o o

« Ces discours incendiaires déplurent à Napoléon III, qui en désavoua bruyamment les tendances.

« Et le prince Napoléon donna sa démission de membre du conseil de régence.

« Le cours des fleuves n'en remonta pas.

o o o

« Au physique, le prince Napoléon est celui de toute la bande qui ressemble le plus à Napoléon Ier.

« On croit généralement que c'est là-dessus qu'il compte.

o o o

« Il a une tendance à la constipation ; mais il connaissait son tempérament et se soignait lui-même :

« Une pièce militaire du cirque, qu'il allait voir jouer quand il souffrait, suffisait pour lui tenir pendant trois mois le corps libre jusqu'à la licence.

○ ○ ○

« On a prétendu en Crimée qu'au fort d'une bataille, s'il s'apercevait que sa montre avançait, il lui résistait impitoyablement.

« Chaque jour, cependant, il avance... en âge ;

« Mais, c'est bien malgré lui.

« Et il est persuadé qu'il commet une imprudence »

○ ○ ○

Voilà quel était le gendre qu'avait cru devoir choisir Victor-Emmanuel, en bon père qui veut avant tout assurer le bonheur de sa..... liste civile.

○ ○ ○

Les résultats de cette union ne se firent pas attendre. Les deux époux n'avaient pas encore fini de savourer le premier rayon de leur lune de miel, que M. de Cavour, le ministre de Victor-Emmanuel, écrivait, au nom de son roi, à Napoléon III :

« Sire !...

« Nous vous avons donné notre fille en mariage.

« Vous pensez bien que ce n'était pas pour notre plaisir, ni pour le sien.

« Vous connaissez le proverbe : les ennemis de nos beaux-pères sont nos ennemis.

« Nous pensons bien que vous ne nous refuserez pas 400,000 hommes pour élargir nos frontières du côté de l'Autriche.

« Bien des choses à madame.

« Cavour. »

o °o

Napoléon III, qui n'était pas fâché de trouver une occasion de faire une diversion à l'opinion publique, en étouffant sous quelques rimes ronflantes en AILLE et en OIRE, les aspirations démocratiques qui commençaient à se produire, répondit à Victor-Emmanuel :

« Cher cousin,
« Comment donc !.... mais avec le plus grand plaisir !...

Je mets à votre disposition mon peuple et son argent.

« Ça peut vous faire beaucoup de bien, et ça ne me fera pas de mal.

« NAPOLÉON. »

o ° o

En mai 1859, la déclaration de guerre fut annoncée au Corps législatif.

Cette communication donna même lieu à une séance très-amusante.

Légitimistes et libéraux s'étaient émus de cette guerre.

Ces derniers désiraient savoir jusqu'à quel point on entendait faire profiter la cause de la liberté du sang et de l'or français qui allaient couler à flots au delà de nos frontières.

o ° o

Les légitimistes, eux, avaient un autre souci.

Ce qui les préoccupait surtout, c'était de savoir si l'on toucherait aux États du pape.

Aussi, chacun adressait au gouvernement des questions très-embarrassantes.

Nous croyons bon de sténographier de souvenir, une partie de cette séance.

⁂

M. Baroche monte à la tribune et annonce que la France va prendre les armes pour délivrer l'Italie du joug, etc., etc.

M. Anatole Lemercier. — Un instant !... l'indépendance du pape et l'intégrité du territoire de l'Église seront-elles garanties ?

M. Baroche. — Parfaitement !..... pas un pouce des États romains, pas un sou du denier de saint Pierre.

La droite acclame ces paroles avec enthousiasme.

Mais tout à coup M. Plichon pose une question plus brûlante :

M. Plichon. — Au moment d'engager la France dans une nouvelle guerre, le gouvernement voudrait-il bien préciser. Cette guerre doit-elle conduire à la République italienne ou à l'agrandissement de la puissance du roi d'Italie. Il y a là une forte nuance !... En un mot, est-ce une nouvelle campagne de 1849 dirigée contre le peuple italien ou une guerre d'émancipation ?

M. Baroche, très-déconcerté par cette apostrophe, semble regretter de ne pas avoir deux nez à se gratter pour se donner une contenance.

Cependant, il retrouve assez de sang-froid pour répondre :

— Messieurs !... il serait antipatriotique de laisser la discussion s'égarer sur ce terrain ; cela pourrait porter l'indécision et le découragement dans l'âme des jeunes soldats qui rejoignent leur drapeau. Pour qu'un soldat se batte bien, il faut qu'il ne sache pas pourquoi, c'est élémentaire.

La droite, enthousiasmée par ce raisonnement, couvre M. Baroche d'applaudissements, et la guerre est votée.

o o o

Le 6 mai 1859, la guerre fut déclarée.

Et dans une de ces proclamations dont Napoléon III — et les arracheurs de dents — avaient seuls le secret, l'empereur déclara que la France ne déposerait l'épée que lorsque l'Italie serait libre « des Alpes à l'Adriatique ».

Nous allons bientôt avoir l'occasion de constater avec nos lecteurs qu'il y a généralement presque autant à rabattre sur les promesses d'empereurs que sur les mémoires de menuisiers.

o o o

Pendant que l'on se préparait à la guerre à l'extérieur, la campagne contre les libéraux n'était pas négligée à l'intérieur.

Les dernières élections de Paris avaient pas mal chagriné le gouvernement.

Et tous les trucs étaient mis en œuvre pour déconsidérer les démocrates aux yeux des populations.

o °o

Au nombre de ceux-ci, nous devons mentionner le *truc au faits divers politiques* que les journaux complaisants exploitaient avec un véritable acharnement.

Ainsi, par exemple, à chaque instant, on se cognait dans un alinéa de ce calibre :

« *Un assassinat vient d'être commis à Limoges, ville rendue célèbre par le séjour de deux heures qu'y fit le révolutionnaire Jules Favre en* 1834. »

o °o

On ne peut pas se faire une idée à quel point les entrefilets de cette nature avaient d'action sur l'esprit des habitants de Trépagny-les-Bonnes-Boules.

A Paris, on se disait bien :

— Quel rapport peut-il y avoir entre l'assassinat de Limoges et le passage de Jules Favre en cette ville en 1834 ?

Et le Parisien trouvait tout de suite que ces deux faits n'avaient pas plus de point de contact entre eux qu'un dividende des *galions de Vigo* et un porte-monnaie d'actionnaire.

○ ○
○

Mais à Trépagny-les-Bonnes-Boules, ce n'était plus cela du tout.

L'indigène de Trépagny-les-Bonnes-Boules commençait par lire l'entrefilet machinalement.

Le récit pur et simple d'un assassinat à Limoges ne l'eût seulement pas fait avaler sa gorgée de café de travers.

Mais... tout à coup... deux lignes plus loin, dans le même alinéa, son œil était raccroché par le mot : Jules Favre.

○ ○
○

Alors, il relisait le fait divers avec une certaine pointe de terreur,

Il le lisait à sa femme, à ses amis, et finissait par l'apprendre par cœur.

On comprend sans peine le travail qui devait fatalement s'opérer dans le cerveau d'un habitant de Trépagny-les-Bonnes-Boules, lisant un fait divers dans lequel les deux mots : *Jules Favre* et *assassinat* étaient amalgamés avec art.

Petit à petit, à force de réciter mentalement la chose, le citoyen qui n'avait inventé ni la poudre insecticide... ni l'autre, arrivait à confondre dans un même sentiment de douce haine mêlée d'effroi, les deux mots à effet de l'alinéa.

o °o o

Bientôt, complétement abruti, il repassait en marchant, en mangeant, en jouant, en rêvant : Jules Favre... assassinat... assassinat... Jules Favre.

Au bout de trois jours, il n'y avait plus aucun doute dans son esprit.

Il avait lu quelque part qu'un assassinat avait été commis n'importe où.

Il se souvenait que le nom de Jules Favre était mêlé à la chose.

Donc, c'était Jules Favre qui avait commis le crime.

o °o o

Et il se disait :

Eh bien, en voilà une canaille !... quelle fripouille que tous ces républicains.

* * *

C'était tout ce que les journaux officieux demandaient.

Le cliché avait opéré.

Le but qu'ils poursuivaient était simple et ingénieux.

Il suffisait d'entortiller tellement les citoyens de Trépagny-les-Bonnes-Boules, qu'à un moment donné, ils ne sussent plus où ils en étaient et qu'ils perdissent jusqu'à la notion des mots au point de lire leur *Constitutionnel* de la façon suivante :

« Hier, dans la soirée, un hardi *Gambetta* a été arrêté au moment où il attaquait, avec cinq de ses *Rancplices*, l'omnibus de la Madeleine. Ce dangereux *malfaitolyin* a fait des aveux complets, et si *Lockroy* ce que l'on en dit, la bande entière ne va pas tarder à être sous la main de la justice. »

* * *

Ce fut aussi à cette époque que le gouvernement impérial, dans un mouvement de sollicitude comme il en avait tant, s'occupa des classes nécessiteuses à un point de vue dont l'élévation n'échappera pas à nos lecteurs.

Ceux d'entre eux pourtant, qui ont le pleur d'attendrissement, facile feront bien de ne pas lire ce qui suit. Ils fondraient en eau.

C'est presque aussi touchant qu'une distribution de prix d'un pensionnat de jeunes filles.

o °o

Tous les préfets reçurent du ministère de l'intérieur un nouveau questionnaire qu'ils devaient remplir dans un délai de six semaines.

Ils devaient indiquer le nombre exact des mendiants que contenait leur département.

o °o

On leur demandait aussi combien ils avaient, dans leur ressort, de familles sans soutien, de travailleurs sans ouvrage, de vieillards sans ressources, etc., etc.

Comme il n'était pas admissible que le gouvernement impérial fît faire le relevé des gens qui ne possédaient rien pour les frapper d'un impôt spécial sur leur capital, en le voyant dresser la liste des gens qui mouraient de faim, on eut tout de suite un tressaillement de joie, et l'on se dit :

— Ce ne peut être que pour leur donner à manger.

Effectivement, en poursuivant la lecture de cette nouvelle qui portait aux larmes, on ne tardera pas à voir jusqu'où s'étendait la sollicitude de l'empereur pour ses sujets malheureux.

Que nos lecteurs en jugent :

« Aussitôt les questionnaires revenus annotés au ministère, le gouvernement s'empressera de... (*Ah!... tais-toi, mon cœur !... voilà le moment touchant !...*) s'empressera d'inviter les maires à venir en aide aux malheureux que l'hiver va surprendre avec des vieux numéros du *Petit Journal* pour tout vêtement. »

Quelques journaux malfaisants, de ces feuilles qui ne respectent rien, osèrent trouver ce beau trait incomplet.

Ils risquèrent cette observation pleine de fiel...

— C'est très-bien de s'occuper ainsi des malheureux et de pousser la bonté d'âme jusqu'à prier les autres de leur faire un peu de bien. Mais le gouvernement, qui a pris la généreuse initiative de s'informer des gens sans abri et de les coucher chaudement... sur des listes de police, ne va-t-il pas faire de son côté quelque chose pour eux?

Ces feuilles mal intentionnées, en posant cette question perfide, feignaient de n'avoir pas connaissance des desseins paternels du gouvernement.

Mais, pour nous qui écrivons l'histoire, notre devoir est de tout dire.

Voici quelle était la fin de la circulaire aux préfets. On va voir que l'empire voulait, lui aussi, faire quelque chose pour les malheureux dont il demandait les noms :

« Quand les questionnaires seront remplis, quand les maires auront été *officieusement priés* de *prier officieuse-*

ment leurs administrés de voir s'ils ne pourraient pas, sans se priver d'une indigestion, apporter quelques légumes secs au bureau de bienfaisance... c'est alors que le gouvernement se propose d'intervenir pour compléter cette grande œuvre.

« Il ordonnera immédiatement que des secours!... — pardon!..... l'émotion a fait fourcher le bec de notre plume — que des poursuites sévères soient dirigées contre les vagabonds sans moyen d'existence. »

o °o

Nous espérons maintenant que les socialistes qui ont déblatéré contre l'empire, vont nous laisser un peu tranquilles avec leur cliché de *l'extinction du paupérisme*.

L'empire, — cela résulte clairement du fait que nous venons de publier, — a fait tout ce qu'il était humainement possible de faire pour soulager les misères publiques.

o °o

Il a fait dresser avec un louable empressement, par l'intermédiaire de ses préfets, la liste de tous les citoyens qui se nourrissaient dans les tas d'ordures.

Et il leur a dit :

— Si, dans trois jours, vous ne vous êtes pas procuré un emploi de trois mille francs par an, je vous fais condamner tous les jours à cinquante francs d'amende et à trois mois de prison pour vagabondage !...

○ ○ ○

Que voulaient-ils donc de plus, ces énergumènes, ces utopistes, qui exploitaient les passions subversives (cliché 59, imprimerie de la *Patrie*).

Jamais, sous aucun gouvernement, on n'avait poussé l'amour du prolétaire jusqu'à demander son nom au préfet.

Et que les révolutionnaires ne viennent plus nous dire avec leurs yeux féroces :

— Qu'a fait l'empire pour les pauvres ?...

Car nous leur répondrions :

— Insensés !... il les faisait compter tous les trois mois !...

Comme nous avons eu déjà l'occasion de le dire, les dernières élections de 1858 avaient si fortement chatouillé le gouvernement impérial, qu'il s'efforçait de combattre l'esprit d'opposition qui commençait à se manifester par tous les moyens possibles.

○ ○ ○

L'influence officielle se faisait sentir jusque dans les rouages les plus infimes de l'administration.

C'était à tel point que tout ce qui, de près ou de loin, était en contact avec un ministère quelconque, s'efforçait d'être agréable au maître dans la mesure de ses moyens.

○ ○ ○

C'est ainsi que l'on vit, dans quelques théâtres subventionnés, des artistes de talent dont les directeurs ne renouvelaient pas l'engagement, parce que ces artistes, dans une circonstance ou dans une autre, avaient manifesté leur antipathie pour le gouvernement impérial.

Plusieurs de ces conflits firent un certain bruit.

o o o

Nous tenons d'un sociétaire d'un théâtre très-connu le compte rendu sténographié d'une entrevue qui eut lieu à cette époque, entre le directeur de cet établissement et un jeune comique qui venait lui offrir ses services.

Nous le reproduisons fidèlement.

o o o

LE DIRECTEUR, *au comique*.— On m'a vanté votre talent, monsieur, j'espère que nous allons pouvoir nous entendre.

LE COMIQUE. — Si vous voulez me le permettre, monsieur, je vais vous montrer comme j'imite bien Delaunay, Mélingue et Paulin Menier.

LE DIRECTEUR. — Oh! ça... c'est secondaire... Dites-moi, monsieur, que pensez-vous de la situation politique?

Le comique, *à qui le régisseur avait fait le mot.* — Ravissante!... monsieur!... ravissante!... (*S'animant*). L'hydre révolutionnaire à jamais terrassée...

Le directeur. — Parfait!... parfait!... Vous recevez la *Patrie*, au moins?

Le comique, *baissant les yeux.* — Oh!... oui, monsieur... avec le *Pays* et le *Constitutionnel*.

Le directeur, *fronçant le sourcil*. — Diable!... le *Constitutionnel*, c'est déjà un peu vif... il faudrait...

Le comique, *devenant tout à fait canaille*. — Oh!... je le reçois sans le recevoir... Je ne le lis pas!...

Le directeur. — Ah!... très-bien!... très-bien!... pour qui avez-vous voté aux dernières élections?

Le comique, *sans hésiter*. — Pour le candidat du gouvernement.

Le directeur, *ravi*. — Vous aurez un succès étourdissant... je vous le promets... Voyons un peu la voix maintenant.

Le comique chante un couplet.

Jamais on n'a rien entendu de plus bête et de plus mauvais.

Le directeur, *lui allongeant deux feuilles de papier timbré*. — C'est merveilleux!... merveilleux!... nous allons signer si vous le voulez bien. (*A part.*) Cet homme chante bien faux ; mais il raisonne si juste !...

Le directeur lit le traité à haute voix :

« Entre monsieur LACOURBETTE, directeur du théâtre officieux des GRUERIES IMPÉRIALES, et monsieur POMACHOT, premier comique à idées saines, a été convenu ce qui suit :

« Monsieur LACOURBETTE engage monsieur POMACHOT en qualité de premier comique conservateur à raison de 18,000 francs par an, jusqu'au prochain changement de gouvernement.

« De son côté, monsieur POMACHOT s'engage :

« 1° A voter pour les candidats que lui indiquera monsieur Lacourbette ;

« 2° A ne mettre dans sa loge d'autres sculptures que le buste de Napoléon III ;

« 3° Et enfin... à dénoncer immédiatement à son directeur, ceux de ses camarades qui pourraient avoir un beau-frère, dont la cousine aurait été liée avec le concierge d'un citoyen ayant un filleul dont le tailleur serait hostile à l'ordre de choses établi par le conseil d'État du 2 décembre.

« Fait double et de bonne foi, etc., etc. »

On voit, par l'exemple qui précède, à quel point le sentiment de la discipline s'était infiltré dans les mœurs.

On touchait presque au moment où les décrotteurs eux-mêmes allaient refuser de cirer les bottes des gens qui ne porteraient pas la moustache et l'impériale gommées à la Badingue.

o °o

Dans les salles de spectacles, la surveillance était très-active.

Plusieurs fois, dans certains vaudevilles, quelques allusions légères avaient été risquées contre des fonctionnaires véreux. Le public avait pris la balle au bond et applaudi à outrance.

Mais cela avait fort irrité Napoléon III qui avait donné l'ordre d'être sévère pour les spectateurs, qui se permettaient d'encourager de leurs bravos ces manifestations criminelles.

o °o

Les agents de la force publique ne se l'étaient pas fait dire deux fois.

Et chaque soir, dans certains théâtres on expulsait cinq ou six dangereux perturbateurs qui s'étaient permis de sourire à des tirades signalées par le ministère.

o °o o

On cite entre autres ce mot d'un sergent de ville à un spectateur de la Porte Saint-Martin :

Comme ce dernier venait de manifester sa joie à un passage qui lui paraissait « bien tapé », l'agent soupçonneux lui dit avec autorité et un accent corse très-remarquable :

— Vous, si vous se permettez encore de rire aux endroits que c'est pas drôle, je vous f...ourre au poste!...

o °o o

La résistance des spectateurs devenant de plus en plus grande, il fut un instant question de faire faire, par le Corps législatif, une loi pour réglementer la claque dans les théâtres.

o °o o

On demanda un projet au préfet de police qui, sans hésiter, rédigea immédiatement le suivant :

o°o

LOI SUR LES MANIFESTATIONS DU PUBLIC
DANS LES THÉATRES.

Art. I.

La claque de tous les théâtres est licenciée.

Art. II.

Elle est remplacée par une claque officielle, qui sera fournie chaque soir à tous les théâtres par le ministère.

Art. III.

Le gouvernement a le droit de faire placer derrière chaque spectateur, — et aux frais de ce dernier, — un garde municipal ou un sergent de ville.

Art. IV.

Pour les premières représentations, la salle étant composée de journalistes, un bataillon de la ligne couchera les fauteuils d'orchestre en joue pendant tout le temps de la représentation.

Art. V.

La claque officielle est inviolable.

Art. VI.

Le chef de la claque officielle, dans chaque théâtre, a rang de colonel de cavalerie.

Art. VII.

Les spectateurs qui sont entrés avec des billets de faveur devront applaudir et bisser à toute réquisition du chef de claque.

Art. VIII.

Ceux qui ont acheté des billets d'acteur à prix réduit, seront tenus de rappeler les auteurs à la fin de chaque acte.

Art. IX.

Les places prises au bureau comporteront l'obligation de jeter un bouquet à l'artiste qui aura chanté un couplet réactionnaire éreintant le *peup' souverain*.

Art. X.

En aucun cas, un spectateur ne doit manifester son mécontentement sans en avoir sollicité et obtenu l'autorisation du municipal placé près de lui.

Art. XI.

Lorsqu'un coup de sifflet retentira pendant le cours d'une représentation, les acteurs s'arrêteront immédiatement, et les soldats de poste envahiront la salle en croisant la baïonnette.

Art. XII.

Tout individu arrêté pour avoir sifflé à un mot impérialiste ou applaudi à un passage subversif, sera revêtu de la camisole de force, soumis aux menottes et enlevé de sa place par les cheveux.

Art. XIII.

Personne ne peut occuper une place quelconque dans une salle de spectacle sans porter une cravate, afin que les agents de police aient de la prise en cas de besoin.

Ce projet de loi ne fut jamais soumis au Corps législatif.

Mais les principaux articles en furent tout de même appliqués avec énergie pendant tout le temps que durèrent les manifestations au théâtre.

o o o

Quelques jours après que la guerre d'Italie fut décidée, l'on fut assez surpris de voir paraître au journal officiel d'assez longues listes de décoration de la Légion d'honneur accordées au clergé.

Pas mal d'évêques, quelques chanoines et beaucoup de curés figuraient dans ces nomenclatures.

o o o

Nous venons de parcourir tous les journaux du temps et nous n'en avons vu aucun qui ait pris en cette occasion la défense du clergé.

Si nous avions eu l'honneur de tenir une plume à cette époque là, nous eussions essayé de le faire.

Il est encore temps.

o o o

Nous ne sommes pas abonnés à l'*Univers*, ou, du moins, si nous le lisons quelquefois, ce n'est pas pour notre plaisir.

Mais nous ne pouvons souffrir que l'on manque de respect aux ecclésiastiques.

Et c'est ce que le gouvernement impérial fit, à l'époque dont nous parlons, en lui décochant un si mauvais compliment en tête de son journal *Officiel*.

○ °○

En effet, qu'est-ce qu'un prêtre?

Un prêtre!... c'est un homme qui sacrifie son existence tout entière au soulagement de ses semblables.

Il souffre de sa chasteté volontaire.

Il souffre des privations de toutes sortes qu'il s'impose.

Il souffre des souffrances de tous.

○ °○

Pour lui, ni repos, ni plaisirs, ni trêve, ni joies!...

Il subit toutes les humiliations que lui infligent ses frères égarés.

Il n'a rien à lui.

Il donne son manteau au pauvre.

Il tend la joue droite quand la gauche est frappée.

Il meurt pour sa foi.

o o o

Il méprise les richesses et les honneurs.

Il est doux aux faibles.

Il est tolérant.

Il n'a jamais un mot de colère, même contre ses persécuteurs.

Il tombe martyr en priant pour ses bourreaux.

o o o

Voilà ce que c'est qu'un prêtre!...

Voilà ce que sont tous nos prêtres, personne ne songe à le contester.

Et l'on a pu faire la quasi-injure, à ces hommes saints, d'en décorer quelques-uns de l'ordre de la Légion d'honneur!...

Allons donc!... Nous aurions voulu être là pour leur faire un rempart de notre corps!...

o o

A nos yeux, tous les ecclésiastiques sont grands-croix de la Légion d'honneur.

Si, dans cet ordre, il existait un grade plus élevé, le plus humble des vicaires de campagne l'aurait de droit.

Car il n'y a pas sur terre de récompense assez grande pour ces hommes de dévoûment et d'abnégation, qui sacrifient obscurément leur vie pour leurs semblables, et n'ont jamais une parole de haine, fût-ce contre Garibaldi.

Décorer des prêtres !... mais c'était insensé !...

o o o

Décorer les prêtres, c'était décorer Dieu, puisqu'ils le représentent sur la terre.

Et nous ne voyons pas Dieu chevalier de la Légion d'honneur.

o o o

Quand nous voyons passer un ecclésiastique dans la rue, nous nous inclinons, — moralement, — devant lui, en nous disant :

— Vois cet homme, maigre... hâve... aux traits ravagés par la souffrance... c'est ton sauveur !... Il se dévoue pour instruire tes enfants... Il voudrait même les instruire tous. Il a renoncé pour toi aux joies du monde.. Il a fait vœu de pauvreté... Et si tu voulais, à ton lit de mort, léguer ta fortune au denier de saint Pierre, il te dirait : « Non, mon frère, non... ne déshérite pas tes enfants. Dieu naquit dans une étable, nous n'avons besoin de rien. »

o °o o

Aussi nous opposons-nous de toutes nos forces à ce que l'on nous décore nos anges, ça les gâterait.

Le signe de l'honneur humain sur la soutane, qui est elle-même le signe de la gloire divine, c'est une superfétation puérile, c'est presque une injure.

o °o o

Décorer des saints, ce serait ajouter le bruit d'un tambour aux grondements de la foudre, l'éclat d'un lampion à celui de l'éclair, une médaille de sauvetage à la couronne d'épines de Jésus-Christ.

o °o o

,Nous le répétons : Pour nous, tous les prêtres sont grands-croix de la Légion d'honneur.

Ils ne portent pas leur plaque par humilité chrétienne.

Et quand nous en voyons un circuler sur la voie publique avec le grand cordon en sautoir, nous nous disons :

— Qu'a donc pu faire de grave ce ministre de Dieu, pour qu'il ne soit encore que commandeur ?

On constata qu'à l'approche de l'entrée en campagne des troupes françaises, le gouvernement redoubla d'attentions gracieuses envers la presse.

On voulait à tout prix dégoûter les journaux de donner au public des renseignements sur les faits qui pouvaient se produire soit à l'extérieur soit à l'intérieur.

L'usine aux *communiqués* du ministère de l'intérieur fonctionna nuit et jour.

Et l'on embaucha deux ou trois cents employés auxiliaires pour la rédaction de ces aimables engins.

* * *

Le *communiqué* mérite ici les honneurs d'une description spéciale, car l'empire l'éleva à la hauteur d'une institution.

Le *communiqué* était un document, d'un style plus ou moins pur, destiné à être inséré de vive force dans les journaux mal notés pour répondre à leurs assertions.

Quelque chose enfin comme le fameux : *Tais donc ta gueule, qu'on entende la mienne !...* appliqué à la presse suspecte.

* * *

Les variétés du *communiqué* étaient innombrables.
Il y avait :
Le *communiqué* rageur ;
Le *communiqué* nuageux ;
Le *communiqué* bref,
Et le *communiqué* verbeux.

Le *communiqué* rageur s'employait principalement contre les journaux qui avaient eu l'audace d'accuser les sergents de ville de brutalité.

Exemple :

« Le journal *l'Opinion nationale*, dans son numéro du 16 janvier, a entretenu ses lecteurs d'un agent de police qui aurait appréhendé au collet un promeneur parce que celui-ci avait salué la colonne de la Bastille.

« Il est inconcevable qu'une feuille publique apporte une telle mauvaise foi dans le récit des choses les plus simples; et l'on ne pourrait trop s'élever contre cet inqualifiable procédé.

« Le passant qui a été empoigné avait effectivement salué la colonne de Juillet; mais en accompagnant ce salut d'un sourire ironique, à l'adresse d'un monsieur qui marchait sur la place de la Bastille en lisant l'*Univers*.

« On voit qu'en omettant à dessein ce détail, l'*Opinion nationale* a complétement dénaturé le récit. »

(*Communiqué.*)

Le *communiqué* nuageux avait pour but de jeter de la lumière sur certaines questions, et pour résultat de ne point les éclaircir.

Exemple :

o o o

« Le journal *le Siècle*, dans son numéro du 25 décembre, signale ce fait que plusieurs tableaux du Louvre auraient été prêtés à des particuliers par M. le surintendant des Beaux-Arts.

« Il est urgent de faire connaître la vérité à ce sujet.

« Voici ce qui s'est passé :

o o o

« Vers les derniers jours de décembre, une femme âgée ayant été renversée par un omnibus au coin de la rue du Grand-Chantier, le pharmacien le plus voisin a donné les premiers soins à la victime de cet accident, qui est maintenant hors de danger.

« Voilà à quoi se réduisent les allégations du journal *le Siècle* à propos des tableaux du Louvre.

« On reconnaîtra, au moyen des explications que nous venons de donner, combien ces insinuations étaient exagérées. »

(*Communiqué.*)

Le *communiqué* bref s'employait rarement.

On en faisait surtout usage lorsque le journal auquel il était adressé se trouvait bien dans son tort.

Exemple :

« Le *Figaro* a annoncé mercredi dernier que la censure n'avait refusé aucun dessin pendant la journée de la veille.

« Nous pensons que le public a déjà fait justice d'une nouvelle aussi invraisemblable. »

(*Communiqué.*)

Enfin, le *communiqué* verbeux était spécialement destiné à être introduit violemment dans les journaux qui n'étaient pas assez grands pour le contenir.

C'était la question à l'eau tiède remplacée par la question à la prose ministérielle.

La nature même de ce genre de *communiqué* nous empêche de donner ici des exemples *in extenso*.

Nous nous bornerons à indiquer les procédés au moyen desquels on l'obtenait.

Exemple (*avec coupures*) :

« Le *Journal de Paris*, dans son numéro d'hier, insinue que le préfet du Tarn a donné à ses agents des instructions de nature à opérer une pression illégale sur les dernières élections.

« Nous croyons devoir rétablir les faits.

« La circulaire de M. le préfet du Tarn était ainsi conçue :

(*Ici copie entière de ladite circulaire, 411 lignes.*)

« Comme on le voit, M. le préfet du Tarn n'a fait qu'user de son droit.

« Son prédécesseur, d'ailleurs, avait, en 1862, adressé aux électeurs de son département une circulaire dont suit la teneur, sans qu'aucune réclamation ait été faite.

(*Ici copie entière de la circulaire du prédécesseur, 542 lignes.*)

« Du reste, la loi du 11 juin 1844 porte :
(*Ici copie de la loi, 229 lignes.*)

« Et tout le monde appréciera que M. le préfet du Tarn n'a aucunement abusé de son autorité, car, ainsi que l'a dit Fénelon :

(*Ici copie* IN EXTENSO *des Aventures de Télémaque.*)

(*Communiqué.*)

On conçoit sans peine que lorsqu'un journal, d'une dimension ordinaire, avait avalé deux ou trois fois dans une semaine un communiqué de cette taille-là, qui, avec le cours de la Bourse, remplissait son numéro jusqu'aux bords, l'acheteur ne tardait pas à porter ses trois sous autre part.

Et, de cette façon, on ne l'avait pas tué, on l'avait tout simplement fait mourir.

Ce n'était pas aussi foudroyant que l'état de siége; mais c'était tout aussi sûr.

Ainsi que nous avons eu fort souvent l'occasion de le constater depuis que nous épluchons l'histoire de notre pays, chaque fois qu'un gouvernement s'occupe de la liberté de la presse, il consacre quelques minutes au droit de réunion.

L'un ne va jamais sans l'autre.

Aussi, nos lecteurs ne seront-ils pas étonnés d'apprendre que, pendant que les journaux étaient gratifiés des petites prévenances officielles, tous les préfets recevaient des instructions confidentielles touchant les réunions publiques.

Ces instructions secrètes, dont nous n'avons pu nous procurer la teneur, étaient basées sur le projet de loi suivant, qu'un membre de la droite se proposait de soumettre au Corps législatif.

DES RÉUNIONS PUBLIQUES

PROJET DE LOI.

Art. I.

Tous les Français majeurs et jouissant de leurs droits civils doivent assister, au moins une fois par semaine, à une réunion publique, sous peine de trois mois d'emprisonnement.

Quiconque obéira à cette prescription aura droit à six mois de la même peine.

Art. II.

La France est divisée en quatre cent cinquante circonscriptions parlementaires.

Dans chacune de ces circonscriptions sera établi un vaste local choisi par les citoyens et agencé à leurs frais pour y installer un club.

Tout local affecté à cet usage deviendra immédiatement la propriété du génie militaire, qui pourra le faire sauter au moyen de la mine en prévenant les propriétaires et les occupants vingt-quatre heures... après l'explosion.

Art. III.

Dans les réunions publiques, les discussions sont absolument libres.

Aucun membre de l'autorité ne pourra y imposer sa présence, sauf le commissaire de police, ses agents, la gendarmerie de l'endroit et un bataillon, au plus, de la garnison.

Art. IV.

Toute interruption est permise, à la charge d'en déposer le texte, au commissariat de police, six heures avant l'ouverture de la séance.

Art. V.

Le commissaire de police qui assiste à une réunion publique ne peut, en aucun cas, demander que la parole soit retirée à un orateur.

Il n'a que le droit de faire exécuter dans la salle, jusqu'à ce que cet orateur soit descendu de la tribune, un roulement continu par cinq tambours, — six au plus.

Art. VI.

Un commissaire de police ne peut exiger la clôture d'une séance que pour un cas majeur.

Peut être réputé cas majeur son désir d'aller se coucher.

Art. VII.

Quand une réunion publique aura été dissoute contre le gré des assistants, ceux-ci auront le droit de se retirer *chacun chez soi*, et là de risquer *en masse* une protestation.

Art. VIII.

Les agents de police ne doivent jamais, sous les peines les plus sévères, faire usage de leurs armes dans les réunions publiques.

Il leur en sera toujours remis d'autres, plus solides, deux heures avant l'ouverture de la séance.

Art. IX.

Tout agent de l'autorité qui aura fait abus de pouvoir, soit en injuriant un orateur, soit en confectionnant des tirelires avec les crânes des assistants, sera poursuivi selon la rigueur des lois... aussitôt qu'on en aura fait à cet usage.

En attendant, les crânes cassés lui compteront comme campagnes pour la retraite.

Nous n'aurions pas donné à nos lecteurs une idée complète et exacte du mouvement de serre-frein qui se produisit à cette époque dans l'administration impériale, si nous ne leur disions un mot de l'*estampille*, que l'on fit jouer avec une nouvelle vigueur sur le dos de la presse et de la librairie.

L'*estampille* était, — et est encore d'ailleurs, — un petit rond à l'encre grasse, que l'autorité apposait sur les brochures ou journaux qui lui semblaient propres à entretenir les esprits dans des conditions de gras-fondu satisfaisantes.

Les ouvrages estampillés avaient le privilége de se vendre librement sur la voie publique, dans les kiosques et dans les gares de chemins de fer, tandis que les autres ne pouvaient être débités que dans les boutiques de libraires.

Cette mesure avait donc pour but d'enlever de la circulation les livres et journaux dangereux.

Et pour effet de les signaler plus sûrement au public, en les parquant dans les vitrines des éditeurs, afin qu'il puisse se les procurer librement.

L'estampille avait en outre cela de bon, c'est qu'elle était accordée ou refusée sans que les auteurs sussent pourquoi, ce qui les guidait considérablement pour leurs brochures suivantes sur les points qu'ils devaient éviter de traiter.

Ajoutons que les décisions de la commission du colportage étaient sans appel, afin d'éviter aux auteurs, à qui l'estampille avait été refusée, la peine et l'ennui d'insister pour obtenir justice.

○ ○ ○

L'estampille bien employée a toujours rendu d'énormes services aux gouvernements qui en ont fait usage, en leur permettant de faire mourir sans scandale des journaux ou des brochures qu'ils n'eussent pu tuer qu'à l'aide de nombreux procès ayant du retentissement.

○ ○ ○

Les gouvernements peuvent sans danger, avec ce procédé, accorder à la presse une liberté à toute vapeur, en se réservant l'estampille comme soupape de sûreté.

Ils suppriment ainsi, à leur gré, selon leurs besoins, sans contrôle et sans explosion, tout ou partie de la force motrice de la publicité.

○ ○ ○

D'après cette définition, on comprendra sans peine que l'*estampille* était un outil par trop *impérial* de sa nature, pour que le gouvernement du 2 décembre ne s'en servît pas vigoureusement quand le besoin s'en faisait sentir.

Aussi, le petit rond à l'encre grasse ne fût-il accordé qu'avec beaucoup de parcimonie, et refusé radicalement aux publications dont l'esprit politique n'*était pas au coin du quai*.

o°o

Le service de la censure fut en même temps absolument réformé.

Depuis quelque temps les censeurs littéraires s'étaient un peu relâchés.

Le gouvernement impérial crut à propos de relever un peu le moral de ces fonctionnaires trop complaisants.

o°o

Il fit imprimer et leur fit distribuer un *vade mecum*,

contenant l'assemblage refondu, corrigé et augmenté des principes dont ils n'auraient jamais dû s'écarter.

○○○

Nous ne croyons pas inutile de donner ici, à nos lecteurs, une reproduction de ce catéchisme officiel, dont les préceptes sacrés présidèrent pendant quinze ans aux destinées de notre littérature.

○○○

LE PARFAIT CENSEUR IMPÉRIAL

GUIDE PRATIQUE

pour la taille, l'échenillage, la greffe et l'élagage de la littérature contemporaine.

—

AVANT-PROPOS

« Le nombre des productions littéraires et dramatiques augmentant chaque jour, et les censeurs se trouvant conséquemment débordés, le besoin se faisait sentir de leur offrir un guide sûr destiné à les aider dans leurs recherches et à faciliter leurs énormes travaux.

« Le gouvernement a résolu de publier à leur usage un manuel, dans lequel ils trouveront une nomenclature raisonnée des différents cas qui peuvent les embarrasser journellement.

« Trop souvent les censeurs, dans leur précipitation, laissent passer, au théâtre et ailleurs, des lambeaux de phrases, des mots, des syllabes, des virgules même, qui sont excessivement dangereuses pour l'ordre social.

« Le gouvernement impérial doit s'efforcer de les mettre en garde contre les subtilités des écrivains, des dramaturges et des dessinateurs qui, dans un but coupable, déguisent les plus pernicieuses allusions sous l'apparente bonhomie d'une phrase perfide ou d'un coup de crayon démagogique.

o°o

CONSIDÉRATIONS GÉNÉRALES SUR LA CENSURE.

« La censure est l'art de découvrir, dans les œuvres littéraires et dramatiques, des intentions malveillantes.

« L'idéal est d'y découvrir ces intentions, même lorsque l'écrivain ne les a pas eues.

« Un censeur capable doit, à première vue, déterrer dans le mot : *soupière* une injure à la morale publique.

« Il doit aussi, en moins de cinq minutes d'examen, établir péremptoirement qu'un vaudevilliste n'a pu faire bégayer son premier comique sans une intention dissimulée d'attaquer un des corps de l'État.

« Rien ne doit échapper à un censeur intelligent.

« Il ne doit lâcher une phrase, lui parût-elle absolument innocente, par exemple, celle-ci : *Il fait un temps de chien...* tant qu'il n'est pas convaincu que l'auteur a entendu protester contre la loi sur les réunions publiques.

o o o

« En un mot, la devise du censeur doit être :
« — Coupons... coupons... il en restera toujours trop.

o o o

« Pour les œuvres dramatiques, le censeur doit, non-seulement surveiller de très-près le livret qui lui est déposé ; mais il doit encore assister soigneusement aux répétitions et se rendre un compte bien exact des gestes et des intonations des acteurs, ainsi que des décors et des accessoires.
« Ceci est d'une extrême importance.
« Exemple :

o o o

« Sur un manuscrit, la censure lit cette phrase : *J'ai*

vu vos parents... je leur ai exposé mes douleurs... mes titres... et je n'ai pu parvenir à les toucher...

« A la lecture, cette phrase amoureuse n'a rien de louche ; mais, au théâtre, l'auteur chargé de la réciter peut souligner le mot : *titre* et accentuer : *Je n'ai pu parvenir à les toucher*, de façon à faire comprendre au public des dividendes de ses obligations mexicaines.

« Le censeur doit alors couper impitoyablement.

○
○ ○

« Quant aux dessins qui sont soumis à la censure, c'est encore plus grave.

« On n'a jamais pu mesurer jusqu'où va la perfidie des dessinateurs, surtout des caricaturistes.

« Il est des exemples effrayants de l'audace qu'ils déploient.

« Et il faut une bien grande habitude de leurs rouëries pour déjouer les infernales combinaisons dont ils se font journellement un jeu.

○
○ ○

« Un jour, l'un d'eux présenta un dessin qui était, —

ou plutôt qui paraissait — le simple portrait de Pierre Petit.

« Ce dessin semblait honnête et naïf comme un garde champêtre de Nanterre ; et l'autorisation lui fut accordée.

○ ○ ○

« Quand l'image fut en vente, on s'aperçut que l'artiste avait profité de l'immensité de la chevelure de son modèle pour représenter très-clairement, au moyen d'un habile amalgame des boucles, la mort du député Baudin sur une barricade.

« La chose était tellement bien faite, que plus de soixante-cinq mille personnes, qui avaient acheté le portrait, n'y avaient rien vu du tout d'extraordinaire.

« Mais un employé de l'administration eut l'idée d'examiner le dessin au microscope et démasqua la supercherie.

○ ○ ○

« Il fit immédiatement part de sa découverte à ses supérieurs, qui, unanimement, reconnurent dans la chevelure de Pierre Petit ;

« L'un, la *mort de Marie-Antoinette;*
« L'autre, une *vue de Sébastopol;*
« Et un troisième, *Mignon aspirant au ciel.*

« Cela prouve que l'on ne saurait se livrer à un trop minutieux examen des dessins destinés à la publicité.

« Le tact et l'habileté du censeur lui indiqueront les expériences qu'il doit faire sur les croquis présentés à son visa.

« Voici, cependant, les plus élémentaires :

« Il devra d'abord regarder le dessin de face.

« Puis l'obliquer brusquement à droite, à gauche, de bas en haut, de haut en bas.

« Il le placera la tête à l'envers et regardera attentivement si le concours des images n'offrent aucune ressemblance avec un ministre ou un sénateur.

« Avis important :

« Il n'y a rien de plus canaille que les contours d'une image.

o °o o

« L'allusion est la chose la plus perfide ; elle est dans tout, et le censeur le plus exercé peut craindre d'être surpris par elle.

« Il doit se persuader que plus la phrase de l'auteur est simple, plus elle doit cacher d'hydres révolutionnaires.

o °o o

« Exemple entre mille :

« Un romancier écrit cette phrase : ..... *Tout à coup le gendarme chargé d'arrêter Saturnin parut sur le seuil de la porte, et le malheureux jeune homme s'écria dans un mouvement de désespoir : Ah ! je le sentais !...*

« Un censeur n'aura pas besoin de beaucoup d'études pour découvrir là l'intention de ridiculiser un agent de l'autorité.

« On pourrait multiplier ces exemples à l'infini ; mais ce que nous en avons dit suffira pour mettre le censeur en garde contre toutes les perfidies de ce genre.

≈ ∘ ≈

« Un mot d'ailleurs tranchera toutes les incertitudes d'un fonctionnaire dévoué.

« Quand il parviendra à découvrir l'allusion, il coupera la phrase.

« Quand il ne la découvrira pas, il la coupera aussi, attendu que les allusions les mieux dissimulées sont les plus dangereuses.

≈ ∘ ≈

DES NOMS PROPRES.

« Le choix insidieux des noms propres est un moyen que les écrivains mal intentionnés ne négligent jamais.

« Avis aux censeurs qui devront les éplucher avec soin :

« .... *Au physique altier, M. Rouharieu était un homme de cinquante ans au regard dur et insolent. Auvergnat rusé, M. Rouharieu avait conquis une haute position.*

« Un censeur qui ne se tiendrait pas constamment sur la défensive, laisserait passer cette phrase de roman dont le héros ne paraît être qu'un personnage de fantaisie.

« Mais s'il analyse soigneusement tous les noms propres qui se placent sous son œil scrutateur, il ne tardera pas à se rendre compte que le nom de M. Rouharieu, en dépit de son apparence bénigne, est un perfide composé des noms de MM. Rouher et de Parieu.

o o o

« Le gouvernement croit avoir suffisamment démontré à MM. les censeurs les énormes dangers qu'ils feraient courir à la nation en négligeant l'examen des noms propres.

« Voici d'ailleurs un moyen sûr de déjouer les machiavéliques combinaisons des écrivains suspects.

o o o

« Lorsque, dans un roman ou dans une œuvre dramatique, le censeur constatera la présence d'un personnage ridicule, il devra être convaincu que l'auteur n'a introduit ce personnage que dans le but d'être désagréable à quelqu'un du pouvoir.

« En conséquence, il en changera le nom de façon à ce qu'aucune des lettres employées par l'auteur ne se retrouve dans le nouveau.

○ ○ ○

DES ENJAMBEMENTS.

« Encore une petite canaillerie des littérateurs, qui échappe trop souvent à la censure.

« L'enjambement criminel consiste à finir sa ligne — ou même mieux, sa page — par le commencement d'un mot, qui se termine naturellement au début du feuillet suivant, mais dont la première moitié, choisie dans un but coupable, donne tout d'abord à la phrase un tour séditieux.

○ ○ ○

« Exemple :

« *On répète partout que le gouvernement impérial* TOMBE....

« Et à la ligne suivante :

.... RA *d'accord avec le gouvernement belge sur la question*, etc., etc.

∘ °∘

« On peut aisément comprendre par cet exemple tout le parti que les plumes mal intentionnées peuvent tirer des enjambements.

« MM. les censeurs devront donc examiner très-attentivement les bouts de lignes ; c'est très-important.

∘ °∘

DES COQUILLES.

« La coquille est un tout petit accident typographique qui substitue une lettre à une autre.

« Rien de plus innocent au fond qu'une coquille.

« Mais les écrivains subversifs ont su tirer parti de ce genre d'erreurs.

« Et il arrive maintes fois que, — feignant de n'avoir pas bien relu leurs épreuves, — ils saupoudrent exprès leurs œuvres de coquilles volontaires et dangereuses.

o °o

« Ainsi nous rappellerons l'histoire de ce journaliste de mauvaise foi qui, citant une phrase du ministre des finances, imprima comme par erreur :

« *Le gouvernement, messieurs, a pris des mesures pour qu'à l'avenir les bénéfices illicites que l'on nous reproche soient empOchés.*

« Mettant la faute sur le dos du compositeur, qui aurait soi-disant lu : *empochés* pour : *empêchés*, l'auteur put commettre impunément la plus cruelle des coquilles.

« Le censeur surveillera de très-près ce genre d'escobarderie.

o °o

DES POINTS DE SUSPENSION.

« Règle générale : Le censeur ne doit jamais tolérer dans un roman des points de suspension.

« C'est un genre de réticences des plus dangereux.

« A la place des points de suspension, le lecteur, dont l'attention se trouve spécialement éveillée, peut tout mettre.

« Et, neuf fois sur dix, c'est une phrase séditieuse qu'il y placera.

○ ○ ○

« Le censeur a deux manières de réduire à néant cette perfidie.

« Ou il supprimera radicalement les points de suspension, ce qui est le plus sûr,

« Ou il les remplacera par une phrase officielle plus ou moins longue, selon l'espace que les points occupaient :

○ ○ ○

« Exemple :
« Au lieu de :
« *Quel pouvait être cet inconnu?............ Etait-ce un nouvel ennemi?............ Doute et mystère!......*
« Le censeur devra rétablir ainsi la phrase :

« Quel pouvait être cet inconnu ?... *Vive l'empereur !...* Était-ce un nouvel ennemi ?... *Les finances de l'État n'ont jamais été si prospères...* Doute et mystère !... *La France est heureuse au dedans et respectée au dehors.*

. . .

« S'il y a plusieurs lignes successives de points de suspension, le censeur prendra de la rédaction au hasard dans le *Constitutionnel.*

. . .

DES MOTS SOULIGNÉS.

« On sait que, typographiquement, les mots que l'imprimeur veut souligner sont imprimés en italique.

« Cette exception a pour but et pour résultat d'appeler l'attention du lecteur.

« S'en défier soigneusement.

« Si ces mots contiennent une seule des lettres qui

se trouvent dans les noms de ministres ou de sénateurs, les biffer.

○ ○ ○

DES TITRES.

« Souvent les auteurs négligent, — et parfois dans un but coupable, — de faire précéder les noms de monarques ou de ministres des mots : SA MAJESTÉ ou : SON EXCELLENCE.

« Le censeur devra toujours rétablir ces marques distinctives, même dans les petites brochures contenant la règle du jeu d'écarté.

○ ○ ○

« Exemple :

« Le joueur qui a retourné SA MAJESTÉ le roi marque un point.

○ ○ ○

« Le censeur exigera que le mot : IMPÉRIALE soit toujours imprimé avec un grand I,

« Même quand il s'agira de celle d'un omnibus.

○ ○

DES AFFICHES.

« L'affichage doit être surveillé de très-près par le censeur, car il porte directement sur le public.

« Le meilleur système de révision des affiches dangereuses est le suivant :

« Lorsqu'une affiche apparaît au censeur sous un jour séditieux, il indique au crayon rouge les lettres, les mots ou parties des mots qui lui semblent menacer l'ordre public.

« L'afficheur n'a qu'à coller des bandes de papier blanc sur les passages indiqués, et l'affiche peut paraître sans danger.

○ ○

« Exemple :

« Un M. Dubois, auteur d'un ouvrage sur la Révolution-française, veut annoncer son œuvre sur les mu s de Paris.

« Il soumet le projet d'affiche suivant à la censure :

EN VENTE

LA

RÉPUBLIQUE

DE 1848

MYSTÈRES ET RÉVÉLATIONS

TEXTE DE M. DUBOIS

Détails provenant de sources authentiques.

DÉLICIEUX PORTRAITS. — AU MOINS MILLE ILLUSTRATIONS

« Le censeur n'a qu'à l'arranger ainsi :

.. VENTE

..PUBLIQUE

DE 1848

..STÈRES .. ..

..... DE .. ..BOIS

.... *provenant de* ....

DÉ...... ....MO... ...L. I.......TIONS.

○ ○ ○

« De cette façon, la sécurité de la France n'est plus compromise.

○ ○ ○

Maintenant que nous avons fait défiler sous les yeux

de nos lecteurs une bonne partie des pièces qui composaient le système de bâillonnement général de toutes les libertés, nous allons nous transporter en Italie, où le succès de nos armes était en train de nous préparer une nouvelle série de coups de casse-tête à l'intérieur.

o°o

Triste et inévitable résultat des victoires impériales dans tous les temps et dans tous les pays !...

Car, neuf fois sur dix, les peuples perdent beaucoup à gagner des batailles.

o°o

En vue des opérations, l'armée avait été divisée en plusieurs corps.

Les maréchaux Baraguey d'Hilliers et Canrobert, le général Mac-Mahon, avaient reçu le commandement des 1er, 2e et 3e corps.

o°o

S. A. I. le prince Napoléon commandait un corps séparé,

Une espèce de corps libre,

Le sien, probablement.

o o o

Le 3 mai, l'empereur adressa au peuple français la proclamation suivante :

« Français!...

« L'Autriche, en envahissant le territoire du roi de Sardaigne, notre allié, nous déclare la guerre.

« Cela tombe très-bien ; car mon gouvernement avait absolument besoin de cette diversion pour détourner mon peuple du courant d'idées démocratiques malsaines auquel il paraissait céder depuis quelque temps.

o o o

« La mission de la France est de se porter au secours du faible. Je ne faillirai pas à cette tâche, surtout au moment où elle m'est surtout imposée par le désir de consolider mon trône.

« Le but de cette guerre est de rendre l'Italie à elle-même, ce dont je me bats parfaitement l'œil au fond ; mais il est utile, en même temps, de détourner la nation française des idées de liberté.

« Je vais bientôt me mettre à la tête de l'armée. Quand je dis : à la tête, c'est une manière de parler ; chacun sait que la tête de l'armée, pour un souverain, c'est derrière la huitième ligne de réserve ; mais je dois employer cette formule qu'a consacrée un long usage et que l'histoire et les imbéciles prennent, de temps immémorial, pour argent comptant.

« Je laisse en France l'impératrice et mon fils.
« Secondée par la grande expérience politique que ma noble compagne a toujours su puiser dans l'étude approfondie des catalogues de nouveautés des magasins du

Louvre et des *Deux Magots*, elle saura se montrer à la hauteur de sa mission.

○ ○

« Je les confie tous deux à la valeur de l'armée qui reste en France, et à qui j'ai donné, avant de partir, des instructions très-claires pour la dispersion des rassemblements de gens mal mis.

« Je laisse ces braves soldats largement approvisionnés de munitions.

○ ○

« Courage donc et union !... La Providence bénira nos armes ; car elle est sainte aux yeux de Dieu la cause qui s'appuie sur le désir ardent de conserver un trône et les appointements qui sont autour !...

« NAPOLÉON. »

Palais des Tuileries, 3 mai 1859.

○ ○

L'empereur quitta les Tuileries à cinq heures et demie et se rendit à la gare de Lyon.

Il faut bien le reconnaître, ce jour-là, Napoléon III traversa Paris au milieu d'une foule qui se montra très-sympathique.

La diversion « psychologique », qui était la base de cette campagne, commençait à porter ses fruits.

Le chauvinisme reprenait ses droits.

o°o

Beaucoup de Parisiens, ce jour-là, oublièrent les cascades sanglantes du 2 décembre, la déportation en masse, l'assassinat de la République, l'égorgement de toutes les libertés ;

Ils ne virent que le Marlborough, en képi galonné, partant pour la guerre.

Les pyramides d'Égypte apparurent dans beaucoup de mémoires et y masquèrent pendant six heures la maison Sallandrouze.

o°o

Enfin, Napoléon III fut acclamé par la population.

Et les chœurs organisés habituellement par la police pour animer les promenades impériales purent, pendant cette après-midi, se reposer un peu et gagner leurs six francs par tête en ouvrant tout bonnement la bouche, sans crier, comme des choristes sans conscience.

Ce jour-là, la claque *payée* se reposait, c'était la claque *payante* qui faisait la besogne.

o °o

En arrivant sur le sol italien, l'empereur, pour faire comme *nonnoncle*, y alla de sa proclamation à l'armée.

Nous allions reproduire ici cette pièce isolément, quand nous avons aperçu à côté un autre document qui nous a frappé par sa similitude avec le premier.

C'était la proclamation adressée à ses soldats par le général Giulay, commandant en chef l'armée autrichienne, notre ennemi.

o °o

Nous avons pensé qu'il ne serait peut-être pas inutile de publier côte à côte ces deux proclamations, afin que nos lecteurs se rendent compte à quel point sont semblables, en tous lieux et en tous temps, les arguments que l'on emploie pour lancer les uns contre les autres six cent mille pauvres diables qui n'ont aucune raison pour s'en vouloir.

Nous croirions aussi manquer à notre devoir en ne rappelant point, à cette occasion, que ce sont les auteurs de ce genre de littérature qui ont inventé, pour chez eux, le délit d'excitation *à la haine des citoyens les uns contre les autres*, avec la transportation au bout.

Voici les deux proclamations en question :

« Soldats !...	« Soldats !...
« Je viens me mettre à votre tête pour vous conduire au combat.	« L'empereur vous appelle pour châtier un ennemi téméraire et insolent.

« Notre cause est juste et sainte ; elle a les sympathies du monde civilisé.

« Je n'ai pas besoin de stimuler votre ardeur, vous êtes les enfants des vainqueurs de Mondovi, Marengo, Lodi, Castiglione, Arcole, Rivoli, etc., etc.

« Il est inutile aussi de vous rappeler les règles de la discipline. Vous êtes les premiers soldats du monde.

« Soldats !...

« Avec l'aide de Dieu vous vaincrez, et la France entière répète déjà, dans un élan d'une confiance sans bornes : *La nouvelle armée d'Italie sera digne de sa sœur aînée !...*

« NAPOLÉON. »

« Notre cause est sainte et juste ; tous les gens un peu bien sont avec nous de cœur.

« Ferai-je appel à votre courage ? Non !... vous êtes les triomphateurs de Volta, Sommacompagna, Curtatone, Montanara, Santa Lucia, Mortara, etc., etc.

« Vous parler de discipline serait vous faire injure, vous êtes les plus glorieux soldats du monde.

« Soldats !...

« Protégés par la Providence, vous ne ferez qu'une bouchée de vos ennemis ; déjà, d'un bout à l'autre de l'Autriche, retentit ce cri de bon augure : *Ils veulent se frotter aux Autrichiens. Oh ! la, la... malheur !...*

« GIULAY. »

Nous avons tenu à publier ces deux pièces en regard l'une de l'autre.

Il est important que l'attention de nos petits-enfants soit sérieusement appelée sur l'uniformité des moyens employés par les grands de la terre pour faire tuer les petits.

En effet, au moment où deux chefs d'empire sont sur le point d'envoyer s'entre-dévorer leurs sujets, on les voit invariablement leur dire, chacun de son côté, que la cause pour laquelle ils vont mourir est sainte et juste, qu'ils sont les meilleurs soldats de l'univers et que Dieu ne saurait manquer de bénir leurs armes.

Et Dieu qui, malgré sa toute-puissance, ne peut cependant faire autant de vainqueurs que de combattants, est bien obligé de faire mentir un des deux souverains.

Ce qui n'empêche pas ce dernier de répéter avec aplomb, à la première occasion :

« Soldats !...

« Ce Dieu, — qui nous a déjà laissé flanquer une trépignée horrible, — ne permettra certainement pas, etc., etc. »

○ ○ ○

Pendant ce temps, Victor-Emmanuel électrisait, de son côté, ses incomparables soldats, — « les premiers du monde », toujours, — par une proclamation bien sentie.

Et il essayait de prouver à son peuple que la guerre allait lui procurer d'innombrables bienfaits, au nombre desquels l'ineffable bonheur de faire partie d'un grand royaume.

Quelques Italiens, un peu moins gobeurs que les autres, se demandèrent bien quel avantage il y avait pour une nation à ce que son roi augmente le nombre de ses sujets.

Et ils conclurent par cet axiome : qu'un petit endroit où l'on est libre vaut mieux qu'un grand où on ne l'est pas.

○ ○ ○

Le roi de Sardaigne, cependant, n'était pas absolument antipathique à son peuple ni au nôtre.

Une réputation de loyauté chevaleresque, quelques concessions faites à temps, avaient contribué à lui créer en Europe une sorte de popularité relative.

o °o

Nous ne prétendons pas dire qu'il la méritait ; c'est contraire à nos principes.

Mais enfin, Victor-Emmanuel passait pour être aux autres souverains ce qu'un panaris est à une fièvre typhoïde.

o °o

Voici d'ailleurs le portrait qu'en trace le Trombinoscope, et qui trouve naturellement sa place ici :

o °o

« VICTOR-EMMANUEL II. (Marie-Albert-Eugène-Ferdinand-Thomas). — C'est gentil de la part de ses parrains, qui pouvaient encore, pendant qu'ils y étaient, l'appeler : Joseph, Claude, Anatole, Léon, Jules, Célestin, Robert, Paul et Andoche. — Roi de Sardaigne d'abord, et, plus tard, par suite d'agrandissement considérable de ses magasins, souverain de toute l'Italie.

o o o

« Il est le fils de Charles-Albert, qui a été longtemps confondu avec son homonyme, médecin célèbre, dont la spécialité était de guérir ses clients du repentir.

o o o

« Il épousa, en 1842, l'archiduchesse Adélaïde d'Autriche.

« Il prit part, à côté de son père, comme le petit SARREBRUCK, à la bataille de Goïto et à celle de Novare.

« Et, toujours comme le petit SARREBRUCK, y reçut une balle pendant le combat.

o o o

« La seule différence, c'est qu'il la reçut directement dans la cuisse, tandis que le petit SARREBRUCK la reçut, dans le creux de la main, de l'un de ses aides de camp, qui était allé la lui ramasser à une demi-lieue de là, sur le champ de bataille.

« Complétement battu à Novare, son père abdiqua le soir même en sa faveur, pensant que Radetzki ferait des conditions plus douces au petit, et se souviendrait, dans son triomphe, de la chanson de Thérésa : *C'est pour l'enfant !*

« Radetzki connaissait ce truc par cœur ; aussi, il ne se gêna pas beaucoup.

« Et Victor-Emmanuel monta sur le trône dans les avantageuses conditions d'un négociant qui reprend la suite d'un établissement avec un arriéré de quinze termes.

« Cependant il ne se rebuta pas.

« Aidé d'intelligents ministres, surtout de M. Cavour, il signa la paix avec l'Autriche et se mit immédiatement à réorganiser les finances, l'armée et l'instruction publique.

o o o

« Ayant eu la chance de ne pas trouver dans ses jambes trop de Pouyer-Quertier, de Thiers, de Jules Ferry et de Jules Simon, la réorganisation put marcher assez vite.

o o o

« Victor-Emmanuel resta fidèle au système de la monarchie constitutionnelle, avec toutes les libertés que cette forme comporte.

« Ce n'est pas encore le diable, mais c'est mieux que rien.

o o o

« Il ne dissimula pas ses tendances à s'asseoir, avec tout le respect auquel ils ont droit, sur les priviléges du clergé.

« Il enleva aux corporations religieuses le monopole de l'enseignement,

« Et ne se crut pas obligé de faire empaler les réfugiés politiques qui se réfugiaient sur son territoire.

o o o

« Ces façons d'agir ne devaient pas tarder à donner des attaques d'apoplexie à Pie IX, qui, dans un moment d'humeur, lui vida sur la tête toute sa fiole aux excommunications.

o o o

« Heureusement que, depuis déjà pas mal de temps, si ça tache, ça ne brûle plus du tout.

« Victor-Emmanuel, se voyant excommunié d'une façon si furieuse, eût pu s'écrier, en versant des larmes :

« — Oh! mon Dieu!... qu'est-ce que je vais devenir!...

o o o

« Mais il se raidit, prit la chose du bon côté, et se dit simplement :

« — C'est ça qui m'est un peu égal.

« Il répondit courageusement au pape :
« Très-saint père,
« J'ai reçu votre honorée bulle du 15 du courant.
« Si vous voulez vous rendre un compte exact de
« l'effet qu'elle a produit sur mon âme, vous le pouvez
« en posant un rigollot sur le pied de votre fauteuil quand
« vous aurez une douleur dans le dos. »

« Victor-Emmanuel envoya dix-sept mille hommes qui combattirent à nos côtés en Crimée.
« C'était une petite politesse intéressée qu'il faisait à Napoléon III, dont il pensait avoir besoin plus tard.

« A cette époque, Victor-Emmanuel perdit presque à la fois sa mère, sa femme, son père et un de ses enfants.

« Le parti clérical ne laissa pas échapper cette superbe occasion de crier partout que c'était l'effet de l'excommunication qui commençait à se produire.

« Nous n'en serions point étonné, puisqu'il paraît que l'on peut mourir de rire.

o o o

« En 1855, Victor-Emmanuel visita l'empereur des Français et la reine d'Angleterre.

« Vapereau fait courir le bruit qu'il fut accueilli avec enthousiasme par les deux nations.

« Nous étions à Paris à cette époque, et jamais nous n'avons entendu parler de cela.

o o o

« Nous croyons sans peine que Napoléon III et Victoria ne l'ont pas fait dîner à la cuisine ;

« Mais, quant au peuple de Paris, il a tout simplement fait à Victor-Emmanuel — et il a eu raison — l'accueil que les ouvriers d'une usine font à l'ami de leur patron quand ce dernier lui a fait visiter ses ateliers en lui expliquant, avec un noble orgueil, la manière de bien se nourrir en faisant turbiner les autres.

○ ○
○

« En 1859, Victor-Emmanuel, qui sentait le besoin de resserrer son alliance avec la France, donnait sa fille Clotilde en mariage au prince Napoléon.

(Voir, pour ce nom, le TROMBINOSCOPE, n° 8.)

○ ○
○

« Jusqu'alors cette princesse avait été réputée pour ses vertus.

« Depuis ce jour, elle l'est pour ses malheurs.

○ ○
○

« A partir de ce moment, la fortune sourit à Victor-Emmanuel.

« Il avait rêvé d'affranchir l'Italie tout entière pour...

en être seul maître. — Ce qui équivaut à chiper des chiens à droite et à gauche pour s'en faire une meute.

o o o

« C'est toujours comme cela que les rois comprennent l'affranchissement des peuples.

« Les chiens, qui ne savent pas parler, ne peuvent guère s'en plaindre.

« Les hommes, qui parlent, l'endurent.

« Ainsi soit-il!...

o o o

« Au physique, Victor-Emmanuel ferait un assez joli marchand de chevaux.

« Fidèle à ses habitudes, ce roi, qui n'a jamais rien su faire qu'à l'aide d'alliances, n'a pas même pu se faire une paire de moustaches sans appeler ses favoris jusqu'aux oreilles dans la combinaison.

o o o

« En somme, Victor-Emmanuel est un de ces rois libéraux par nécessité, qui savent faire la part du feu pour conserver leur place.

« Un de ces rois, enfin, qui se font tolérer un peu plus longtemps que les autres, parce qu'ils sont moins gênants,

« Mais qui finissent toujours par se faire remercier, parce qu'ils sont aussi inutiles. »

*

Le quartier général français était à Alexandrie.

Delord raconte que Napoléon III, en y arrivant, trouva dans la maison où il reçut l'hospitalité la carte sur laquelle le premier consul Bonaparte avait dressé le plan de la bataille de Marengo.

Hélas!... le futur héros de Sedan considéra ce plan, — si complaisamment étalé sous ses yeux, — avec cet air intelligent d'un abonné de l'*Union* cherchant à comprendre un numéro du *Tintamarre*.

*

Le 20 mai, les hostilités commencèrent.

Napoléon III n'ayant encore eu le temps de donner aucun ordre, nos armées furent victorieuses à Montebello.

o o o

Mais l'absence de tout plan de campagne empêcha de profiter rapidement de cette victoire.

Car nous n'avons la prétention d'étonner personne en constatant que l'empereur était parti des Tuileries, pour aller faire la guerre à l'Autriche, sans avoir fait plus de préparatifs que s'il eût été faire un tour de promenade au bois.

o o o

Autant cet homme d'élite avait de prévoyance, autant il pensait à tout lorsqu'il s'agissait de mitrailler son peuple sur les boulevards,

Autant il ne se préoccupait de rien quand il allait jouer à l'étranger la vie de ses soldats, l'honneur et la fortune de son pays.

o o o

Pendant vingt-trois jours la victoire de Montebello demeura sans fruit, parce que l'on ne savait qu'en faire, ni par quel bout la prendre pour en tirer parti.

o o o

On ne peut s'empêcher de se demander quelles conséquences eût pu avoir une défaite pour une armée qu'un succès décalait à ce point.

o o o

Un peu plus, l'empereur était obligé de télégraphier à Eugénie :
« Succès si étourdissants, que crains avoir pas force en profiter. — Hâtez défense de la capitale. »

o o o

Sur ces entrefaites, Garibaldi était entré en lice et surveillait les Autrichiens à la tête de ses volontaires.

Nous allons avoir le plaisir de présenter à nos lecteurs, — avec l'aide du *Trombinoscope*, — une des plus grandes figures des temps modernes.

« GARIBALDI (Joseph), général italien, né à Nice le 4 juillet 1807.

« Pie IX avait déjà une quinzaine d'années quand Garibaldi naquit.

« Mais, si l'on en croit la nourrice de ce dernier, son premier cri, en venant au monde, fut :

« — Je te rattrapperai bien tout de même.

« Tout jeune, Garibaldi entra dans la marine sarde et dans une fureur bleue contre le despotisme.

« Dès 1834, compromis dans une conspiration, il fut obligé de quitter l'État de Gênes.

« Mais il le retrouva très-aisément en France, où il dût se faire professeur de mathématiques pour vivre.

« Après un court séjour dans la flotte du bey de Tunis, il fut investi du commandement en chef d'une escadre par la République de l'Uruguay.

« Fait prisonnier, il s'évada et organisa, contre Buénos-Ayres, des corps de partisans italiens, dont le négligé de la toilette eût fait mourir de rire le correct Trochu, mais qui, à défaut de capotes ouatées, se couvrirent de gloire.

« En 1848, il revint combattre pour la liberté italienne, fut nommé député du Piémont par l'opposition.

« Et, lorsque l'année suivante, la république fut proclamée à Rome, il se mit à la tête de sa légion pour combattre le général Oudinot, envoyé par la République française pour anéantir la République romaine.

« Ce qui, par parenthèse, ne paraîtra pas à l'histoire d'une logique bien serrée.

« Il soutint le siége de la ville et brûla en trente jours huit cents fois moins de cierges, et trois mille fois plus de poudre que le général Trochu ne devait le faire plus tard, à Paris, en six mois.

« A la dernière extrémité, il proposa de faire sauter les ponts et de combattre jusqu'à la mort.

« Rome s'y refusa.

« Circonstance qui a permis à Trochu de s'excuser de sa mollesse, en répondant à ceux qui lui opposaient cette comparaison :

« — Je ne pouvais pas proposer à Paris de pareils moyens, sachant d'avance qu'il les accepterait.

« Garibaldi s'échappa de Rome et s'embarqua pour Gênes.

« De là, il repartit pour l'Amérique, où il fit, dit-on, une fabrique de chandelles, — de chandelles romaines, probablement. —

« Le *Gaulois* et le *Figaro* se sont réjouis longtemps, par d'aimables ricanements, qu'un militaire ait pu devenir négociant par nécessité.

« Il est vrai que, lorsque plus tard, ils virent des négociants essayer de se faire soldats par devoir, ils en ricanèrent pour le moins autant.

o °　o

« Il ne faut pas s'en étonner.

« Le mérite spécial de ce genre de presse est d'affecter de croire qu'un pays ne peut être sauvé que par des soudards dorés sur tranches, et de nier qu'un fabricant de chandelles puisse jamais avoir autant de patriotisme que le maréchal Bazaine.

o °　o

« En 1859, Garibaldi revint se mettre à la disposition du Piémont.

« Il fut nommé en mai major général, combattit comme un lion, excitant l'enthousiasme de l'Europe entière, excepté Louis Veuillot.

« Au physique, Garibaldi, par la douce expression de son visage, rappelle à ceux qui connaissent Veuillot que tous les hommes sont frères. Il était temps!...

« Il est perclus de rhumatismes, ce qui n'est pas étonnant, car le général Trochu lui doit cette célèbre phrase dont il a tant usé... de son lit : *Nous couchons sur les positions !*...

« C'est, d'ailleurs, tout ce qu'il lui a emprunté.

« Par suite d'une blessure qu'il a reçue à Aspromonte, Garibaldi boite fortement.

« S'il marchait à côté du comte de Chambord, ils se donneraient mutuellement, à chaque pas, un bon coup d'épaule.

« Mais ce ne serait pas de bon cœur. »

Voilà quel était l'homme que la France allait avoir pour allié.

Il fallait que Garibaldi aimât bien son pays pour que M. de Cavour pût le décider à combattre à côté de Napoléon III, qui, dix ans auparavant, avait fait assassiner la République romaine.

o o o

En acceptant le commandement qui lui était offert, il dit même à ce propos à M. de Cavour, cette phrase que nous dédions à notre maison de Bourbon :

— N'oubliez pas que l'aide de l'étranger coûte toujours très-cher.

o o o

Garibaldi commença alors sa campagne de tirailleur.

Il prépara souvent à nos armées des succès dans lesquels les bulletins de victoire des généraux *réguliers* ne lui firent pas toujours sa vraie part.

C'est que ce soldat-citoyen représentait l'idée révolutionnaire.

Et quels que fussent les services qu'il rendit, les généraux impériaux, bien chamarrés, ne pouvaient guère se retenir de considérer sa collaboration comme une sorte d'encanaillement, duquel il faudrait se nettoyer bien vite une fois la campagne terminée.

o o o

Quelques jours après, le combat de Palestro et la bataille de Magenta, dans lesquels les Autrichiens furent encore battus, nous ouvrirent la route de Milan.

C'est à cette dernière bataille que le général Mac-Mahon fut fait maréchal et duc de Magenta.

Sans lui cette journée était perdue.

L'empereur, qui avait voulu faire le malin, s'était amusé à fourrer son nez le matin dans le plan des opérations, et naturellement avait tout dérangé.

o o o

Mac-Mahon, fort à point, avait réparé les imbécillités de son souverain.

Des honneurs bien mérités l'en récompensèrent.

Justice eût été complète si le même décret, qui nommait Mac-Mahon maréchal et duc, eût en même temps promu l'empereur au grade d'aide infirmier auxiliaire dans un régiment de ligne.

o °o

La nouvelle de ce succès ne combla pas de joie l'empereur d'Autriche, comme on peut bien le penser.

Furieux, il se décida à prendre en personne le commandement de son armée.

Le 18 juin, les deux empereurs étaient en présence.

o °o

En prenant son commandement, François-Joseph ne manqua pas d'adresser à ses soldats la petite proclamation de rigueur.

Naturellement, dans cet ordre du jour, il avait l'air de dire à son armée :

— Jusqu'à présent, on ne vous a fait faire que des bêtises ; mais maintenant que je suis là, ça va marcher.

o °o

Effectivement, six jours à peine après son installation comme commandant en chef, il recevait à Solferino la plus abominable frottée que l'on puisse imaginer.

Ce n'était vraiment pas beaucoup la peine de se déranger.

Mais François-Joseph, en accourant prendre le commandement des mains de ses généraux de l'air important d'un homme qui dit : *Donnez-moi donc ça que je vous montre comment on s'en sert !...* avait entrevu un autre dénoûment.

Il s'était vu ramenant la victoire compromise, couvert d'acclamations et de couronnes, acquérant aux yeux de son peuple un nouveau prestige, qui devait lui servir à consolider son pouvoir.

Cette ficelle monarchique, qui fait partie du répertoire de tous les souverains, lui cassa cette fois dans les mains.

o ⁰ o

Et à part le plaisir que peut nous causer une victoire de la France, il en est un beaucoup plus vif encore pour nous, nous l'avouons, c'est celui que nous fait éprouver la vue d'un empereur déçu dans ses espérances les plus chères.

Après la victoire de Solferino, tout le monde crut que, plus que jamais, le programme de Napoléon III : *L'Italie libre jusqu'à l'Adriatique*, touchait à sa réalisation.

Et l'on se préparait à poursuivre vigoureusement la campagne.

Déjà même il était question, — et l'empereur y semblait décidé, — d'assurer la victoire définitive en aidant au soulèvement de la Hongrie contre l'Autriche, et en admettant ainsi la collaboration précieuse du mouvement révolutionnaire.

Mais, tout à coup, on vit les opérations s'arrêter.

Et tout le monde se demanda la cause de cette inaction après de remarquables succès.

La cause, c'était que Napoléon III avait réfléchi.

Et qu'au moment de soulever la Hongrie au nom de son indépendance, il s'était dit, — ce que les empereurs se diront toujours en pareil cas :

o °o

— Imbécile que je suis !... Qu'est-ce que je vais faire ?... Accepter le concours de l'idée révolutionnaire, moi, l'homme du 2 décembre !... Faire combattre ma garde prétorienne à côté d'un peuple qui marchera pour sa liberté !... ce serait idiot de ma part !... A quoi m'exposerais-je, si j'établissais ce précédent ?... Faire le jeu de l'union des peuples !... jamais !... Que l'Italie se débrouille maintenant comme elle pourra, et arrêtons les frais !... Je suis venu soi-disant pour lui rendre son indépendance. La vérité est que je venais tout simplement y chercher un peu de gloire, qui était nécessaire à la tranquillité de ma liste civile. L'Italie n'a pas sa liberté ; mais j'ai ma gloire, c'est l'essentiel. Restons sur le goût du bon morceau de Solferino, et allons-nous-en passer sous les arcs-de-triomphe des boulevards !...

o °o

En effet, un armistice avait été proposé et réglait les conditions d'une entrevue avec les deux empereurs.

Et, le 11 juillet 1859, les deux augures se rencontrèrent à Villafranca, pour y discuter les conditions d'une paix dans laquelle ils devaient puiser tous deux une douce quiétude pour l'avenir de leurs appointements.

o o o

Nous croyons utile de publier ici le compte rendu de cette conversation, à l'intention de ceux de nos lecteurs qui auraient conservé quelques illusions sur le désintéressement des grands de la terre, et se figureraient encore naïvement que lorsque deux potentats, qui viennent de faire s'écharper trois cent mille de leurs sujets, se rencontrent face à face, leur premier mouvement est de se sauter dessus et de se dévorer pour venger tant de sang répandu.

o o o

Ce n'est pas ça du tout, comme on va le voir :

o o o

La scène représente un élégant salon de la maison Gaudini Morelli Bugna.
(Des havanes et du tabac sur le guéridon.)

NAPOLÉON III.

Ah!... bonjour, cher ami!... Comment allez-vous?... Et madame?... et la petite famille?...

FRANÇOIS-JOSEPH.

Parfaitement, cher?... Et chez vous?... Vous avez une mine superbe.

NAPOLÉON III.

Oui... les fatigues de la campagne... Mais, vous-même, vous êtes frais comme une rose.

FRANÇOIS-JOSEPH.

Dame!... vous comprenez... la douleur de voir tuer tant de braves gens... ça engraisse!...

NAPOLÉON III.

Voyons, nous allons arranger cette affaire-là... hein?...

FRANÇOIS-JOSEPH.

Vous comprenez bien que je ne demande pas mieux... Mais vous n'allez pas m'écorcher.

NAPOLÉON III.

Parbleu!.. Soyez tranquille... on s'entendra.

FRANÇOIS-JOSEPH.

Oh! ce n'est pas pour moi, vous pensez... Quelques provinces de moins, quelques millions de plus à payer, je m'en bats l'œil... Mes contribuables n'ont pas été inventés pour des prunes.

NAPOLÉON III.

Sans doute.

FRANÇOIS-JOSEPH.

Mais ce qui m'inquiète, c'est de signer une paix qui me ferait crier : « A la chienlit!... » en rentrant à Vienne.

NAPOLÉON III.

Nous allons arranger cela de façon à ce que vous soyez content et moi aussi... D'abord vous savez que je ne vous en veux pas du tout.

FRANÇOIS-JOSEPH.

Et moi donc... Pourquoi nous en voudrions-nous?... Nous avons tous deux des enfants à caser, à établir... Et qui sait?... (*tapant sur le ventre de Napoléon III*) peut-être qu'un jour... votre petit Louis... on pourrait...

NAPOLÉON III.

J'allais te le dire, ma vieille branche!...

FRANÇOIS-JOSEPH.

Eh! bien, soutenons-nous... c'est ce que nous avons de mieux à faire. Quant à moi, je vous assure que « je ne me prêterai jamais à aucune coalition destinée à faciliter un changement de dynastie en France » (*sic*).

NAPOLÉON III.

Ah!... mon frère!... cette parole me fait du bien!... Quant à moi, je vous donne ma parole d'honneur que, de ma vie, je ne m'allierai à ceux qui pourraient vouloir vous *déboulonner* de dessus votre trône.

FRANÇOIS-JOSEPH.

Bien mieux!... C'est que si un jour vos républicains se mettaient à remuer de façon à vous donner des inquiétudes, je me ferais un plaisir de vous prêter quelques régiments pour aider votre garde impériale à les convaincre de l'excellence de votre gouvernement.

NAPOLÉON III.

Ah! par exemple, frère!... après cette parole-là, c'est entre nous à la vie, à la mort!... Et si jamais les démocrates autrichiens se permettent de te manquer de respect, envoie-moi un télégramme et je te prête Morny et Canrobert, tu m'en diras des nouvelles.

FRANÇOIS-JOSEPH.

Combien je suis heureux de cette circonstance qui nous a fourni l'occasion de nous comprendre. Maintenant, si nous causions un peu du sort de l'Italie...

NAPOLÉON III.

Oh!... pas besoin... Ce qui nous concerne personnellement tous les deux est convenu ; pour ce qui la regarde, on arrangera ça à peu près.

FRANÇOIS-JOSEPH.

Oui... une cote mal taillée.

NAPOLÉON III.

Maintenant, frère... embrassons-nous.
(*Ils s'embrassent et se séparent.*)

o °o o

Aussitôt après cette entrevue, dans laquelle la question du bonheur des peuples avait joué le rôle de onzième utilité, on s'empressa de rédiger le traité suivant :

o °o o

TRAITÉ DE PAIX

Entre notre bien-aimé cousin NAPOLÉON III, empereur des Français, par la grâce des fusillades et la volonté nationale des casse-têtes,

D'une part,

Et notre non moins bien-aimé cousin François-Joseph II, empereur d'Autriche, par la naïveté panurgière des Autrichiens,

D'autre part ;

Après les tripotées insignes reçues à Palestro, Magenta et Solferino, par les fidèles sujets mobilisés de ce dernier,

A été conclu le traité de paix suivant :

○ ○ ○

Considérant que si les rois sont tous cousins, à plus forte raison les empereurs ;

Que si leurs sujets respectifs se sont réduits mutuellement en purée Crécy pour la satisfaction particulière des souverains, cela ne peut nuire en aucune façon aux bonnes relations de ceux-ci, qui sont les bases les plus solides de la monarchie en général ;

○ ○ ○

Que l'honneur des rois et des empereurs est d'une espèce beaucoup plus malléable que celui des simples mortels,

Et qu'une parole donnée par eux peut et doit même être reprise quand elle les gêne ;

o °o o

Napoléon III et François-Joseph susnommés se tombent amoureusement dans les bras, et après s'être offert des hachis de soldats, se donnent fraternellement une vigoureuse fricassée de museaux.

o °o o

Ils déclarent d'un commun accord que la promesse de Napoléon III : *Il faut que l'Italie soit libre des Alpes à l'Adriatique*, n'était qu'une affreuse balançoire à gogos et qu'il y a lieu de s'asseoir dessus,

Et signent avec un ensemble touchant les conventions suivantes, avec la résolution bien arrêtée de les observer pendant tout le temps qu'ils y trouveront leur intérêt :

o °o o

Art. Ier.

Toute couronne étant bonne à prendre est encore meilleure à garder,

Napoléon III consent donc à remettre d'aplomb celle de François-Joseph, quitte à laisser de travers celle de Victor-Emmanuel, simple roi.

Art. II.

La Lombardie, conquise à l'Autriche par la force des canons rayés, reste acquise à l'Italie.

Si pourtant, plus tard, l'Autriche se sent de force à la reprendre, la France n'y apportera plus aucun obstacle.

Art. III.

Le sort de la Vénétie, qui n'a pu être reconquise, sera adouci,

A moins que l'Autriche n'y trouve des inconvénients.

Dans ce cas, elle pourrait redoubler de rigueur.

Art. IV.

Les meilleures relations continueront à régner entre les trois souverains jusqu'à la reprise prochaine des hostilités.

Art. V.

M. et madame de Metternich, ambassadeurs d'Autriche en France, auront le premier rang dans tous les cotillons des Tuileries.

Art. VI.

L'ambassadeur de France en Autriche aura droit à un service de six places à toutes les premières du grand théâtre de Vienne.

Art. VII.

La France ne réclame pas autre chose pour prix de son intervention.

Les peuples se débarbouilleront comme ils pourront avec leur honneur satisfait, c'est tout ce qu'ils méritent.

Art. VIII.

Ceux qui ne seraient pas contents sont priés de faire leurs réclamations par écrit, et l'on s'empressera d'en faire des essuie-mains.

Fait double et d'entière mauvaise foi à Villafranca, le 15 juillet 1859.

Et ont signé, — en se détournant pour qu'on ne les voie pas rire,

  François-Joseph II, Napoléon III,
  empereur d'Autriche. *empereur des Français.*

Et plus tard :
    Victor-Emmanuel,
    roi d'Italie,
que l'on avait oublié dans le premier moment.

⁂

Nous laissons à penser si ce dénouement fut du goût des Italiens.

Au début de la campagne, on leur avait joué une marche guerrière si enlevante qu'ils en avaient pris un élan à renverser des montagnes.

Puis, à peine avaient-ils fait quinze pas, qu'on leur criait :

— Halte!... Fixe!... Rompez les rangs!... C'est fini.

⁂

Ils trouvèrent la plaisanterie assez amère, et ne manquèrent pas de réduire à de plus simples proportions la reconnaissance qu'ils devaient à Napoléon III.

Ils se rendirent facilement compte que, sous prétexte de défendre leur indépendance, l'empereur des Français était tout simplement venu chercher chez eux un peu de réclame dont il avait besoin pour soutenir chez lui la concurrence des théories républicaines.

Aussi, en dépit des quelques services que Napoléon III leur avait rendus, n'eurent-ils pas pour lui des transports d'enthousiasme.

Ils le reconduisirent à leur frontière de cet air froid et un peu sec que l'on prend généralement pour remercier quelqu'un de vous avoir obligé *dans son intérêt*.

Victor-Emmanuel lui-même ne put dissimuler sa mauvaise humeur.

Et, en prenant congé de l'empereur des Français, il lui dit d'un ton légèrement aigre :

« — Quelle que soit la décision de Votre Majesté, je garderai toujours la plus vive gratitude pour ce qu'elle a fait pour l'indépendance de l'Italie, et je vous prie de croire que, dans n'importe quelle occasion, vous pouvez compter sur ma fidélité. »

Évidemment, la politesse ne permettait pas à Victor-Emmanuel d'en dire moins.

Mais les événements n'ont prouvé que trop depuis, que, pour quiconque eût pu lire dans la pensée du roi d'Italie, ce remerciement cérémonieux se fût traduit ainsi :

« J'ai donné ma fille au cousin, peu ragoûtant, de Votre Majesté, comptant que ce sacrifice me vaudrait l'appui de la France pour recouvrer mes États.

« Votre Majesté ne tient que le demi-quart de ses engagements. Je n'ai rien à dire puisque telle est votre bon plaisir.

« Mais si Votre Majesté croit que je lui ai de l'obligation du peu qu'elle a fait pour moi, Votre Majesté se crève l'œil avec son coude.

« Votre Majesté peut donc compter qu'en toute occasion je saurai oublier les petits services qu'elle m'a rendus, et ne me souvenir que de ceux qu'elle a refusé de me rendre. »

o
o o

Bref, deux mois avant, on s'était jeté dans les bras les uns des autres avec frénésie,

Et l'on se séparait sèchement et d'un air complétement désenchanté.

o °o

Napoléon III revint en France, où il fut loin de retrouver les ovations chaleureuses qui l'avaient accompagné lors de son départ.

En France, on est ainsi :

On fait volontiers crédit aux héros rien que sur l'air crâne avec lequel ils dégaînent.

Mais on n'aime pas avoir applaudi pour rien les bravaches qui remettent piteusement l'épée au fourreau avant d'avoir tenu leurs promesses.

o °o

L'empereur s'aperçut de la froideur de cet accueil.

Il essaya d'expliquer cette reculade inattendue dans son discours aux grands corps de l'État.

Il leur fit une longue énumération des conséquences qu'eût pu amener la continuation de la guerre : « Il fallait accepter la lutte sur le Rhin, il fallait se fortifier du concours de la révolution, il fallait répandre encore un sang précieux, etc., etc. »

o o o

L'homme de décembre faisant la bégueule pour « *répandre un sang précieux* », c'est à en mourir exténué par le rire et les vomissements.

o o o

Toutes ces misérables excuses ne furent d'ailleurs acceptées que par les abonnés de la *Patrie*.

L'opinion publique en fit bonne justice et répondit avec assez de logique à ces faux-fuyants.

« O mon empereur!... tu nous prends donc pour des idiots?... Quand tu es parti pour conquérir l'indépendance de l'Italie, ne savais-tu pas que tu trouverais quelques petites choses en travers?... Dis-nous carrément que tu n'as pas voulu pousser plus loin l'aventure, parce que tu as eu peur d'y perdre ton trône ; mais ne viens pas nous conter que tu as eu des craintes pour ton pays... On la connaît!... »

o °o

A peine la campagne était-elle terminée, que la France eut la douleur d'assister au triste spectacle qui suit généralement la guerre, dans les pays où on ne la fait que pour le compte des intérêts et des vanités du souverain.

Les maréchaux commencèrent à se flanquer réciproquement, sur la tête, des grands coups de leur bâton.

o °o

C'était l'un qui reprochait à l'autre, — comme un cabotin de petit théâtre, — de lui avoir donné une fausse réplique d'artillerie pour lui faire manquer son entrée.

o °o

C'était l'autre qui accusait l'un d'être passé exprès à gauche du spectateur, avec sa cavalerie, au lieu de passer à droite, pour lui enlever un de ses effets.

o °o

Bref, ces discussions écœurèrent violemment le public, qui put constater avec douleur à quel point le patriotisme anime peu les généraux césariens.

Il acquit, de ces tristes débats, la preuve navrante que, le plus souvent, les chefs d'armée qui ont été formés dans les serres chaudes des cours impériales, au lieu d'être élevés à l'air libre du civisme, n'envisagent le gain d'une bataille, d'où peut dépendre le sort de leur pays, que comme un événement pouvant leur procurer plus ou moins de hochets et de gloire personnelle.

o o o

Il vit que trop souvent, hélas!... déçu dans son ambition... froissé dans son amour-propre, un chef de corps peut arriver, par jalousie de métier, à laisser écraser un de ses collègues qu'il pourrait sauver par une diversion, comme ces médecins envieux et dépités qui laissent mourir un malade parce qu'il est de la clientèle d'un de leurs confrères.

o o o

Une de ces discussions faillit même amener un duel entre les maréchaux Canrobert et Niel.

Le maréchal Niel reprochait aigrement au maréchal Canrobert de ne l'avoir point aidé au début d'une action, et prouvait que ce secours eût pu compléter le désastre de l'armée autrichienne.

o o o

Nous ne pouvons nous permettre de porter un jugement sur cette question grave.

. . . .
. . . .
. . . .
. . . .

o o o

. . . .
. . . .
. . . .
. . . .

. . . . , ...
. . . .
. . . . ;
. . . .

o * o

Napoléon III était donc encore une fois vainqueur.

Il avait été cueillir en Italie quelques nouveaux lauriers.

C'était tout ce qu'il désirait.

Le moment était arrivé de redevenir superbe et généreux.

Le chauvinisme, un instant ravivé, avait eu raison, dans une certaine proportion, des velléités démocratiques du peuple français.

L'empereur crut devoir couronner cette campagne par une amnistie politique.

o * o

Plusieurs raisons puissantes lui conseillaient cette mesure de clémence.

Le désir de paraître bon.

Le besoin de paraître fort.

○ ○ ○

Et puis, les prisons étaient à peu près pleines de condamnés républicains.

Il fallait bien faire un peu de place pour en mettre d'autres.

Et les mêmes au besoin.

○ ○ ○

Le *Moniteur* publia donc, le 15 août 1859, un décret dont suit à peu près, — sinon le texte, — du moins l'esprit :

○ ○ ○

DÉCRET D'AMNISTIE

Napoléon,

Par la grâce de Dieu et l'idiotisme plébiscitaire, empereur des Français,

Avons décrété pour notre fête, — des crétins pour sujets, — et décrétons ce qui suit :

o ° o

Art. Ier.

Amnistie pleine et entière est accordée à tous les condamnés politiques.

Art. II.

Nous leur pardonnons de grand cœur toutes les offenses que nous leur avons faites.

Nous oublions à tout jamais les coups de crosse dans le dos qu'ils ont reçus.

Nous ne voulons plus nous rappeler les nombreux mois de prison qu'ils ont faits,

Nous chassons de notre souvenir les années d'exil qu'ils ont subies.

Et n'entendons garder que leurs dossiers pour une prochaine occasion.

Art. III.

Les citoyens assommés par les casse-têtes de notre bien-aimée brigade de sûreté,

Ceux qui sont morts de faim et de froid dans nos cachots augustes,

Sont également graciés.

Art. IV.

Dès leur rentrée chez eux, les amnistiés seront l'objet des soins les plus tendres de la part de l'administration.

Deux mouchards seront affectés au service de chacun dans le but de les surveiller spécialement.

Art. V.

Tout amnistié qui sera trouvé porteur d'un couteau, — fût-il à papier, — ou même d'un simple cure-dents, sera immédiatement logé en garni à notre maison impériale de la Conciergerie.

Art. VI.

Tout amnistié qui, à son cercle, au café, au théâtre, en

omnibus, etc., etc., aura débiné les charmes de nos pontons impériaux, payera l'amende comme au jeu de l'oie, sera enfermé à Mazas et y restera jusqu'à ce qu'un autre vienne le délivrer.

Art. VII.

Tout amnistié qui se conduira d'une manière irréprochable sera suspect de droit.

Art. VIII.

Tout amnistié devenu suspect, sera immédiatement déféré aux tribunaux.

Art. IX.

Tout amnistié déféré aux tribunaux sera condamné.

—

Sur ce, nous prions Dieu qu'il nous ait en sa sainte garde.

Et persuadé qu'avec les prisonniers élargis, il se trouvera bien quelques exilés libres qui s'empresseront de venir naïvement se fourrer sous nos griffes, nous signons le présent pour le plus grand bien de chacun.

NAPOLÉON.

En donnant une amnistie sur l'effet de laquelle il comptait beaucoup, l'empereur avait oublié de prévoir une chose, qui devait singulièrement modifier les conséquences de son acte de clémence.

C'était le refus des condamnés d'accepter leur grâce.

Ce fut pourtant ce qui arriva.

Barbès, Charras, Edgard Quinet, Victor Schœlcher, Clément Thomas, Proudhon et bon nombre d'autres proscrits refusèrent hautainement le *pardon* qui leur était offert.

Chacun d'eux protesta dans une lettre d'un ton si dédaigneux, si fier, que le décret d'amniste, au milieu de ces différentes pages orgueilleuses indignées, en prit l'aspect piteux et confus d'un billet de faveur pour l'Ambigu, tripoté, froissé, repoussé, dédaigné et rejeté par quinze personnes à qui il a été offert en un quart d'heure.

o o

Il paraît que Napoléon III fut profondément vexé de l'accueil fait à sa clémence par les républicains.

Il n'eut pourtant que ce qu'il méritait.

Après boire, il avait trouvé drôle d'adresser un sourire libidineux à la République et de lui pincer la fesse en signe de réconciliation.

Une gifle des plus retentissantes avait répondu à ces avances obscènes.

Laissons passer la justice de Dieu !...

o o o

Cependant, nous devons consigner ici qu'à propos de l'amnistie de 1859, il se produisit un désaccord entre certains représentants du parti républicain.

Les uns voulaient que les exilés ne tinssent pas compte du décret d'amnistie.

Ils prétendaient qu'aucun républicain ne devait rentrer en France tant que l'usurpateur y serait le maître.

C'était le parti de la bouderie à outrance, mais facile et peu dangereuse.

o o o

Les autres, — et Félix Pyat était à leur tête, — prétendaient, au contraire, que les scrupules avec un Bonaparte seraient aussi bêtes que de la politesse avec un chien enragé.

Ils conseillaient énergiquement aux exilés de rentrer en France pour y combattre l'empire par tous les moyens possibles.

o o o

Ils n'admettaient pas un seul instant que la lutte entre des bandits et des voyageurs fût un duel courtois, dans lequel les voyageurs détroussés dussent observer les lois de la chevalerie.

Le cas de légitime défense et tous les moyens que cette dernière autorise, leur semblaient seuls applicables dans une circonstance semblable.

Et ils entendaient que les républicains fussent et demeurassent sur la brèche tant qu'ils le pouvaient.

o°o

Nous n'avons certes pas la prétention de nous prononcer sur ce cas de conscience qui poussait les uns à se tenir hors de portée des coups sous prétexte de dignité, et les autres à affronter les horions en piétinant sur une délicatesse un peu... exagérée.

Mais, ce qui nous apparaît assez clairement, c'est que, tant qu'un parti n'a pas fait de soumission au plus fort qui le tient terrassé sous sa botte, il doit conserver le droit de se relever, soit par la force, soit par la ruse.

o°o

Les républicains, étranglés par surprise en décembre 1851, étaient vaincus.

Mais, ne s'étant pas avoués convaincus, ils restaient envers Napoléon III dans la situation d'un navire percé de boulets et près de couler; mais qui n'a pas amené son pavillon.

o °o

Un instant, il fut question de rendre quelque liberté à la presse.

Quelques journaux de l'opposition tâtèrent le terrain et se mirent à discuter certaines questions brûlantes.

Mais plusieurs *avertissements*, corroborés par une circulaire menaçante, les guérirent bientôt de leur naïveté.

o °o

M. Adolphe Guéroult, qui voulut à ce moment fonder un nouveau journal : *l'Opinion nationale*, ne put même en obtenir l'autorisation que grâce à l'appui du prince Jérôme Napoléon.

Encore raconte-t-on que cette influence auguste faillit devenir impuissante contre celle de S. M. l'impératrice Benoiton, qui voyait d'un fort mauvais œil que l'on favorisât la création de nouveaux journaux qui n'étaient pas des journaux de modes.

o °o

Nous avons parlé plus haut des *avertissements* administratifs donnés à la presse.

Nous devons à nos lecteurs une description succincte de cet ingénieux engin.

o °o

L'avertissement, ainsi d'ailleurs que son nom l'indique, était à la liberté de la presse ce que le roulement du tambour est au droit de réunion.

Comme celui-ci, il précédait le feu de peloton de la *dispersion par la force*.

o °o

Trois *avertissements* donnaient droit à un assommement suprême.

○ ○ ○

La seule différence qui existât entre l'*avertissement* adressé aux journaux et la sommation au tambour faite à la foule, c'est qu'en se dispersant après la première sommation, les groupes pouvaient encore éviter les deux autres, tandis qu'il était absolument impossible à un journal averti de savoir comment il pourrait s'y prendre pour éviter de l'être encore.

○ ○ ○

On a remarqué que, comme pour les clous, un avertissement venait rarement seul.

Quand un journal en voyait arriver un dans son bureau de rédaction, ce n'était presque pas la peine de fermer la porte derrière lui.

On était presque sûr que les deux suivants étaient dans l'escalier.

Voici quelle était la forme courtoise de ce document en trois mouvements dont chacun correspondait à un de ceux du commandement d'une exécution militaire :
Apprêtez... arm's!...
En joue...
Feu!...

o o o

« Considérant que le journal *l'Indépendant de la Nièvre* a, dans son numéro du 17 janvier, publié un article tendant à établir que la presse ne jouit pas d'une liberté suffisante, un premier avertissement est donné à ce journal. »

o o o

On voit par cet exemple que ce n'était pas là un mécanisme bien compliqué.

C'était absolument le régime de l'état de siége que nos lecteurs ont tous eu l'occasion de voir fonctionner.

Seulement, comme l'empire n'était pas pressé, il le décomposait en trois temps.

Voilà tout.

o °o o

Vers la fin de 1859, Napoléon III éprouva une forte contrariété.

La campagne d'Italie avait mis les Italiens en goût d'indépendance.

Et nos troupes n'avaient pas plus tôt eu le dos tourné, qu'ils s'étaient annexé une assez forte partie des États du pape.

o °o o

Pie IX, qui mourra certainement avant d'être parvenu à comprendre qu'un pape puisse dire sa messe sans avoir cinq ou six millions de sujets déguisés en enfants de chœur pour la lui servir, criait à chaque lambeau de terre qui se détachait de ses États, comme une marchande de journaux à qui une bourrasque emporte pièce à pièce les feuilles de son étalage.

o °o

Ces cris déchirants passaient par-dessus les Alpes et venaient se répercuter dans les vastes cours des hôtels du faubourg Saint-Germain.

Les habitants de ces immeubles ouvraient alors leurs fenêtres avec fracas pour savoir ce que signifiait ce tapage.

Et quand ils s'en étaient rendu compte, ils se mettaient à leur tour à pousser des hurlements de douleur qui étourdissaient tout le quartier.

o °o

Répétant le cri qu'ils entendaient venir du Vatican, ils vociféraient :

— Au secours !... à l'assassin !... On chipe au pape l'artillerie de Jésus-Christ !...

Ce tapage agaçait fort Napoléon III, qui ne voulait pas se brouiller avec l'Italie en allant défendre le pape, ni se mettre le pape à dos en encourageant les Italiens.

Il essaya de la conciliation et écrivit lui-même à Pie IX une lettre dans laquelle il lui conseillait de faire le sacrifice des provinces qu'il avait perdues pour s'assurer le reste.

C'était un assez bon conseil.

Mais, demander à Pie IX une concession quelconque, autant eût valu demander à une crue de la Loire de transiger avec les cultivateurs des champs riverains.

Le pape se refusa à tout arrangement.

Nous aurons un peu plus tard occasion de voir ce que peut procurer à un homme, qui sait s'en servir, le talisman de l'infaillibilité.

Cependant les tiraillements de la question du pouvoir temporel préoccupaient vivement l'opinion publique.

Et Napoléon III, toujours fidèle à son système de diversions, résolut de trouver, coûte que coûte, un petit incident qui détournât l'attention.

₀°₀

Il n'y avait guère à penser à une nouvelle guerre en Europe.

Cela pouvait devenir trop grave.

Le gouvernement impérial jeta les yeux sur la Chine.

Justement, l'entrée du fleuve Pei-ho ayant été refusée aux ministres de France et d'Angleterre, le prétexte était tout trouvé.

Et le général Cousin-Montauban fut nommé au commandement de l'expédition.

₀°₀

Cependant cette campagne ne commença pas immédiatement.

Nous en ferons le récit à nos lecteurs en temps et lieu.

○ ○ ○

C'est vers cette époque que l'administration imagina de faire placer des tourniquets-compteurs à l'entrée de la Bourse.

Ces tourniquets étaient payants.

Chaque joueur qui entrait payait une redevance, et le tourniquet marquait un cran.

○ ○ ○

Cette innovation n'eut pas un énorme succès.

Peu de temps après, les tourniquets furent enlevés.

Et l'accès de la Bourse redevint libre.

On pouvait y entrer sans un sou dans sa poche.

Et en sortir de même d'ailleurs.

Ce dernier cas était plus fréquent.

○ ○ ○

Quant aux tourniquets réformés, ils furent vendus aux enchères.

Beaucoup furent achetés par des dames de la cour, qui les placèrent à la porte de leur boudoir, afin que l'on ne pût y entrer qu'un à la fois.

༺ ༻

Quelques-unes en usèrent jusqu'à trois par mois.

On cite, entre autres, madame de Cédatouski, dont le tourniquet-compteur faisait un roulement nourri si continuel, que de la cour de son hôtel on aurait juré que l'on était en train de remonter le général Changarnier.

༺ ༻

Cependant, le Corps législatif s'était réuni et ne paraissait plus si unanimement disposé à couvrir d'applaudissements tous les actes du gouvernement.

Un semblant d'opposition se manifestait.

Plusieurs élections, desquelles on trouvait que les préfets s'étaient un peu trop mêlés, vinrent fournir un prétexte à quelques coups de bec de très-bon augure.

Entr'autres faits intéressants qui ressortiront de ces discussions, il fut établi qu'un M. Thie, sous-préfet de Feugères, avait adressé à tous les maires de son arrondissement, à l'occasion de l'élection de M. de Dalmas, — candidat estampillé par le gouvernement, — un amour de circulaire dans laquelle il était recommandé de faire « *voter en masse pour M. de Dalmas,* » et de montrer le candidat de l'opposition, M. Dréo, comme « *représentant la République, le socialisme, la misère !...*

On demanda énergiquement l'annulation d'une élection aussi pipée.

Et cette élection ne fut validée qu'à la majorité de 14 voix.

Ce procédé électoral avait écœuré 109 députés contre 123.

Et pour écœurer 109 députés de l'Empire !...

Ce débat procura à M. Baroche l'occasion de placer un de ces mots types qui méritent les honneurs de la collection.

Répondant aux reproches d'influence excessive des fonctionnaires sur les élections, il dit en pleine tribune :

— « Si on laissait le suffrage universel sans direction, aux prises avec les passions locales, il pourrait devenir un grand danger. »

Il n'est pas nécessaire d'appeler l'attention de nos lecteurs sur la haute portée morale de cet argument.

Elle saute aux yeux.

De même que l'on devait plus tard inventer la définition pour tout faire de : *la République conservatrice*, M. Baroche inventait l'expression pleine de promesses du : *suffrage universel dirigé.*

En effet, le *suffrage universel dirigé* n'avait rien de bien effrayant, même pour les républicains.

Chacun comprend que le maniement d'une telle arme exige une grande pratique.

Et personne ne pouvait désirer à cette époque, — pas plus que maintenant, — que les citoyens admis à se prononcer sur la marche des affaires fussent privés de la lumière.

o o o

Seulement, on n'était pas tout à fait d'accord avec M. Baroche sur le genre de « direction » qu'il convenait d'imprimer aux électeurs.

Les démocrates, dans leur éternelle naïveté, entendaient que l'on éclairât le suffrage universel au moyen de ces bougies de bon aloi qui se nomment :

L'instruction ;

L'éducation civique ;

La liberté de la presse ;

Le droit de réunion ;

Etc., etc.

o o o

M. Baroche, lui, le comprenait autrement.

Il voulait accorder le monopole de la direction du suffrage universel :

Aux candidatures officielles imposées de force par les préfets ;

A l'interdiction des journaux patronant les candidats de l'opposition ;

A la prohibition des réunions publiques ;

Et généralement tous engins, bâillons et camisoles de force qui mettaient l'électeur dans l'agréable situation d'un chien attaché à qui l'on donne à choisir entre une pâtée maigre placée à sa portée, près de sa niche, et un os de gigot mis assez loin de lui pour qu'il ne puisse pas l'atteindre.

o °o

Ce fut le système de M. Baroche qui l'emporta.

o °o

A cette époque, l'Empereur, sans consulter le Corps législatif, signa avec l'Angleterre ce fameux traité de commerce qui depuis a été tant discuté.

Quelques députés se fâchèrent un peu de ce qu'un

acte de cette importance ait été conclu sans être soumis à l'examen de l'Assemblée.

MM. de Flavigny et Jérôme David laissèrent même à cette occasion percer un peu d'aigreur, et demandèrent en vertu de quel droit l'Empereur traitait les députés comme des figurants du cirque.

Ces observations ne prévalurent pas.

o o o

Déjà les discussions parlementaires devenaient très-vives.

Et le président de l'Assemblée avait faibli en différentes circonstances, en ne sévissant pas assez contre les orateurs de la gauche.

o o o

Le gouvernement impérial ne tarda pas à s'émouvoir d'une impartialité qui ne faisait pas son compte.

Un jour que le président avait cru devoir rappeler à l'ordre un député de la droite qui était sorti des bornes de la politesse, l'empereur ordonna au ministre de l'intérieur de faire rédiger un guide nouveau à l'usage des présidents trop mous.

Ce qui fut fait immédiatement.

o °o

Le lendemain, les président et vice-présidents du Corps législatif recevaient une charmante petite brochure rose dont nous offrons le contenu à nos lecteurs :

o °o

LE PARFAIT PRÉSIDENT

« Pour se concilier tout d'abord les bonnes grâces de M. de Cassagnac et de ses amis, tout nouveau président qui se respecte, en prenant possession de son fauteuil, prononce une petite allocution empreinte d'un esprit d'impartialité et de justice, dans laquelle il assure la droite de toute sa bienveillance et fait comprendre à la gauche qu'il est bien décidé à la mettre au pas.

o °o

« Il s'asseoit ensuite et tient constamment à la main un fort morceau de coton.

⁂

« Aussitôt qu'un membre de la droite risque une interruption malsonnante, le président se fourre immédiatement son morceau de coton dans l'oreille droite.

« De façon à ce que, quand l'orateur de la gauche lui dit :

« — Monsieur le président, je ne puis continuer mon discours tant que l'honorable confrère qui vient de me traiter de « *viande à pontons* » ne sera pas rappelé à l'ordre!...

« Il puisse répondre :

« — Je n'ai rien entendu de pareil.

⁂

« De temps en temps, le président qui se respecte passe son morceau de coton dans l'oreille gauche.

« Ce qui lui permet, lorsqu'un orateur de l'opposition a dit :

« — Je demande la parole!...

« De lui répondre :

« — Monsieur... je vous rappelle à l'ordre!... j'ai parfaitement entendu que vous me traitiez de *vieux drôle!...*

o °o

« Dans les échanges de mots vifs qui pourraient avoir lieu entre députés de nuances opposées, le président qui se respecte doit apporter beaucoup de modération.

« Exemple :

« Emporté par la chaleur de l'improvisation, M. Jules Favre se laisse aller à qualifier de *vieille rengaine* le spectre démagogique exploité par les droitiers.

« Aussitôt, un de ces derniers se lève furieux et répond à M. Jules Favre :

« — Vous n'êtes qu'un sale mufle!...

« C'est ici que la sagesse d'un président qui se respecte doit apparaître dans toute sa splendeur.

o °o

« Il doit, avec énergie, dominer le bruit qu'a pu faire naître l'incident, et, par les paroles suivantes, rendre à chacun la justice qui lui est due :

« — Messieurs!... ce qui vient de se passer est très-
« regrettable...

« Sans doute l'expression de *sale mufle* est peut-
« être un peu familière; et encore, cela dépend du sens
« que l'on veut bien lui donner.

« Mais il n'en est pas de même du mot : *rengaine*,
« auquel on chercherait vainement un pendant comme
« violence.

« Je me vois forcé de rappeler sévèrement à l'ordre
« M. Jules Favre, qui a laissé échapper cette expression. »

o o o

« Le président qui se respecte doit veiller à ce que
les orateurs ne s'écartent pas du sujet qu'ils ont à
traiter.

« Mais il doit le faire dans une certaine mesure.

« Et en tenant compte de la fraction de la Chambre
à laquelle appartient l'orateur.

o o o

« Ainsi, supposons que M. Baroche, parlant sur
l'utilité de l'établissement des chalets de nécessité pour
dames, trouve le moyen, par une transition habile, de

faire intervenir dans la question le scandale des enterrements civils.

« Le président qui se respecte ne doit pas sourciller, trouvant à juste titre que ces deux faits se relient naturellement entr'eux.

○ ○ ○

« Mais, si M. Ernest Picard, parlant pour défendre le suffrage universel, s'en écarte au point de faire intervenir dans la discussion le danger qu'il y aurait à rétablir le cens électoral.

« Alors, après un coup de sonnette vigoureux, le président qui se respecte doit interpeller ainsi l'orateur :

« — Je ne puis permettre qu'à propos d'une loi
« destinée à désigner quels sont les citoyens qui voteront,
« on vienne parler de ceux qui ne voteront pas... Je prie
« M. Ernest Picard de rester dans la question. »

○ ○ ○

RECOMMANDATIONS GÉNÉRALES AU PRÉSIDENT QUI SE RESPECTE.

« Le président qui se respecte doit toujours faire ouvrir tous les vasistas quand il s'aperçoit que la gauche a froid.

o °o o

« Il doit, conséquemment, donner ordre de bourrer tous les calorifères lorsqu'il voit qu'elle sue à grosses gouttes.

o °o o

« Le président qui se respecte doit invariablement lever la séance au moment où un des membres de l'opinion républicaine demande la parole.

o °o o

« Quand le président qui se respecte est pour renverser son verre d'eau sucrée ou sa lampe en voulant prendre sa sonnette, il s'arrange de façon à ce que ce soit toujours pendant qu'un orateur de la gauche est à la tribune.

« Et prend ses dispositions pour que l'eau ou l'huile lui tombe dans le cou. »

Telles furent les instructions officielles données aux présidents d'Assemblées parlementaires par l'empire.

Notre devoir d'historien nous impose l'obligation de reconnaître qu'elles furent généralement suivies, avec beaucoup de docilité, par les différents présidents qui se succédèrent au fauteuil de 1860 à la chute de l'empire.

○ °○

A cette session fut aussi soulevée la question des incompatibilités de mandats.

Quelques députés ne craignaient pas de cumuler, avec cette fonction importante, douze ou quinze emplois publics.

○ °○

Le refus d'un député de la gauche d'accepter une candidature de conseiller général fut le sujet de nombreuses polémiques.

Et, à cette occasion, l'*Eclipse*, dans son petit courrier

hebdomadaire, dut répondre ce qui suit à l'un de ses correspondants :

o o o

« Vous me demandez, monsieur, ce que je pense de ce député qui vient de décliner l'offre d'une candidature au conseil général de votre département, parce qu'il trouve ce mandat incompatible avec celui de député.

« Je pense, monsieur, que c'est là, en même temps qu'une bonne action, un acte beaucoup trop rare.

« Je pense que l'amour du cumul à outrance est un de nos vices énormes.

« Et que si nous avons des hommes assez intelligents pour pouvoir rendre des services dans plusieurs branches de l'administration, — ce que je ne nie pas, — on n'en trouvera jamais, pas plus ici qu'autre part, qui puissent faire seulement une chose et demie à la fois, sans négliger ou la chose ou la demi-chose.

« Je pense aussi qu'un député, — un de ces députés consciencieux qui, comme celui dont vous me parlez, sont constamment sur la brèche, — doit avoir environ pour trente-deux heures de travail par jour.

« Et je crois fermement que, si l'on ajoute encore à

cela, huit heures pour manger et dormir, — ce qui me paraît le strict nécessaire, — plus les occupations d'un conseiller général, — plus celles d'un maire, — plus celles d'un président de société de secours mutuels, — plus celles d'un capitaine de la garde nationale, — plus celles d'un secrétaire de bibliothèque populaire, — etc., etc....., il restera au malheureux bien peu de temps pour aller flâner devant les boutiques.

« Recevez, monsieur, etc. »

o o o

Lorsqu'arriva la discussion du budget, les criailleries recommencèrent très-vives.

A l'occasion de l'examen de nos recettes et de nos dépenses, M. Emile Ollivier essaya de jeter un coup d'œil sur la situation intérieure du pays.

o o o

Il y trouva des cheveux en quantité.

Et il se disposait à les cueillir par touffes entières, quand M. de Morny l'arrêta avec la véhémence dont est capable une bonne qui refuse de laisser visiter ses malles dans lesquelles elle a caché les petites cuillers en argent de ses maîtres.

○ ○ ○

M. de Morny et M. Baroche furent surtout admirables, lorsque interrompant M. Ollivier, qui se plaignait que les journaux fussent soumis aux ordonnances sur le muselement des chiens, ils s'écrièrent :

« Nous ne pouvons cependant pas tolérer que la discussion du budget serve de prétexte aux orateurs de l'opposition pour adresser au gouvernement des questions sans fin !... »

○ ○ ○

Après cette vigoureuse protestation, qui ne permettait pas que l'on continuât à troubler le pays en choisissant le Corps législatif pour y parler des affaires publiques, il ne restait plus aux députés de l'opposition qu'à aller soulever les questions de politique intérieure au bal Valentino.

○ ○ ○

Du reste, il faut être de bon compte ; le gouvernement impérial ne poussa pas l'intolérance jusqu'à refuser toute explication de sa conduite envers les journaux.

Et M. Belmontet obtint un grand triomphe, en répondant à un membre de la gauche qui se plaignait des entraves apportées à la liberté d'écrire :

« La presse est libre pour le bien ; elle ne l'est pas pour le mal... cela doit suffire!... »

Comme logique, ce n'était peut-être pas très-serré, attendu qu'en politique, on n'est pas encore tombé tout à fait d'accord sur ce qui est le bien et le mal.

Mais, comme type d'argument à poigne, c'était très-réussi.

On n'en demandait pas davantage.

Pendant ce temps, Pie IX ne s'était point tenu tranquille.

Il ne digérait qu'avec une très-grande difficulté les empiétements incessants de l'Italie.

Voyant de jour en jour se resserrer le cercle de son royaume,

Ne pouvant parvenir à intéresser aucune puissance européenne à son sort,

Voyant qu'il avait beau appeler tous les deux jours la France : *la fille aînée de l'Eglise;* la France n'était pas plus sensible à ce compliment qu'une fontaine Wallace que l'on comblerait de flatteries pour lui faire donner de la fine champagne.

Persuadé enfin que l'Europe était peu disposée à se fendre en douze pour le soutenir, Pie IX avait décidé de se défendre lui-même.

Pour cela, il avait constitué une armée et en avait confié le commandement au général français Lamoricière, brave soldat qui avait eu quelques succès en Afrique, mais qui, sur le déclin de sa vie, en fait d'artillerie, ne connaissait que les canons de l'Eglise.

Le 8 avril, le général Lamoricière prit possession de son commandement.

Son premier soin, naturellement, fut d'adresser une proclamation à ses troupes.

Il le fit en ces termes :

o °o

« Soldats !

« Je viens me mettre à votre tête pour défendre les droits du Saint-Père.

« Des mains impies veulent arracher au successeur de saint Pierre ses terres, ses contribuables et ses trésors.

« Nous soutiendrons ces droits méconnus.

« Nous ne laisserons pas sans millions, sans armée, sans châteaux et sans budget, le représentant de la religion.

« Aux armes !...

« Lamoricière. »

o °o

Aussitôt qu'il eut appelé ses soldats aux armes, le général Lamoricière jugea qu'il était peut-être temps de s'inquiéter s'il avait réellement des soldats et si ces soldats avaient réellement des armes.

o ° o

Il eût pu commencer par-là, et économiser ainsi des frais d'affichage.

Car il eut la douleur de constater que l'armée dont il pouvait disposer était dans un état de décousu à rendre quinze points de trente à un paletot sortant des magasins de la *Belle-Jardinière*.

o ° o

Le général Lamoricière se fit donner un tableau du personnel et du matériel militaire.

Sur le papier, ça allait encore assez bien.

On lui accusait :

68,000 soldats ;
1,200 canons ;
25,000 chevaux ;
21,000 fusils ;
140,000 paires de souliers ;
Et tout à l'avenant.

o °o

Mais, à la première revue qu'il passa pour s'assurer du bon état de ses troupes, il s'aperçut que les employés comptables de son intendance avaient le zéro de droite très-facile et les queues de 9 très-complaisantes.

o °o

Son effectif, déduction faite de toutes les erreurs d'addition, se composait au juste de :
938 soldats, tous appartenant à des nations étrangères,
Et de 25 vieux chevaux d'omnibus.

o °o

Quant au matériel :

Deux ou trois cents fusils à piston, un canon de sept servant aux salves les jours de fêtes publiques, trois douzaines de sarbacanes confisquées à des chasseurs de moineaux en contravention, et quarante bottes dépareillées provenant de couvreurs tombés des toits et à qui l'on avait coupé une jambe.

*　*　*

Cette armée, splendide et si abondamment fournie de vêtements, de guêtres, de vivres et de munitions, que l'on aurait pu la croire administrée depuis huit ans par le maréchal Le Bœuf de Saint-Foix-Près, était la seule force que le général Lamoricière eût à sa disposition.

Il s'efforça de la compléter, et surtout d'en relever le moral par des proclamations bien senties et quelques doubles rations placées à propos.

*　*　*

Ces préparatifs menaçants que faisait le pape ne furent point du goût de Napoléon III.

L'empereur, à la rigueur, voulait bien le rafistolage du pouvoir temporel, qui ne lui portait aucun ombrage,

Mais il n'était pas de son goût de voir les volontaires pontificaux afficher, sous le prétexte de restaurer le Saint-Père, la prétention d'organiser une sainte croisade en faveur de la légitimité.

Et il n'y avait point à se méprendre sur la pureté de leurs intentions. A Rome, ils portaient sans se gêner la cocarde blanche ; et le comte de Chambord, de sa retraite, semblait diriger le mouvement.

o o o

Alors le gouvernement impérial, se croyant en butte à une conspiration légitimiste, fit ce qu'il faisait toujours en pareille circonstance.

Il se mit à tomber à bras raccourcis sur la presse.

o o o

Seulement, chose sans précédent, ce furent cette fois les journaux cléricaux qui payèrent la casse.

Les républicains ne pouvaient en croire leurs yeux. On frappait des feuilles qui n'étaient pas les leurs.

Ils n'avaient jamais vu ça.

Rien que pendant la fin de l'année 1860, plus de

trente journaux légitimistes furent suspendus, avertis ou supprimés.

○ ° ○

L'*Univers* lui-même n'échappa pas à cette Saint-Barthélemy.

Mais il est bon de consigner qu'il ne fut plaint par ses confrères que dans des proportions assez minimes.

○ ° ○

Ses malheurs inspirèrent à peu près la pitié dont on se sent l'âme envahie en apprenant qu'un chien enragé vient d'avaler une boulette empoisonnée.

○ ° ○

Pour expliquer autant que possible ce témoignage de bonne confraternité dont l'*Univers* fut l'objet, il est bon de dire que quelques mois avant sa suppression, ce journal avait accueilli avec une joie folle pareille mesure qui avait frappé quelques feuilles démocratiques.

Il avait imprimé, entre autres choses très-recommandables, que « *le bras séculier des gendarmes est de beaucoup le meilleur défenseur de la liberté de conscience* (sic).

On pouvait aussi lire, dans sa collection récente, des axiomes dans ce goût :

« Quant à nous, nous sommes suffisamment libres » (re-*sic*).

« La liberté d'écrire devrait être refusée à ceux qui ne se confessent pas (toujours *sic*).

« Quand je suis le plus faible, je vous demande la liberté, parce que tel est votre principe ; mais quand je suis le plus fort, je vous l'ôte, parce que tel est le mien (de plus en plus *sic*). »

Nos lecteurs ne s'étonneront donc pas que les confrères de l'*Univers* aient été indifférents à ses déboires.

En France, on aime toujours voir s'étaler dans le ruisseau les gens qui ont ricané en y voyant tomber les autres.

o o o

L'expédition de Chine, une autre expédition projetée en Syrie semblaient annoncer que le gouvernement impérial allait avoir recours à un nouvel emprunt.

Déjà les capitalistes se préparaient à faire mousser à leur profit cette opération nationale.

o o o

Le *Charivari* lui-même étudia très-sérieusement la question de l'emprunt et publia l'opinion de plusieurs hommes illustres sur ce sujet.

Nous lui en empruntons quelques-unes :

o o o

« L'emprunt est une opération par laquelle les gouvernements, après avoir fait dresser par leur ministre des finances un état constatant que jamais les affaires publiques n'ont été aussi prospères, demandent au pays de leur prêter une nouvelle misère de 800 millions.

« THIERS (*Mémoires inédits*). »

« Les gouvernements ont contracté l'habitude de donner des sous-titres à leurs emprunts, comme on enveloppe les bonbons amers dans des boules de gomme pour qu'ils passent plus aisément :

« C'est ainsi que nous avons eu des :

EMPRUNTS DE LA GUERRE

dans les moments où le sang français était jugé nécessaire aux intérêts turcs.

« Et des :

EMPRUNTS DE LA PAIX

alors que la tranquillité complète de l'Europe nécessitait la présence de 800,000 hommes sous les drapeaux.

« *Pensées de M. Rouher.* »

« L'emprunt public est une variante de la pierre philosophale.

« C'est l'art de convertir les métaux précieux en fonte de fer.

« *Maximes du maréchal Niel.* »

« L'emprunt, c'est le nerf de l'édilité.

« C'est l'art d'embellir une capitale et d'en rendre le séjour agréable en forçant ses habitants à demeurer tous dans la banlieue.

« *Contes d'Haussmann.* »

« Un gouvernement, comme un particulier, trouve plus ou moins facilement à emprunter, selon qu'il jouit de plus ou moins de crédit.

« Cependant, il n'est pas sans exemple qu'un État

insolvable ait trouvé de forts capitaux en offrant des intérêts de 76 pour cent l'an, plus les chances d'une petite tombola dont les moindres lots étaient de 500,000 francs.

« Dans ce cas, le gouvernement se fait appuyer par une nation puissante qui pousse au placement des billets ; mais n'en rembourse pas le montant en cas de déconfiture.

« *Œuvres de Colbert.*
(Chapitre des obligations mexicaines). »

❦

« L'emprunt public est le meilleur et le plus légitime de tous les systèmes financiers.

« En effet, quoi de plus naturel que de laisser à la charge de nos descendants une partie des frais qu'occasionnent les grands travaux desquels ils profiteront.

« Exemple :

« Nous construisons un pont que nos fils useront. Cette jouissance sera pour eux la compensation des sommes que nous leur laisserons à payer.

« De même, nous employons d'immenses capitaux pour gorger de richesses et de sinécures les courtisans, les maîtresses et les amis du roi.

« Il est donc équitable aussi que la génération future

supporte les frais de représentation d'un monarque dont elle aura en échange la satisfaction de maudire la mémoire.

« *Louvois.* »

o o o

Cependant, les bruits d'emprunt se dissipèrent au grand désespoir des spéculateurs, qui avaient compté sur d'excellentes primes.

o o o

Ce fut à cette époque que les inventeurs français furent pris d'une véritable rage.

La question du perfectionnement des engins de destruction ne leur laissait aucun repos.

Et il n'était pas de jour que le ministère de la guerre ne reçût une centaine de projets, tous plus meurtriers les uns que les autres.

o o o

Nous avons été assez heureux pour obtenir communication de quelques-uns de ces plans.

Dans le nombre, nous avons particulièrement remarqué les suivants :

o°o

PROJET TRONCHARD, DE PONTOISE.

Fusil-pompe.

Cette arme, dont la culasse correspond par un long boyau de caoutchouc à un grand réservoir placé dans le centre du bataillon, — lequel réservoir est tenu constamment plein de balles de munitions, — lance ses projectiles à jet continu comme le font les pompes à incendie.

Huit leviers manœuvrés par quarante hommes établissent la pression et envoient sans interruption les balles se loger dans la culasse du fusil.

o°o

Le soldat n'a donc plus qu'à presser la détente et à diriger le canon de son arme dans le sens commandé par les circonstances.

Ce fusil peut loger 3,500 balles à la minute.

On a calculé que 100 fantassins, armés du fusil-pompe, pourraient détruire une colonne de 40,000 hommes en quatre minutes.

MODÈLE N° 2.

M. PITANCHOIS, CHARCUTIER, 17, RUE MESLAY.

Boulet-faulx.

Le boulet-faulx peut être lancé par toutes les pièces d'artillerie possibles.

Un mécanisme intérieur fait jaillir de ses flancs, aussitôt qu'il est sorti de la gueule du canon, quatre longues lames de faulx qui tournent au moyen d'un ressort comme les ailes d'un moulin à vent.

On peut sans peine juger de l'effet produit sur un corps d'armée ennemi par la visite de cinq cents de ces boulets.

MODÈLE N° 3.

M. ANTHÉNOR JOLIVET, DE PUTEAUX.

Boulets-siamois.

Deux de ces boulets, qui pèsent chacun 11,000 kilogrammes, sont reliés par une forte chaîne en fer forgé de deux kilomètres de longueur.

Au moyen d'une batterie électrique, on les fait partir simultanément de deux énormes canons pointés de face sur le front de l'armée ennemie.

Entraînée par la chaîne qui la ramasse et l'enserre comme une énorme botte de paille, l'armée tout entière est bientôt prisonnière et impuissante.

Alors, par le seul fait de leur immense force d'impulsion, les boulets siamois se rejoignent sur les derrières du corps d'armée enveloppé.

Ils se cognent l'un contre l'autre avec violence et se fixent irrésistiblement ensemble au moyen d'un cadenas à ressort ménagé à leur surface.

Les 500,000 ennemis ainsi garrottés et réunis en gerbe sont à la disposition du vainqueur.

Telle était la disposition des esprits en France au moment où commença l'expédition de Chine.

Nous n'entreprendrons pas le récit détaillé de cette guerre sans grand intérêt.

Un reporter spécial envoyé par le *Tintamarre* pour suivre les opérations de la guerre a publié une relation très-fouillée de cette expédition.

Nous nous contenterons de lui emprunter son récit.

CAMPAGNE DE CHINE.

Les Chinois avaient conclu en 1858 avec la France et l'Angleterre un traité commercial.

Une des clauses de ce traité stipulait que l'illustre souverain de l'Empire du milieu livrerait, chaque année, à la mère Moreaux, 1,253,798 chinois marinés dans leur jus, mûrs à point et ornés de leur queue.

※

Non-seulement l'Empereur de Chine ne tint pas ses engagements, mais encore il répondit aux réclamations de nos plénipotentiaires par un geste d'une décence plus que douteuse.

※

Il confondit dans un même pied de nez irrévérencieux les attachés d'ambassade, leurs secrétaires, leurs sous-secrétaires et leurs domestiques.

Après quoi, pour se calmer, il fit empaler le premier de ses ministres qui s'était permis de lui faire observer qu'il avait peut-être été un peu vif.

o o o

Inutile de dire que la reine Victoria et Napoléon III furent outrageusement vexés d'être traités par un simple empereur de Chine comme un régisseur du Gymnase venant demander vingt-deux sous à M. Montigny pour acheter une livre de bougie..

o o o

Immédiatement Napoléon III passa à l'agent consulaire français à Pékin une dépêche dont voici à peu près la teneur :

« Si veulent pas envoyer chinois-Moreaux, Fich-ton-kan et mort aux Chinois. »

o o o

A quoi l'agent répondit :

« Chinois ri comme petites folles de prétentions vous, — m'ont immédiatement envoyé faire f...aire des malles. J'arrive. Hâtez la défense de la capitale. »

o o o

Aussitôt qu'elle fut connue à Paris et à Londres, cette dépêche occasionna un remue-ménage de tous les diables.

L'armée française, sous le commandement du général Cousin de Montauban, et l'armée anglaise furent embarquées aussitôt.

Le 2 juillet 1860, l'action commença.

o o o

Les deux flottes jetèrent l'ancre dans la baie de Cha-lui-tien.

Que nos lecteurs ne s'étonnent pas des noms fantaisistes dont notre conscience d'historien nous fait un devoir d'émailler le récit de cette campagne. Ils en verront bien d'autres.

o o o

Nos braves marins ne perdirent pas un instant.
Ils s'emparèrent aussitôt du village de Pé-tang.

o °o o

Le *Tintamarre* annonça ainsi cette nouvelle :
« La nourriture farineuse de l'armée a fait merveille. A peine débarqués, nos soldats sont entrés en Pé-tang. »

o °o o

Inutile d'ajouter que pour donner aux Chinois une haute idée de la civilisation européenne, la ville fut livrée au pillage et à toutes les horreurs d'une ville prise d'assaut.

o °o o

Ce fut alors que les naturels de l'endroit, loin de perdre la tête devant la débâcle, se montrèrent une fois de plus gens pratiques avant tout.

o °o o

Ils persuadèrent à leurs femmes que les soldats ennemis se conduiraient brutalement à leur égard si elles tombaient entre leurs mains.

Et ces malheureuses, qui n'y voyaient pas plus loin que le bout de leurs pieds, se laissèrent égorger par leurs maris, qui ricanèrent en dessous d'avoir trouvé ce moyen de redevenir garçons.

o °o o

En France, ça n'aurait pas réussi.

o °o o

Le 22 août, les deux armées étaient à Tien-Tsin, qui conduit à Pékin.

L'Empereur de Chine commençait à être dans ses petits souliers; mais, vicieux comme un reporter du *Figaro*, il essaya de gagner du temps.

o °o o

Un mandarin de première classe, à globule rouge, fut envoyé par lui au quartier général pour traiter.

Il causa de la pluie et du beau temps, de l'impôt sur les allumettes, du succès de *la Fille de Madame Angot*, puis disparut au bout de quelques jours.

○ ○ ○

On était encore en train de le chercher, sous les tentes, dans les gamelles, derrière les sacs et dans le corsage des couturières, lorsque l'on apprit qu'il n'avait eu d'autre but que de lanterner, pour donner au général en chef San-Ko-li-Tsin le temps d'organiser la défense du pays.

On continua d'avancer.

○ ○ ○

Le 17 septembre, nouvel envoi de quatre mandarins, dont un à globule bleu.

Ils se prétendirent autorisés à régler certaines conditions.

On perdit encore du temps à les écouter.

Et, au bout de quelques jours, même jeu qu'avec le mandarin à globule rouge.

Ils disparurent tous quatre au moment où cinquante mille Tartares tombaient sur le dos des armées alliées.

Les Français et les Anglais passèrent dessus (soyons chauvin) avec la facilité d'une locomotive de la Compagnie P.-L.-M. broyant un train de voyageurs.

Et l'on arriva à Palikao.

○ ○ ○

Palikao est comme qui dirait le Saint-Germain de l'endroit.

Les Chinois tinrent bon et ne cédèrent qu'à une épouvantable trépignée.

○ ○ ○

Ici, les documents officiels nous plongent dans un fort effarement.

En effet, ils constatent du côté des armées alliées 6 hommes tués et 34 blessés; tandis que l'armée chinoise aurait perdu 2,000 hommes.

○ ○ ○

Du reste, nous nous étonnons bien à tort de ce fait, qui se renouvelle à l'occasion de toutes les guerres et dans tous les pays possibles.

Les souverains ont pris l'habitude de procéder à l'égard de leurs sujets comme beaucoup de femmes dépensières qui, voulant éviter d'être grondées, disent à leur mari :

— J'ai acheté ce manchon ; mais c'est une occasion ; je l'ai eu pour trois francs.

o °o

Afin qu'on ne les accuse pas de dilapider le sang de leurs soldats, quand ils en ont fait tuer 15,000, ils disent à la nation :

— Grande victoire ! Nous avons emporté une position inexpugnable et tué 7,000 hommes à l'ennemi ; ça nous a coûté deux blessés dont un très-légèrement.

o °o

Après cette victoire, les armées alliées arrivèrent au Palais-d'Été, le Versailles de Sa Majesté nattée.

Ici, il faut renoncer à peindre l'ébahissement de nos soldats à la vue de tant de trésors.

Il y avait des pipes d'écume de mer qui étaient tout en ambre.

Des irrigateurs en or massif avec embouchure de diamant et jouant les airs de nos meilleurs opéras.

Des vases de nuit incrustés de pierreries.

Les plus simples étoffes de soie ou de coton étaient en soie brochée d'or et d'argent.

Il y avait des fontaines de jaspe et de marbre rose qui versaient du Bully, du Lubin et de l'essence d'ananas, à trente francs le dé à coudre.

On y remarquait des plantes comme on n'en voit nulle part :

L'arbre à poudre de riz.

Le sorbier, dont chaque graine donnait de la Véloutine Fay,

Et le pin... de savon aromatique.

Tout cela était tellement beau, tellement féerique, que le soldat français, qui ne se bat pourtant que pour la gloire (cliché), éprouva l'irrésistible besoin d'étaler quelque chose de gras sur la tartine de ce beau sentiment.

o o o

Pour donner satisfaction à ces appétits héroïques, on dut organiser un pillage méthodique, — deux mots très-amusants, accolés ensemble.

o o o

Une commission, composée d'un colonel et de deux officiers, fut nommée dans chaque armée, pour procéder au choix des objets à envoyer à Napoléon III et à la reine Victoria.

Cette façon de donner aux barbares d'Orient une idée de la civilisation et de la moralité occidentales, ne manque pas, il faut l'avouer, d'une certaine désinvolture.

o o o

Évidemment les lieutenants de Cartouche et de Mandrin ne devaient pas agir autrement avec leurs chefs de bandes.

Cartouche et Mandrin furent roués, tandis que...

Mais ceci n'est pas notre affaire.

Et nous aurions accordé le bénéfice des circonstances aux ordonnateurs de cette petite... opération, s'ils eussent eu le bon sens de choisir et d'adresser à Napoléon III un sac d'intelligence, et à la reine Victoria une caisse d'humanité en faveur des Irlandais.

o °o

Malheureusement, il n'en fut rien.

On se contenta de leur envoyer force chinoiseries d'étagères, afin de leur fermer les yeux sur cette rapine réglée avec la précision d'un ballet d'opéra.

o °o

Le pillage du Palais-d'Été eut donc sa consécration légale.

Du reste, du moment où l'on avait légalisé le 2 décembre, il n'y avait plus d'obstacle.

Les gros bonnets de l'armée alliée ayant choisi dans le tas ce qui leur convenait le mieux, le reste fut vendu et distribué aux troupes.

La part de chaque soldat fut d'environ cent francs.

Soit la valeur de mille verres de fil-en-quatre par homme.

C'est-à-dire deux cent cinquante fois plus qu'il n'en fallait pour bombarder la maison Sallandrouze et passer le concierge au fil de l'épée.

Delord raconte que les soldats déchiraient ou brisaient ce qu'ils ne pouvaient emporter.

Et qu'ils jetaient jusqu'à l'argent à cause de son poids.

Le 9 octobre, on arriva à Pékin, et les pourparlers recommencèrent.

Lord Elgin déclara aux Chinois qu'il brûlerait le Palais-d'Hiver (Compiègne de la chose) si la paix n'était pas signée le 23.

Et, pour donner des arrhes, il fit incendier le Palais-d'Été.

○ ○ ○

Comme on le voit, la petite fête de famille fut complète.

Et l'expédition de Chine n'eut pas grand chose à envier à la Commune.

○ ○ ○

Les Chinois se déclarèrent vaincus.
Et la paix fut signée le 25 octobre.

○ ○ ○

Maintenant, si nos lecteurs tiennent absolument à connaître le résultat réel de cette expédition aussi lointaine de nos frontières que de l'humanité, nous allons le dire en guise de morale.

Le général Cousin de Montauban fut nommé comte de Palikao et plus tard ministre de la guerre.

Ce fut en partie à lui que nous dûmes plus tard la campagne de 1870-1871.

Si nous avons tenu à donner quelques détails sur cette guerre, ce n'est pas qu'elle présente aucun intérêt au point de vue national.

Mais il nous a semblé que la façon toute chevaleresque dont les chefs de l'armée française s'étaient conduits en pays ennemi, était digne d'observation.

Le sac et l'incendie du Palais-d'Été, le pillage acharné d'un pays vaincu sont une terrible réponse à certains clichés trop accrédités sur la courtoisie de certains vainqueurs qui nous sont chers.

Laquelle courtoisie on se plaît assez à mettre en parallèle avec la sauvagerie et l'âpreté de certains autres vainqueurs.

o o o

Nous croyons que le moment est opportun pour remettre chaque chose à sa place.

Sans doute le soldat français est brave, généreux, clément, humain... tout ce que l'on voudra.

Sans doute il est incapable, après la victoire, de ces cruautés froides, qui sont le fait des vainqueurs d'horlogerie que nous connaissons.

o o o

Mais l'expédition de Chine prouve surabondamment que la soldatesque victorieuse est la même partout.

Partout du moins où le soldat, conduit par des chefs vénaux et ambitieux, déshabitué lui-même par le despotisme du grand sentiment de l'honneur civique, ne peut plus voir dans le succès de ses armes que le triomphe de la force et non celui d'une idée élevée et généreuse.

CHAPITRE X

1861-1866

Nous allons passer sommairement en revue les principaux événements de l'apogée impérial de 1861 à 1866.

La période que nous venons de raconter fut la période de l'engraissement.

Jusqu'en 1860, l'Empire n'avait fait que s'arrondir. Pendant les six années qui suivirent, il cuva tranquillement une orgie de sang, d'or, d'arbitraires et de violences.

La narration succincte et sans grand intérêt de cette époque du ventre nous mènera tout droit à celle où devait commencer la dégringolade.

Cette dernière sera, sans contredit, la plus curieuse à étudier.

* * *

Nous avons vu comment les abcès impériaux se forment sur les nations qui ne savent pas se soigner et qui peuvent en mourir si elles ne sont pas vigoureusement constituées.

Il nous tarde de voir comment ils crèvent, emportant avec le pus qui s'en échappe, les douleurs et les souffrances de la patrie.

o °o o

1861. —Le roi de Prusse meurt.

Guillaume Ier lui succède.

Naturellement, comme à tous les changements de dynastie, les Prussiens croient à une ère nouvelle de libéralisme.

Ils reconnaissent bientôt que, pour un peuple, changer de roi, c'est avoir un cancer au sein droit et suivre le traitement d'un charlatan qui le lui fait passer

... au sein gauche.

o °o o

Trait anecdotique qui donne la juste mesure de la moralité impériale :

Un sieur Mayer, traduit six fois devant les tribunaux, condamné trois fois pour escroquerie, adressa à l'empereur une ode où sont chantées ses louanges.

M. de Maupas envoie cette ode à Napoléon III et

l'apostille par quelques extraits bien sentis du casier judiciaire de l'auteur.

L'empereur, touché de ces strophes de lisière fabriquées par un poëte de la maison centrale de Poissy, écrit en marge :

« *Lui envoyer un souvenir.* »

Voilà ce qui s'appelle ne pas être fier avec les anciens camarades.

o o o

M. Haussmann, qui ne pouvait s'habituer à l'obligation dans laquelle il se trouvait, comme préfet de la Seine, de faire vérifier ses additions par le ministre des finances, tente de s'affranchir de cette servitude féodale.

Il demande à l'empereur de lui accorder le titre de ministre de Paris.

o o o

L'empereur refuse par crainte des criailleries, mais il accorde à M. Haussmann de ne relever que de l'empereur pour le contrôle de sa gestion.

A partir de ce moment, l'anse du panier municipal ne risqua plus de faire tapisserie.

Elle avait deux cavaliers pour la faire danser.

Le 14 juillet, un étudiant de Leipzig tire un coup de pistolet sur le roi de Prusse et le manque.

Napoléon III félicite Guillaume d'avoir échappé au danger.

Ce n'était pourtant pas la faute du roi de Prusse.

Ni de la nôtre.

Le prince Napoléon prononce au Sénat un discours violent contre la famille d'Orléans.

Ce discours est affiché dans toute la France par les soins du gouvernement impérial, qui trouve là une légitime occasion de se venger de la spoliation des biens de Louis-Philippe.

Le duc d'Aumale publie une brochure en réponse à ce discours. Elle est saisie, l'éditeur et l'imprimeur sont jetés en prison.

Le duc d'Aumale, provoque le prince Napoléon en duel.

L'affaire est pendante.

o °o o

18 JUIN 1861. — Réception à Fontainebleau des ambassadeurs siamois, qui se mettent à plat ventre pour offrir leurs compliments à l'empereur et à l'impératrice.

On reproduit cette scène dans l'*Illustration*.

En voyant cette pose, le public prend les ambassadeurs siamois pour des sénateurs français.

o °o o

L'empereur a des velléités de libéralisme.

Il décide qu'à l'avenir le Sénat et le Corps législatif répondront par une Adresse à un discours d'ouverture des Chambres.

Dans cette Adresse, les députés et les sénateurs devront dire franchement s'ils trouvent quelques cheveux sur la politique du gouvernement.

Ils n'en abusent pas.

Sachant, du reste, que les souverains ne demandent à

leurs subordonnés de leur dire la vérité que juste assez pour que cela ne les gêne pas.

o °o

Ce fut en 1861 que le gouvernement impérial jeta les bases d'une grandissime opération, qui devait plus tard être qualifiée par M. Rouher « la plus grande pensée du règne, » mais que le *Tintamarre* appela, lui :

La plus grande *dépensée* du règne.

Nous avons nommé l'expédition du Mexique.

o °o

Il faudrait un volume spécial pour retracer l'origine de cette magnifique opération financière, dont beaucoup de porte-monnaie français sont encore endoloris.

Nous nous contenterons de dire que le Mexique était en république sous la présidence de Juarez ;

Qu'une république, aussi lointaine qu'elle soit, n'est jamais du goût des souverains ;

Et que Napoléon III, assez friand de contrebalancer l'influence des Etats-Unis, conçut le projet de placer sur le trône du Mexique le prince Maximilien d'Autriche.

Nous aurons l'occasion de voir plus tard que cette

représentation, annoncée par une troupe française au bénéfice d'un prince autrichien, avec le concours d'artistes anglais et espagnols, n'eut pas autant de succès que la *Fille de Madame Angot*.

o o o

Dès le prologue, l'Angleterre lâcha pied, l'Espagne retira ses castagnettes du jeu ; et la France resta seule.

C'était assez pour empêcher les bénéfices qui devaient résulter de l'opération, comme nos lecteurs le reconnaîtront par la suite.

o o o

1862. — A part de fortes giboulées d'avertissements donnés à la presse, suivies d'abondantes suspensions, suppressions et interdictions, rien de bien saillant pendant 1862.

o o o

Au nombre des journaux passés au papier de verre de la loi de 1852, on cite le *Propagateur de la Martinique*, qui fut supprimé pour avoir donné de mauvaises nouvelles de l'expédition du Mexique.

M. de Morny ne pouvait pas souffrir que l'on déconsidérât

une opération sur les bénéfices de laquelle il comptait pour faire patienter ses fournisseurs.

o o o

Le triste sort du *Propagateur de la Martinique* fut un enseignement pour ses confrères.

Ils comprirent qu'ils devaient bien se garder d'insérer, à propos de l'expédition du Mexique, d'autres nouvelles que celles que le gouvernement leur faisait passer sur des petits bouts de papier comme les directions de théâtres qui veulent chauffer des succès... sibériens.

o o o

Nous avons sous les yeux une de ces réclames officielles qui pleuvaient chaque matin dans les bureaux de rédaction de tous les journaux.

La voici :

o o o

Prière d'insérer :

« Immense succès!...

« Succès colossal!...

« Succès sans précédent!...

« Tous les jours, à trois heures et demie, au Mexique, batailles gigantesques remportées par la troupe française sur les barbares.

« Jamais on n'aurait pu prévoir un résultat aussi miraculeux!...

« Les Mexicains sont dans le ravissement.

« Le gouvernement craint de ne point avoir assez de vaisseaux pour rapporter tout l'or destiné aux dividendes des souscripteurs français à l'emprunt mexicain!...

o°o

Le *Propagateur de la Martinique* avait eu la mauvaise inspiration de remplacer cette note, dont il trouvait la rédaction un peu défectueuse, par celle-ci :

o°o

« Bonne nouvelle pour les porteurs d'obligations mexicaines :

« Le cours des vieux papiers au poids vient de monter de trois francs par cent kilogrammes. »

o°o

Il paya de la vie cette substitution.

o °° o

Voici un trait constaté dans les *papiers et correspondances impériales* publiés après le 4 septembre, et qui prouve combien était éclatante la moralité et le bon goût des fonctionnaires de l'Empire :

La scène se passe en 1862 :

Le préfet de Seine-et-Marne, M. le baron de Lassus Saint-Geniès, assistait à la séance du conseil de révision d'une de ses communes.

Mécontent de l'état physique des conscrits, il dit au conseil municipal de cette localité :

— Votre génération est trop laide : je vous enverrai un régiment de cuirassiers pour améliorer votre race !...

Plusieurs citoyens, indignés de pareils propos, se mirent à feuilleter le code avec rage pour y découvrir un article qui permît de demander justice d'un fonctionnaire abusant de sa situation pour insulter grossièrement toute une population, y compris — et surtout — les femmes.

Ils ne trouvèrent rien.

o °° o

En 1862, M. Jules Favre crut devoir signaler à la tribune les périls de l'expédition mexicaine.

Inutile de dire qu'il fut reçu par le ministère comme un oncle qui signale à son gommeux de neveu les dangers d'une liaison avec une danseuse de l'Opéra.

On passa outre à ses remontrances.

Et la France alla chercher là-bas ce qu'elle n'y trouva pas, pendant que le gommeux de neveu revenait de son expédition après avoir trouvé ce qu'il n'y avait pas cherché.

Et jamais résultats opposés ne furent si pareils.

o o o

En mai 1862, deux anciens représentants du peuple, MM. Greppo et Miot, furent arrêtés, mis au secret et relâchés sans avoir pu connaître le motif de leur incarcération.

La France n'en continua pas moins à être de plus en plus fière d'avoir démoli la Bastille.

Si la France avait voulu se donner la peine de réfléchir un peu, elle aurait compris qu'il n'y avait pourtant pas de quoi faire tant d'embarras.

o o o

Au mois d'octobre 1862, M. de Bismark, ambassadeur

de Prusse à Paris, fut rappelé en Allemagne pour y remplir d'autres fonctions.

Le *Journal des Débats* publia même à ce propos cet alinéa qui, sur le moment, ne parut rien, et qui, relu depuis, devient tout simplement étonnant :

« M. de Bismark, — dit le *Journal des Débats*, — a beaucoup appris pendant le peu de jours qu'il a passés parmi nous; et il est reparti de Paris très-satisfait de ce qu'il y a vu et entendu. »

Pour peu que l'on rapproche cette réflexion faite par le *Journal des Débats* de la trop, fameuse campagne d'horlogerie qui devait avoir lieu huit ans plus tard, on appréciera qu'en effet, M. de Bismark dut se trouver « *très-satisfait* » de ce qu'il avait vu en France pendant son séjour.

Les prodiges de l'administration française, les brillantes études militaires que faisaient nos généraux aux cotillons intimes de madame de Montijo, le soin extrême que prenaient les officiers de l'armée d'ignorer si Arras était arrosé par le Rhône et Perpignan par la Manche ; la sollicitude bienveillante avec laquelle l'empereur convertissait en argent de poche l'argent qu'il faisait voter pour l'entretien d'une armée soi-disant colossale, mais dont les trois quarts étaient encore à habiller, à équiper, à armer et à instruire.

Tout cela, en effet, ne put laisser aucun doute à M. de Bismark sur la résistance que rencontrerait en France son noble maître, le jour où l'idée lui prendrait de venir chez nous faire ses réassortiments d'orfévrerie.

1863. — Un événement d'une grande importance marqua cette année.

Les élections générales eurent lieu pour le renouvellement du Corps législatif.

La betterave envoya bien, comme d'habitude, à la Chambre, son contingent de députés, tout prêts à trouver le temps superbe ou détestable, selon les instructions que les Tuileries daignaient leur communiquer le matin ;

Mais les villes se montrèrent moins dociles.

Dans beaucoup de grands centres, pas mal de républicains furent élus.

A Paris, la liste de l'opposition passa toute entière.

Le soir de cette élection, les promeneurs du Jardin des Tuileries virent tout à coup une grande ombre se répandre sur eux et leur masquer le jour.

C'étaient les deux nez de Napoléon III et d'Eugénie, qui avaient passé par chacun une fenêtre de la salle des maréchaux et s'allongeaient jusqu'au-dessus de la terrasse des marronniers.

o°o

M. de Persigny consola de son mieux Leurs Majestés, en leur faisant comprendre qu'en somme il n'y avait rien de compromis ; que la majorité des campagnes était pour eux ; que si la politique de l'Empire était tortueuse, les nouveaux boulevards de M. Haussmann étaient trop droits pour ne pas ôter aux Parisiens l'envie de s'en plaindre, etc..., etc...

Leurs Majestés se remirent peu à peu.

On supprima quelques journaux.

Et tout rentra dans le calme.

o o o

1864. — Maximilien d'Autriche, étayé par les baïonnettes françaises, entra à Mexico.

Il y fut reçu par la population avec un enthousiasme qui lui fit regretter de n'avoir point pris son billet d'aller et retour.

Cependant, il s'installa sur le trône.

Étant venu pour cela, il ne pouvait décemment pas faire autrement.

Mais on sentit à sa contenance qu'il n'avait pas une grande confiance dans la solidité du meuble qu'on lui avait préparé.

o o o

Pendant ce temps, la Prusse et l'Autriche s'entendaient à merveille pour enlever de force au Danemark le duché de Schleswig-Holstein.

Et le gouvernement impérial qui avait trouvé excellent d'envoyer à 2,500 lieues de France une de ses armées imposer un roi à des gens qui n'en voulaient pas, resta parfaitement impassible au spectacle de deux colosses se ruant sur un nain pour lui enlever une province.

En 1864 fut votée, par le Corps législatif, la loi sur les coalitions ouvrières, qui fournit à M. Emile Ollivier une superbe occasion d'étrenner l'envers de sa veste.

Il fut nommé rapporteur de ce projet de loi, — un vrai bijou, — qui reconnaissait aux travailleurs le droit de se mettre en grève ; mais leur interdisait de créer des associations.

Quelque chose comme l'autorisation de s'entendre mitigée par la défense expresse de se réunir.

Le véritable patron, enfin, sur lequel étaient taillées la plupart des lois impériales.

o o o

Ce fut aussi en 1864 que le gouvernement accorda la liberté des théâtres.

Il ne faudrait pas que nos lecteurs entendissent par ce mot, la faculté donnée aux auteurs dramatiques de faire représenter telles œuvres qu'il leur plairait.

Non.

La liberté des théâtres, octroyée par l'empire, était celle donnée à tous les citoyens d'ouvrir des salles de spectacles.

Mais il leur était toujours interdit de jouer d'autres pièces que celles qui convenaient au gouvernement.

Or, ce qui convenait surtout au gouvernement impérial, en fait d'œuvres dramatiques, c'étaient les insanités à maillot, qui détournaient l'attention de la jeunesse des choses de la politique, et la corrompaient tout doucement et très-sûrement.

L'empire trouva que jamais il n'y aurait assez de théâtres pour représenter ce genre d'œuvres qui sont l'auxiliaire obligé des gouvernements de décadence.

Voilà pourquoi il décréta la liberté des théâtres.

En 1864, eurent lieu à Paris deux élections complémentaires.

MM. Carnot et Garnier-Pagès, candidats de l'opposition, passèrent avec autant de facilité qu'un gros mot par la plume d'un rédacteur du *Pays*.

1866. — Dès l'année 1866, il devint aisé de prévoir que l'empire allait entrer dans la phase descendante, et qu'il ne tarderait pas à s'effondrer complétement.

On voyait le gouvernement avoir recours aux expédients les plus désespérés pour donner le change au pays sur l'impopularité dont il jouissait presque partout.

Un de ces aimables scandales fut l'affaire Saudon, que M. Billault, ministre, fit arrêter dix-sept fois comme fou, et enfermer pendant vingt mois à Charenton.

Cette affaire était si propre, que M. de Persigny, on l'a su depuis, écrivit à M. Conti d'étouffer cette affaire avec une trentaine de mille francs, que l'on prendrait sur les fonds secrets.

Comme on le voit, les lettres de cachet étaient avantageusement remplacées.

∘ ∘ ∘

Au Mexique tout branlait dans le manche.

Maximilien, en dépit de l'appui de la France, n'était pas encore parvenu à s'asseoir d'aplomb sur son trône de confection.

Les souscripteurs de l'emprunt mexicain commençaient à s'apercevoir qu'ils n'attrapaient pas beaucoup plus de dividendes que s'ils essayaient de manger de la semoule avec une fourchette.

∘ ∘ ∘

Tout craquait, tout croulait.

Un événement étranger vint précipiter la débâcle.

Depuis longtemps la Prusse et l'Autriche se regardaient en chiens de faïence.

Enfin, en juillet 1866, elles se déclarèrent la guerre.

En face des envahissements systématiques de la Prusse, le simple bon sens ordonnait à la France de se mettre un peu en travers, dans son intérêt même.

Il est évident que lorsqu'un gros se met à manger tous les petits qui sont autour, chacun doit y passer à un moment donné, s'il attend tranquillement son tour plutôt que de sauter sur le gros pendant qu'il en étrangle un petit.

Ce principe de logique élémentaire échappa au génie de Napoléon III.

Il ne voyait pas l'avenir de la France engagé par ce qui se passait à sa porte.

Seuls les événements de la Cochinchine, de la Syrie et du Mexique lui paraissaient intéresser son pays.

o o o

Il laissa la Prusse terrasser l'Autriche à Sadowa.

Et quand il s'aperçut qu'il avait eu tort, il n'était plus temps.

L'ogre était déjà debout, la gueule béante et saignante tournée vers notre pauvre pays, et ne semblant plus attendre qu'une occasion pour nous dévorer.

A compter de ce jour, l'empire était condamné.

Déconsidéré, discrédité, méprisé, il devait s'effondrer au premier choc.

o o o

Seulement la France aurait-elle la chance que l'empire s'écroule avant de l'avoir perdue tout à fait?

Ou bien, l'empire vivrait-il encore assez pour entraîner la France avec lui dans l'abîme?

On n'avait plus que cette question à poser.

Elle manquait de gaieté.

Nous verrons dans la seconde partie de cet ouvrage de combien peu il s'en fallut que tout disparût ensemble :

Le brigand et la victime!...

L'empire et la France!...

FIN

A NOS LECTEURS

Nous voici arrivé — non point au bout de notre tâche — du moins à une étape.

Nous avons suivi notre héros jusqu'au point culminant de ses triomphes.

Il nous reste à raconter la DÉGRINGOLADE. C'est le travail que nous préparons en ce moment et qui contiendra le récit des événements de la fin de l'Empire, et l'histoire du siége de Paris.

Nous devons à nos lecteurs quelques éclaircissements au sujet des cahots que nous avons dû leur faire subir pendant la publication du présent volume.

Publié sans trop d'encombres jusqu'à sa 60me livraison, ce livre a vu tout à coup pleuvoir sur lui tous les malheurs : rigueurs de la censure, interdictions, saisies, poursuites, etc., etc.

Nous ne comptons pas les injures des bonapartistes : cela fait partie des bénéfices.

Bref, nous n'avons pu le compléter qu'en renonçant aux illustrations qui avaient été pour une bonne part dans son succès. Nous sommes heureux d'exprimer ici toute notre reconnaissance à notre excellent collaborateur le crayon.

Nous ne voulons pas publier la seconde partie de cette histoire sans son concours.

Nous l'avons dit en tête de cet ouvrage : « L'illustration est un « moyen puissant d'éclairer les masses par le manque de respect aux « idoles. » C'est toujours notre conviction ; et nous aimons mieux nous..... proroger et ajourner de quelque temps la publication de notre seconde partie que de nous priver de l'aide de ce précieux engin de démolition.

C'est d'ailleurs un peu le lot de ces sortes d'ouvrages de ne pouvoir être conduits tout d'une traite jusqu'au but.

L'histoire d'un pays se recommence tellement, — la nôtre surtout, — qu'il est bien difficile d'écrire l'ancienne sans avoir l'air de faire des allusions à la contemporaine. De là à devenir suspect et à être traité comme coupable, il n'y a que la largeur d'une conscience de censeur. C'est beaucoup, mais ça se franchit encore bien vite.

Déjà ce petit désagrément nous est arrivé sous l'Empire avec notre *Histoire de France tintamarresque*, que nous avons dû interrompre à Henri IV. On trouva que nous allions devenir dangereux en abordant les époques plus rapprochées de nous.

Pourtant, Dieu nous est témoin que notre intention n'était pas de comparer Sully à M. de Morny, ni madame de Sévigné à mademoiselle Montijo.

Bref nous dûmes attendre la chute de l'Empire pour dire son fait à Louis XIII et à ses mignons : c'était raide !...

Aujourd'hui que notre histoire de *Napoléon III* porte ombrage à.... — ma foi, nous serions bien embarrassé de dire à qui, — sur quel événement devons-nous compter pour pouvoir la terminer ?

? ? ? ? ? ? ? ? ? ? ? ?

Nous devions cette petite explication à nos lecteurs qui nous sont restés si fidèles en dépit de toutes nos vicissitudes.

Le manuscrit de la seconde partie de l'*Histoire tintamarresque de Napoléon III* est prêt, ainsi que les gravures qui doivent compléter l'illustration du texte.

Au premier jour de beau temps, nous les leur offrirons.

Les historiens ont cela de commun avec les gens qui sont sortis sans parapluie, qu'ils sont obligés de se réfugier sous les portes cochères et de faire leur course par petits morceaux en passant entre deux averses.

TOUCHATOUT.

Paris. — Typ. de Rouge, Dunon et Fresné, rue du Four-St-Germ., 43.

TABLE DES MATIÈRES

Avant-propos... **1**

LIVRE PREMIER

DE 1808 A 1848

Chapitre I. — Origine de Napoléon III............ 5
Chapitre II. — Trombinoscope de la reine Hortense.... 11
Chapitre III. — Naissance de Louis-Napoléon. — Première enfance................................ 19
Chapitre IV. — Éducation de Louis-Napoléon....... 30
Chapitre V. — Révolution de 1830.............. 38
Chapitre VI. — Insurrection italienne............ 45
Chapitre VII. — Séjour à Paris. — Manifestations bonapartistes........................... 61
Chapitre VIII. — Séjour en Angleterre........... 73
Chapitre IX. — La reine Hortense et Louis-Napoléon traversent la France à mine abattue............ 77
Chapitre X. — Arenenberg. — *Les Rêveries politiques*, par Louis-Napoléon........................ 81
Chapitre XI. — Séjour en Suisse. — Nouveaux écrits. — Préparatifs en vue d'une conspiration bonapartiste.... 85
Chapitre XII. — Strasbourg et ses suites........... 105
Chapitre XIII. — Séjour en Amérique............ 159
Chapitre XIV. — Second séjour en Suisse......... 165

	Pages.
CHAPITRE XV. — Deuxième séjour en Angleterre	172
CHAPITRE XVI. — Boulogne	178
CHAPITRE XVII. — Ham	189
CHAPITRE XVIII. — Troisième séjour en Angleterre	205

LIVRE DEUXIÈME

DE 1848 A 1852

CHAPITRE I. — Coup-d'œil rétrospectif sur la Révolution de Février	224
CHAPITRE II. — Candidat à la présidence	235
CHAPITRE III. — Louis-Napoléon se recueille et compte ses atouts	249
CHAPITRE IV. — On commence à préparer les esprits	254
CHAPITRE V. — Louis-Napoléon et ses échafaudages	263
CHAPITRE VI. — Derniers préparatifs	278
CHAPITRE VII. — Le coup d'État	307
CHAPITRE VIII. — Le 3 décembre	336
CHAPITRE IX. — Le 4 décembre	352
CHAPITRE X. — Le crime consommé, on fouille les tiroirs	359
CHAPITRE XI. — La province après le coup d'État	381
CHAPITRE XII. — Entre deux plébiscites	387

LIVRE TROISIÈME

L'EMPIRE

DE 1853 A 1866

CHAPITRE I. — Réorganisation du pays. — Mise en perce du budget	411
CHAPITRE II. — Le mariage de Napoléon III	429

	Pages.
Chapitre III et Chapitre IV. — Complots de l'Hippodrome et de l'Opéra Comique.	442
Chapitre V. — Premières inquiétudes.	459
Chapitre VI. — Commencement de la guerre de Crimée.	472
Chapitre VII. — 1854-55.	484
Chapitre VIII. — 1856-1857-1858.	503
Chapitre IX. — 1859-1860.	586
Chapitre X. — 1861-1866.	780
A nos lecteurs.	799

Paris. — Typ. de Rouge et Cie, rue du Four, 43.